Der Querdenker

Erhard Eppler • Eine Biographie

Renate Faerber-Husemann

DIETZ

Bibliografische Information der Deutschen Nationalbibliothek

Die Deutsche Nationalbibliothek verzeichnet diese Publikation in der Deutschen Nationalbibliografie; detaillierte bibliografische Daten sind im Internet über http://dnb.d-nb.de abrufbar.

978-3-8012-0402-0

Verlag J.H.W. Dietz Nachf. GmbH
Dreizehnmorgenweg 24, 53175 Bonn
Lektorat: Alexander Behrens
Umschlag: Jens Vogelsang, Aachen
Umschlagfoto: © jim rakete / photoselection
Satz: Just in Print, Bonn
Druck und Verarbeitung: fgb – freiburger graphische betriebe
Gmbh & Co. KG, Freiburg/Br.

Printed in Germany 2010

Inhalt

Einleitung

Wenn ich bei Epplers in Schwäbisch Hall anrufe, kann es passieren, dass seine Frau sagt: Das dauert einen Moment, er ist im Garten, Holz hacken. Oder: Er ist mit seinen Langlauf-Skiern unterwegs. Oder: Er sitzt im Zug nach Berlin, um einen Vortrag zu halten oder aus einem seiner Bücher zu lesen. 83 Jahre alt ist Erhard Eppler in diesem Winter, in dem wir lange Gespräche führen über ihn, über die SPD, über das Leben. Äußerlich wirkt der einstige schussgewaltige Fußballer zart, fast zerbrechlich. Die Brille scheint das schmale Gesicht mit dem schneeweißen Bart fast zu erdrücken. Doch der Eindruck täuscht. Die dreiundsiebzig »Stäffele« vom Friedensberg ins Tal hinunter – und wieder hinauf auf den Berg – nimmt er wie ein sehr viel Jüngerer. Nach zwei Stunden im Sessel oder am zum Schreibtisch umfunktionierten großen Tisch braucht er Bewegung. Einmal durchs »Wäldle«, aufrecht, leichtfüßig – das bläst ihm den Kopf wieder frei. Und bei einem dieser Spaziergänge muss ich an eine Szene in Berlin denken, die ein paar Jahre zurückliegt.

Es war kurz vor seinem achtzigsten Geburtstag, da wurde Erhard Eppler vor großem Publikum in Berlin gefragt, ob er noch einmal jung sein möchte. Kokett winken bei dieser Frage die meisten Älteren ab und behaupten, nun sei es wirklich genug. Anders Erhard Eppler. Nach einer kurzen Nachdenkpause sagte er: »Ja, ich möchte schon gern sehen, wie das weitergeht.«

Der Politiker und Schriftsteller ist ein Mann mit vielen Gesichtern: ein Grenzgänger mit Bodenhaftung. Eine Symbolfigur der Friedensbewegung und dennoch kein Pazifist. Einer, der mit siebzehn Jahren Soldat werden musste, sich einige Jahre später leidenschaftlich gegen die Wiederbewaffnung der jungen Bundesrepublik engagierte und Jahrzehnte später einen zunächst unwilligen SPD-Parteitag davon überzeugte, für einen Militäreinsatz im Kosovo zu stimmen.

Vom damaligen Bundeskanzler Helmut Schmidt um 1980 herum zum Außenseiter der Partei abgestempelt, weil er keinen Sinn mehr im Wettrüsten sah, wurde er in den Jahren und Jahrzehnten danach zum Gewissen der Partei. Er hat die Grünen inspiriert und immer wieder die inhaltlichen Grundlagen seiner eigenen Partei reformiert: ökologische Themen, Zweifel am Segen der Atomkraft, Warnungen vor einem neuen Marktradikalismus, der den Staat schwächte, das Ja zum Bundeswehreinsatz im Kosovo. Über all diese Themen schrieb und redete er und man hörte ihm zu. Globale Probleme kann er bis heute besser durchdenken als viele andere und blieb dabei doch fest verankert in der schwäbischen Heimat.

Vordenker, Mentor, Bundestagsabgeordneter, Bundesminister für wirtschaftliche Zusammenarbeit, Landesvorsitzender und Oppositionsführer der SPD in Baden-Württemberg, Lehrer, Schriftsteller – Eppler hatte viele »Professionen« im Laufe seines Lebens, die er immer mit Leidenschaft ausübte. Denkverbote akzeptierte er nicht. Je älter er wurde, desto mehr hörte man ihm zu. Das war nicht immer so. Der Mann, der schon in den siebziger Jahren die ökologische Wende einforderte, galt vielen auch in der eigenen Partei als Quälgeist, der aussprach, was damals nur wenige hören wollte. Dass er seiner Zeit oft voraus war, verschaffte ihm zwar fast einen Kultstatus, vor allem unter jungen Leuten, machte ihn aber auch zu einer der umstrittensten Figuren in der SPD. Egon Bahr hat in Anlehnung an Michail Gorbatschow einmal über Erhard Eppler geschrieben: »Wer zu früh kommt, den bestraft das Leben auch.« Und seufzend gibt Erhard Eppler ihm viele Jahre später recht: »Natürlich hätte ich besser Karriere machen können, wenn ich bestimmte Dinge nicht zu früh vertreten hätte.

Natürlich. Aber das wusste ich damals schon, das habe ich in Kauf genommen. Ich wollte bestimmte Dinge bewirken, hatte keinen festen Karriereplan. Aber bestraft fühle ich mich eigentlich nicht. Ich habe die Gesetze der Politik so kennen gelernt wie sie sind, aber auch so, wie ich sie einigermaßen erwartet habe.«

In den siebziger Jahren des letzten Jahrhunderts hat Eppler den Begriff »Wertkonservatismus« geprägt. Sein Buch »Wenig Zeit für die Dritte Welt« wurde ein in viele Sprachen übersetzter Bestseller. »Ende oder Wende« hat eine ganze Generation beeinflusst. Weil er eben nicht in den damals so modischen Untergangsfantasien schwelgte, sondern mögliche Auswege aus der sich abzeichnenden ökologischen Misere zeigte. Heute ist Allgemeingut bis in die konservativsten Kreise, was Eppler damals entwarf, nämlich eine neue umweltgerechte Landwirtschafts- und Energiepolitik, verbunden mit dem Appell, endlich ernst zu machen mit der Armutsbekämpfung in der Dritten Welt. Denn ohne Armutsbekämpfung wird es keine globale Umweltpolitik geben, das hatte er schon Ende der sechziger Jahre als Bundesminister für wirtschaftliche Zusammenarbeit begriffen.

Als Oppositionsführer im Stuttgarter Landtag hielt er glänzende Reden und blieb doch Außenseiter. Später hat er einmal gesagt: »Ich passte da nicht hinein. Ich habe auch in einer Weise argumentiert, die manche gar nicht verstanden haben. Und es ist ja so: Wenn ein Konservativer etwas nicht versteht, dann ist das linke Ideologie. Und insofern war ich ein linker Ideologe.«

Obwohl die SPD immer seine politische Heimat blieb, war Eppler der Grünen Bewegung sehr nahe. Den Pragmatikern in der sozialliberalen Koalition unter Helmut Schmidt wurde er damit zum Ärgernis. Ob Steuerpolitik oder der Umgang mit rebellierenden jungen Leuten, ob Anti-Atom-, Friedensbewegung oder Umweltschutz: Welten trennten den Bundeskanzler und Erhard Eppler. Ihre Auseinandersetzungen sorgten jahrelang für Schlagzeilen – zum Schaden der SPD, denn der Riss ging mitten durch die Partei.

Nach dem Abschied aus der aktiven Politik 1982 begann für Erhard Eppler eine neue Karriere. Nun nahm er den Platz ein, der zu ihm passte: Er war Vorsitzender der Grundwertekommission seiner Partei und stellvertretender Vorsitzender beider Programmkommissionen. Er war zweimal Präsident des Deutschen Evangelischen Kirchentages. Man kann ohne Übertreibung sagen: Je geringer seine formale Macht war, desto größer wurde sein Einfluss innerhalb und außerhalb der Partei.

Bis heute füllt er bei Lesungen Säle. Seine Bücher werden gelesen und diskutiert, das gilt auch für sein jüngstes Buch »Der Politik aufs Maul geschaut«.

Er hat eine stattliche Anzahl von jüngeren Politikern und Journalisten geprägt. Und viele bezeichnen ihn als das, was er in seinem Leben vielleicht am liebsten war: als ihren Lehrer. Das dürfte ihn freuen.

KAPITEL 1

Sieben Kinder und die große Freiheit

Gespräch über Erziehung

Sie sind vierfacher Vater, sechsfacher Großvater, Sie kommen aus einer großen Familie und waren neun Jahre lang Lehrer. Was heißt für Sie »Erziehung«?

E.E.: Ich glaube, ein Mensch wird erzogen, indem er eine Vorstellung davon bekommt, was er aus seinem Leben machen kann und dann auch die Fähigkeit entwickelt, etwas zu verwirklichen. Und das geschieht im Großen und Ganzen durch Vorbilder. Es geschieht durch Zuwendung, durch Ermutigung, durch Anerkennung, und es geschieht auch durch Grenzziehung. Das heißt, man kann ein Kind gar nicht genug ermutigen und loben, muss ihm aber gelegentlich auch sagen, wo die Grenzen sind. Und dann kann das gelingen oder auch nicht.

Sie sind aufgewachsen mit sechs Geschwistern. War die Erziehung in Ihrem Elternhaus Vorbild für Sie?

E.E. Ich glaube nicht. Der Vater war Offizier im ersten Weltkrieg gewesen. Ich habe gehört, dass er sehr für seine Leute gesorgt hat. Aber er hat auch erwartet, dass man pariert. Wir hatten großen Respekt vor ihm. Meine Mutter war vierzehn Jahre jünger als er und aufs Parieren nicht eingestellt. Ich habe ihn eigentlich erst kennen gelernt kurz vor seinem Tod. Er starb, als ich vierzehn Jahre alt war, an einer Lungenentzündung. Seine innere Liberalität habe ich erst spät begriffen. Zum Beispiel, dass er meinen Wunsch, konfirmiert zu werden, akzeptierte, obwohl er selbst mit der Kirche nichts zu tun haben wollte. Oder dass er – obwohl als Schulleiter in Schwäbisch Hall deshalb unter Druck gesetzt – mein Nein respektierte, als der jüngste Sohn, also ich, auf die Napola, diese Eliteschule der Nazis, sollte. Meine Mutter, Tochter eines liberalen Pfarrers, war eine außerordentlich starke und fröhliche Frau, die uns wenig gegängelt, eher indirekt erzogen hat. Ich hatte auch das Glück, drei ältere und drei jüngere Geschwister zu haben, die sehr unterschiedlich waren. Innerhalb dieser Geschwisterwelt gab es die unterschiedlichsten Formen von Beziehungen.

Kinder- und Erwachsenenwelten waren damals sehr viel getrennter voneinander als heute. Oder wussten die Eltern, was die Eppler-Kinder so trieben in ihrer Freizeit?

E.E. Wir haben eigentlich nichts verheimlicht. Zum Beispiel mein großer Bruder, der zu einem der führenden Aerodynamiker der westlichen Welt geworden ist, der hat von klein auf immer nur Flugzeuge gebaut und hat dabei die Schule schleifen lassen. Die Eltern haben das geduldet und haben gesagt, gut, dann ist das eben so, er könnte auch Dümmeres machen. Und das hat sich später auch bewiesen. Wenn heute in den USA oder in China von Eppler-Profilen die Rede ist, dann hat das mit Politik überhaupt nichts zu tun und mit mir schon gar nichts. Das sind die Tragflächenprofile, die mein Bruder entworfen hat.

Haben Sie Mitleid mit den Kindern von heute, die ein sehr viel kontrollierteres Leben führen als Sie damals?

E.E.: Ja und nein. Wenn ich zum Beispiel meinem jüngsten Enkelkind zuhöre beim Spielen eines Geigenkonzerts, dann denke ich, dass es seine Kindheit und Jugend besser genutzt hat als wir damals. Ich finde, dass die Eltern, die sich heute um ihre Kinder bemühen und versuchen, deren Begabungen zu fördern, pädagogische Erfolge vorweisen können, die bei uns gar nicht möglich waren. Deshalb behaupte ich ja immer, dass meine Enkel alle besser geraten sind als wir damals. Das ist einer der Gründe, warum ich kein Pessimist geworden bin.

Als Ihre Kinder klein waren, da war es wohl so wie überall: Der Vater war nicht da, die Erziehungsverantwortung lag allein bei der Mutter. Bedauern Sie das heute?

E.E.: Bei meinen Kindern gibt es einen Unterschied zwischen den beiden Großen und den beiden Kleinen. Um die beiden großen Mädchen habe ich mich viel gekümmert, als sie klein waren. Als die eine sieben Jahre alt war und die andere vier Jahre, da bin ich in den Bundestag gekommen. Da wurde das anders und der Unterschied ist bis heute spürbar. Wenn ich heute zurückblicke, dann ist meine schönste Zeit als Lehrer in Schwenningen gewesen, als ich mit meinen beiden kleinen Mädchen spazieren oder spielen gehen konnte. Natürlich habe ich auch versucht, mich um die beiden später Geborenen zu kümmern, nur war ich dann eben sehr häufig nicht da. Erst heute ist mir ganz klar, was ich da versäumt habe und was ich den Kindern zugemutet habe.

Mögen Sie eigentlich den Begriff »Erziehung«? Wörtlich genommen, hat das ja etwas mit »ziehen« zu tun?

E.E.: Ich habe nichts gegen den Begriff, wenn man ihn nicht autoritär versteht. Jeremias Gotthelf, dieser Dichter und Schweizer Pfarrer aus dem Emmental, hat vor hundertfünfzig Jahren den Satz geschrieben: »Am Menschen rankt sich der Mensch empor zum Menschengeschlecht.« Das ist ein etwas pathetischer Satz, aber das ist Erziehung.

Sieben Kinder und die große Freiheit

Es ist ein warmer Sommertag. Wir stehen im Garten der Epplers hoch über Schwäbisch Hall. Die indischen Laufenten, angeschafft, weil sie mit den Nacktschnecken kurzen Prozess machen, schnattern zwischen den Gemüsebeeten: Gelbe und grüne Zucchini Bohnen, Erbsen, Möhren, Salat, hinten beim Kompost wachsen die Kürbisse – es ist ein Nutzgarten, wie man ihn heute selten sieht. Wachsen darf hier auch, was nicht nützlich ist, alles wirkt auf wohltuende Weise leicht verwildert – dem Gemüse scheint das gut zu tun. Der Gärtner ist Erhard Eppler und es war im Sommer vor seinem dreiundachtzigsten Geburtstag. Er zeigt auf einen Sandsteinweg: »Den habe ich vor siebzig Jahren selbst angelegt. Beim Umgraben habe ich ihn gefunden, habe also gewissermaßen Archäologie in eigener Sache betrieben. Das ist schon ein sehr gutes Gefühl.« In diesem Garten hat er schon als Zehnjähriger gearbeitet. Die älteren Brüder haben die Gartenarbeit gehasst, Erhard, der jüngste unter den Buben, hat sie schon als Kind geliebt. Und das ist bis heute so geblieben. Wir sind um 10 Uhr verabredet, da hat Erhard Eppler schon drei Stunden Gartenarbeit hinter sich.

Lesen, schreiben, Vorbereitung auf Vorträge und immer wieder die Arbeit in den Gemüsebeeten, das hat für ihn eine innere Logik: Etwas wachsen sehen durch geduldige, kontinuierliche Arbeit. Der Wechsel zwischen körperlicher und geistiger Anstrengung. Das bekommt dem Garten. Das bekommt Erhard Epplers Büchern – und das bekommt dem Menschen, der mit sich im Reinen zu sein scheint. Mit der Rückkehr ins Elternhaus hat sich für ihn und seine Frau ein Kreis geschlossen: Nun im Alter leben Irene und Erhard Eppler wieder in Schwäbisch Hall, der Stadt, in der sie beide aufgewachsen sind, in der sie sich schon als Kinder kannten. Das Haus, in dem sie leben, hat Erhard Epplers Vater gebaut. Es wirkt zeitlos, anheimelnd mit dem Walmdach und den Fensterläden.

Sechs der sieben Eppler-Kinder mit Vater und Großmutter. Von links: Erhard, Richard, Tilde und der im Krieg gefallene Reinhold. Davor die damals jüngsten Schwestern Rose und Irmgard.

Erhard Eppler erinnert sich, wie sich sein Vater jeden Morgen auf dem Weg zur Schule noch einmal umdrehte, bevor das Haus seinen Blicken entschwand. Voll Stolz blickte er auf das Heim der Familie zurück, das dank seiner schwäbischen Sparsamkeit gebaut werden konnte. Und wenn er dann den Fußweg ins Tal nahm oder (wie sein Sohn viele Jahrzehnte später) die dreiundsiebzig »Stäffele« hinunter ging, dann hatte er schon das Jungengymnasium vor sich, in dem er Schulleiter war und das auch seine Söhne besuchten.

Also eine Kindheitsidylle für die vier Schwestern und die drei Brüder? Bis zum Tode des Vaters war das wohl so. Knapp neun Jahre alt war Erhard Eppler, geboren am 9. Dezember 1926 in Ulm, als die Familie ins eigene Haus zog. Zuvor hatte man zur Miete gewohnt, in einem heruntergekommenen Haus mit einem riesigen verwilderten Garten – denn jeder Pfennig wurde gespart für den Traum vom Eigenheim. »Auf den Bettdecken tanzten die Mäuse und fraßen des Nachts die Brotreste vom Tisch. Kurz nach unserem Auszug wurde das Haus abgerissen«, lacht Eppler. Es wimmelte stets von Kindern in diesem Garten. Auf Fotos aus jener Zeit sieht man einen verwegenen Lausbuben und das war er wohl auch: Fußball, Prellball, Räuber und Gendarm, die jüngeren Schwestern ärgern, sich vor einem pensionierten Polizeibeamten mit Hund in Acht nehmen, der vergeblich zu verhindern suchte, dass das Wäldchen vor dem Haus zum Abenteuerspielplatz einer lauten Rasselbande wurde. Außer diesem selbsternannten Hüter von Wald und Anlage gab es niemanden, der den Kindern in die Quere kam, und die Eltern schon gar nicht.

Erziehung, wie man sie damals verstand? Mit Kindern, die zu schweigen hatten, wenn die Erwachsenen redeten, die ohne Widerrede zu tun hatten, was die Eltern ihnen auftrugen? Bei den Epplers wohl eher nicht. Die Mutter – eine attraktive Frau – hielt alle Fäden locker in der Hand. Der Vater war bis zum Abend in der Schule, meist schliefen die Kinder schon, wenn er nach Hause kam. Der Familienalltag wurde von der Mutter organisiert. Und wenn einmal das väterliche Kommando »Aufräumen« ertönte, wurde das nicht sonderlich ernst genommen.

Bei den Hausaufgaben halfen höchstens die Geschwister, die Mutter fühlte sich dafür nicht zuständig. Die sieben Kinder erzogen sich gegenseitig, mit allem Gerangel, das eben dazu gehörte, und wer genau in der Mitte der Geschwisterreihe war, hatte manchmal auch Pech: »Wenn es heißt, die Großen dürfen heute Abend noch aufbleiben, gehört man nicht zu den Großen, sondern zu den Kleinen. Und wenn es heißt, die Kleinen kriegen jetzt noch Pudding, dann gehört man zu den Großen. Das ist ja die Besonderheit dieser Mittelstellung.«

1932: Der Vater mit den drei Söhnen, in der Mitte der sechsjährige Erhard.

Die große Freiheit fand der kleine Junge nicht nur im Wäldchen – durch das er heute noch jeden Mittag und Abend spaziert –, sondern damals schon im Garten, eine Leidenschaft, die er mit dem Vater teilte. »Ich war zuständig für die Erdbeeren und habe so viele Erdbeeren gepflanzt, dass ich meiner Mutter in einem Sommer anderthalb Zentner Erdbeeren abgeliefert habe. Wie das in einem schwäbischen Haushalt üblich ist, wurde daraus ›G'sälz‹ gekocht, das ist ähnlich wie Marmelade, aber besser. Ich bekam Geld dafür und habe mir davon mein erstes Fahrrad gekauft.«

Heute noch hat er diesen Geruch nach neuem Haus in der Nase, erzählt Erhard Eppler. Und er weiß noch, wie die Zimmer damals verteilt waren. Neben den sieben Kindern musste die Großmutter untergebracht werden, es blieb also eng. So anheimelnd das Haus mit seinen Fensterläden und dem Walmdach heute noch wirkt – man fragt sich doch staunend, wie zehn Menschen dort Platz gefunden haben.

Obwohl die Familie zur bürgerlichen Oberschicht in der Kleinstadt gehörte, der Vater als Oberstudiendirektor ein ordentliches Gehalt hatte, war das Geld bei sieben Kindern stets knapp. Das Essen war bescheiden, Fleisch kam selten auf den Tisch. Die jüngeren Kinder trugen die Mäntel, Hosen und Stiefel der Älteren auf. Zwischen den Eltern, die ein Altersunterschied von vierzehn Jahren trennte, gab es immer mal wieder Krach ums Geld: Die Mutter kam mit dem Haushaltsgeld nicht aus – das wurde damals nicht nur bei Epplers den Frauen zugeteilt –, der Vater grollte, sie könne nicht mit Geld umgehen.

Wer zum Jahrgang 1926 gehört, kennt Geschichten über »schwarze Pädagogik«, hat sie selbst erlitten oder bei Freunden erlebt, wie seelenzerstörend das sein konnte. Zu Hause an der lockeren Leine gehalten, in einem toleranten und liberalen Elternhaus lebend, hat nichts den achtjährigen Erhard vorbereitet auf einen Lehrer, der »prügelte wie keiner seiner Kollegen«. In dem Buch »Als Wahrheit verordnet wurde – Briefe an meine Enkelin« hat Eppler über seine Kindheit in Schwäbisch Hall geschrieben und über den prügelnden Lehrer Deißinger: »Wir zählten an jedem Morgen, wie viele Tatzen und Hosenspanner es gegeben hatte. Einmal kamen wir auf einundzwanzig von den leichteren, zwölf von den schwereren Züchtigungen.«

Bis weit in die fünfziger Jahre waren solche Prügelstrafen üblich, und Ältere werden sich noch erinnern, wie die Tatzen über Stunden brannten. Man musste die Hand ausstrecken, und der Lehrer ließ mit Kraft den Rohrstock auf die Kinderhand eindreschen. Noch schlimmer, weil demütigend, waren die Hosenspanner: Die armen Delinquenten mussten sich über das Pult legen, und dann wurde losgeprügelt auf das Hinterteil.

In jenen Briefen an die Enkelin, erschienen erstmals 1994 und heute noch ein beliebtes Konfirmationsgeschenk, hat der Großvater an die damals vierzehnjährige Lisa geschrieben: »Wenn ich mir überlege, was in diesen dreißiger Jahren meinen Charakter verbogen haben könnte, so waren es weniger die fünf Jahre im ›Jungvolk‹ als diese zwei Jahre, in denen das noch nicht einmal zehnjährige Kind lernte, sich vor der Gewalt zu ducken.«

Alles wurde erst anders und besser, als der Junge nach bestandener Aufnahmeprüfung ins Gymnasium kam. Nun war es gewiss nicht einfach, in eine Schule zu gehen, in der der eigene Vater der Chef war, zumal Erhard zunächst ein eher lustloser Schüler war, bis er Deutsch, Geschichte und Fremdsprachen für sich entdeckte. Lange Zeit war Fußball wichtiger, seine Leidenschaft, die er sich über Jahrzehnte bewahrte. Linksaußen spielte er wie schon als Kind später noch in der Fußballmannschaft des Bundestags. Zäh und schnell sei er gewesen, sagten die Kollegen bewundernd. Doch im Gymnasium ließen sich damit eher bei den Mitschülern als bei den Lehrern Lorbeeren ernten. Und die Kinder des Chefs standen unter besonderer Beobachtung. Nichts ließ sich verbergen. Jeden Eintrag ins Klassenbuch, damals Tagebuch genannt, bekam der Vater zu Gesicht. Dr. Richard Eppler muss für die damalige Zeit außergewöhnlich gelassen gewesen sein, denn der Sohn erinnert sich dankbar, wie penibel er seine Funktion als Vater von der als Schulleiter getrennt hat. Niemals gab es zusätzliche Strafen für irgendwelche Dummheiten in der Schule. Den Kindern wurde höchstens unter die Nase gerieben, dass es kein Vergnügen sei, ihre Namen im Tagebuch zu finden. Bei Erhard stand da meistens, er sei »frech« gewesen und habe deshalb Arrest bekommen.

Es war eine Kindheit in der Nazizeit. Aber zunächst war das für die Kinder eher wie ein fortgesetztes Räuber-und-Gendarm-Spiel. Das Jungvolk war ab 1937 Pflicht, für Erhard Eppler aber keine Last. Da bekämpften sich Fähnlein eins und Fähnlein zwei, man stahl sich gegenseitig die Wimpel, und das Ganze dauerte, bis der Kreisleiter diese Abenteuer verbot. Und damit wurde das Jungvolk uninteressant. Erhard ging einfach nicht mehr hin. »Ich glaube, man unterschätzt das jugendbewegte Element und überschätzt das ideologische,« sagt er heute. Lästig waren die Dienste häufig dennoch: Der Zeitaufwand war riesig. Zeit zum Lesen blieb kaum, Zeit für freie Spiele auf dem Friedensberg immer seltener. Erhard wechselte dann in die Spielschar, die später – da war er aber schon Soldat – wegen politischer und weltanschaulicher Unzuverlässigkeit aufgelöst wurde. Diese Gruppe hat sich im Winter 1945/46 – mit Genehmigung der Amerikaner – wieder zusammen gefunden. Bis heute treffen sich die Mitglieder des einstigen Jugendsingkreises noch jedes Jahr, obwohl die jüngsten Mitglieder nun auch älter als fünfundsiebzig sind.

Zu Hause waren die Nazis kein Thema. Erhard Eppler sitzt in dem Wohnzimmer, das damals schon das Wohnzimmer der Großfamilie war, und sagt: Niemals habe er von seinem Vater auch nur einen Satz über Hitler gehört, weder für noch gegen ihn. Er war im

NS-Lehrerbund. Antisemitische Bemerkungen gab es nie, aber eben auch keine Auflehnung gegen den Umgang mit den Juden. Eigentlich, so sieht er es heute, war der Vater linksliberal in allen seinen Ansichten. Er war »Naumannianer« – das heißt ein Anhänger des Pfarrers und Reichstagsabgeordneten Friedrich Naumann, der die Deutsche Demokratische Partei mitgegründet hatte. Richard Eppler, so der Sohn, hatte wie Naumann eine »ganz starke soziale Ader«. Er hat aufgepasst, dass kein Schüler aus finanziellen Gründen das Gymnasium verlassen musste und dass diejenigen, die aus einer Arbeiterfamilie kamen, auch Schritt halten konnten im Unterricht.

Die Mutter Hildegard Eppler war ganz anders. Sie war zwar in der NS-Frauenschaft, hatte aber jüdische Freundinnen und empörte sich in aller Öffentlichkeit über den Umgang der Nazis mit den Kirchen. Mit dem Ergebnis, dass sie als erste und einzige Frau nach dem Krieg in den Stadtrat von Schwäbisch Hall gewählt wurde. Aber Widerstandsleute waren sie nicht, sie haben sich angepasst, sind mitgeschwommen. Was sie wirklich gedacht haben? Von der Mutter wusste er es, konnte sie später vieles fragen. Beim Vater hatte er die Chance nicht, der starb 1941, als Erhard vierzehn Jahre alt war. Und das war das Ende seiner Kindheit.

Richard Eppler, Enkel armer Albbauern und kompetenter, promovierter Naturwissenschaftler, ein großer, gesunder Mann, starb an einer Lungenentzündung, die man heute problemlos mit Antibiotika behandeln kann. Er habe sehr lange darunter gelitten, dass er ihn so wenig gekannt hat. Bis heute sei er in Träumen präsent, sagt Erhard Eppler bei einem Gang durch das Wäldchen. Der älteste Bruder war damals schon im Krieg, bald darauf an der russischen Front. 1944 kam er im Smolensker Kessel ums Leben. Der zweite Bruder wurde etwa zu dieser Zeit zur Luftwaffe eingezogen. Bis zum Tod des Vaters schildert Eppler sich selbst als ein vorwitziges, häufig wildes, manchmal etwas großmäuliges Kind. Danach

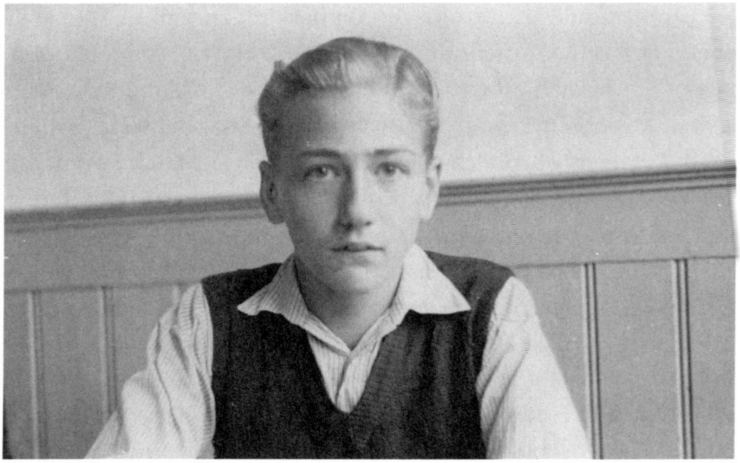

Kein übliches Porträtfoto! Die Aufnahme wurde in der Schule gemacht im Auftrag des Rassenpolitischen Amtes. Zu 80 Prozent nordisch sei Erhard Eppler, war das Ergebnis ...

war er ein ruhiger, ernster Schüler, hat seine Lehrer nicht mehr geärgert, hing nach der Schule nicht mehr mit Mädchen herum und soll sich sogar den jüngeren Schwestern gegenüber anständiger betragen haben, so erzählte es die Familie später. »Ja, ich wurde vorzeitig erwachsen. Was auch nicht gut ist.«

Vielleicht begann das Erwachsenwerden aber noch früher, mit dem Kriegsbeginn. Erhard Eppler erinnert sich heute noch gut daran, wie er nach der im Radio übertragenen Hitler-Rede »Seit 5.45 Uhr wird zurückgeschossen« schweigend in den Garten ging und ein Stück Rasen umgrub. Im Jahr darauf wollte er dort, falls dann noch Krieg war, Kartoffeln stecken. Und das hat er auch getan. Denn Krieg, so hatte er immer gehört, bedeutet Hunger. »Da war keinerlei Begeisterung, sondern nur die Frage: Wie übersteht man das? Alle waren still, ganz still.«

KAPITEL 2

Ein Kind wird Soldat

Gespräch über die verlorene Jugend

Die Nazis haben Ihnen Ihre Jugend gestohlen?
E.E.: Ich war sechzehn Jahre und neun Monate alt, als wir zur Flak einrückten, das war 1943. Das war dann meine erste Rekrutenzeit, und direkt anschließend kam der Reichsarbeitsdienst, und das war die schlimmste Zeit. Da sind wir, lauter schwäbische Abiturienten, in der heutigen tschechischen Republik Wiener Altnazis in die Hände gefallen. Die wollten nach dem Anschluss 1938 Österreichs einen Posten haben, wurden von der Wehrmacht nicht genommen, noch nicht einmal von der SS, und die konnten nun beim Reichsarbeitsdienst ihre Ressentiments an uns auslassen. Das war die übelste Zeit. Das war eine permanente Demütigung.

Ist einem so jungen Mann, einem halb Kind noch, klar, was es heißt, Soldat zu sein?
E.E.: Natürlich. Ich habe mit mehr als 50 Prozent damit gerechnet, dass ich den Krieg nicht überlebe. Hier auf diesem Friedensberg, wo wir jetzt sind, gab es zehn Buben zwischen Jahrgang 1921 und 1926, ich war der Jüngste. Und von diesen zehn sind vier aus dem Krieg zurückgekommen und sechs nicht. Insofern war diese Abwägung, wirst Du es schaffen oder nicht, völlig rational. Und nebenbei, ich habe das Ende des Krieges keinesfalls als Befreiung erlebt, zumal ich gar nicht wusste, was die Alliierten jetzt mit uns

anfangen würden. Ich habe es nur mit einer gewissen Verwunderung erlebt. Also, du hast das jetzt überlebt und du musst jetzt sehen, wie es weitergeht. Aber du hast tatsächlich überlebt.

Hatten Sie Angst vor dem Tod?
E.E.: Ach der Tod war damals so allgegenwärtig, auch wenn man nicht Soldat war, dass das nicht ein Gedanke war, der einen wirklich bestimmt hat. Ja, so war das eben: Man konnte Glück haben und überleben, und man konnte weniger Glück haben und da draußen liegen bleiben. Es war nichts, was uns – jedenfalls mich – in meinem Denken und Fühlen wirklich bestimmt hat.

Was hat geholfen: Zynismus?
E.E.: Bei mir war es, glaube ich, nicht Zynismus. Aber das gab es vor allem bei alten Landsern sehr häufig. Man hat sich abgelenkt, und wichtig war natürlich das, was man Kameradschaft nennt. Man hatte Kameraden um sich herum, denen es ja auch nicht anders ging und auf die man sich dann auch verlassen konnte. Man hat sich in dieser Umgebung und Gemeinschaft dann eben eingefügt und versucht, anständig durchzukommen. Ich hatte vermutlich auch besonderes Glück. Unsere Einheit sollte am zweiten Weihnachtsfeiertag 1944 die Ardennenoffensive durch einen Großangriff über die Rheinarme hinweg Richtung Antwerpen unterstützen. Das sollte ein Teil des letzten Großangriffs der Wehrmacht nach Westen sein. Die Planung war: Die Ardennenarmee stößt vor bis Antwerpen, und wir stoßen dann von Norden durch und schließen den Kessel. Am ersten Weihnachtsfeiertag abends, ich kam gerade von einer Minenräumschulung, bin ich eingeschlafen mit dem Wissen, morgen früh um fünf Uhr geht es los, und wir müssen da ohne jeden Schutz über diesen riesigen Rheinarm und sind für die feindliche Abwehr und für die Luftwaffe eine leichte Beute. Ich habe trotzdem gut geschlafen und

zwar so lange, dass ich, als ich um halb acht Uhr aufwachte, völlig überrascht war, dass wir noch nicht weg waren. Und dann wurde mir gesagt, alles ist abgeblasen worden. Offenkundig, weil die anderen nicht durchgekommen waren. Wer diesen Krieg überlebt hat, der hat eben Glück gehabt.

Viele ehemalige Soldaten haben nie darüber geredet, was sie im Krieg erlebt haben. Weil niemand zuhören wollte?

E.E.: Ich habe eben nicht so schrecklich viel erlebt wie andere. Wenn jemand vier Jahre in Russland war, dann hatte sich unglaublich viel angehäuft, nicht nur an dem, was man erlitten hatte, sondern auch an dem, was man getan hatte. Gerade was das eigene Tun anging, hatte ich auch Glück. Ich kam nie in eine Position, wo ich etwas Völkerrechtswidriges, Kriegsrechtswidriges hätte tun müssen. Insofern ist es auch kein Verdienst, es nicht getan zu haben. Aber in der Tat, wir hatten alle unsere täglichen Sorgen, wussten von einer Stunde zur anderen nicht, was aus uns werden würde und hatten keine große Lust, darüber nachzudenken.

Mit sechzehn Jahren besucht man die Tanzstunde, flirtet mit Mädchen. All das ist Ihnen versagt geblieben?

E.E.: Nicht völlig. Das ist kaum zu glauben. Im Februar 1943, also unmittelbar nach Stalingrad, haben wir noch eine Tanzstunde gemacht mit allem, was eben Tanzstunden mit sich bringen. Wir haben schon versucht, uns noch Schneisen zu schlagen, in denen man leben konnte. Nur eben in dem Augenblick, wo wir dann Uniformen anhatten, waren wir Teil eines riesigen Apparats. Und haben da unseren Dienst getan und gehofft, dass wir das überleben. Wir haben vieles gelernt, was junge Leute heute nicht lernen Wir haben sehr vieles nicht gelernt, was wir hätten lernen sollen

Die gestohlene Jugend – das ließ sich später nicht mehr nachholen?
E.E.: Das ist uns gegen Ende des Krieges klar geworden, aber wir haben immer gesagt, wenn wir überleben, lässt sich das verschmerzen. Die Art, wie am Schluss mit Menschenleben umgegangen wurde, wie die Soldaten verheizt wurden oder aber, wenn sie sich nicht verheizen ließen, einfach umgelegt oder aufgehängt wurden, das war schauerlich.

Ein Kind wird Soldat

Schwäbisch Hall, die schöne ehemalige Freie Reichsstadt ist gut davon gekommen im Krieg. Die prächtigen Fachwerkhäuser, die Kirchen und großen Plätze zeugen heute noch vom vergangenen Reichtum und blieben im Krieg weitgehend unzerstört. Und doch war das Städtchen ein anderes als vor dem Krieg. Wie in jeder Stadt und jedem Dorf hatten die Menschen Angehörige an der Front, Männer, Väter, Brüder, Kinder. Erhard Eppler erinnert sich bis heute daran, wie seine Mutter an jedem Morgen zuerst zum Briefkasten gerannt ist, in der Hoffnung auf einen Feldpostbrief vom ältesten Sohn, der ihr besonders nahe war. Und so war es in vielen Familien, die Stimmung in der Stadt war entsprechend gedämpft. Das galt besonders für die Zeit ab 1941, als nicht mehr dauernd mit relativ geringen Verlusten gesiegt wurde.

Auch der Schüler Erhard Eppler bekam schon vor der Flakhelfer-Zeit die Veränderungen zu spüren: Im Winter 1942/43 musste er zum sogenannten Kriegseinsatz in eine Fabrik, die eigentlich elektrische Bügeleisen herstellte, dann aber auf Verteiler für Flugzeuge umstellte. Sechsundfünfzigeinhalb Stunden pro Woche musste der Fünfzehnjährige Verteiler löten und fühlte sich ständig überfordert. »Man hat seine Arbeit getan, ist dann müde nach Hause gewankt, hat geguckt, ob man was ordentliches zu essen

Der Flakhelfer 1943.

bekommt – was nicht immer der Fall war – und ist schlafen gegangen.« Politik wurde ausgeklammert bei den jungen Leuten, auch wenn man sich lustig machte über die Goldfasanen, Parteifunktionäre in ihren protzigen, hässlichen Uniformen. »Wir haben uns amüsiert über diese aufgeblasenen Kleinbürger und Spießbürger.« Für die Jüngeren war das später schwer verständlich – und auch aus diesem Grund hat Erhard Eppler wohl die »Briefe an meine Enkelin« geschrieben. Denn anders als seine Kinder haben die Enkel ihm Fragen gestellt zu seiner Kindheit und Jugend im »Dritten Reich«. »Wir wussten ja gar nicht, was Demokratie ist. Wir sind in diesem System aufgewachsen, haben innerhalb des

Systems das System kritisiert, ohne zu sagen, wir brauchen ein ganz anderes.«

Nach dem Kriegseinsatz in der Fabrik wurde es dann ernst mit dem Krieg. Auf das Notabitur des Siebzehnjährigen folgte im September 1943 die Einberufung zur Flak, dann kam im März 1944 der Reichsarbeitsdienst und am 13. Juni 1944 die Einberufung zu den Panzerjägern. Eine Woche zuvor hatte die Invasion am Atlantik begonnen, und an jenem 13. Juni war eigentlich schon klar, dass sie erfolgreich gewesen ist. Also war dem Siebzehnjährigen bewusst, dass seine Zeit bei der Wehrmacht sehr bitter werden könnte. Besonders hart muss das für die Mutter gewesen sein: Nun war auch der dritte Sohn bei den Soldaten. Um diese Zeit machte die Familie sich schon große Sorgen um den Ältesten. Bis heute weiß sie nichts über sein Schicksal. Im Juli 1944 wurde er als vermisst gemeldet. Wo er begraben liegt, hat seine Familie nie herausfinden können.

Viel ist in den letzten Jahren darüber geschrieben worden, wie freiwillig oder wie wenig freiwillig die Einberufung zur SS gewesen ist. Was Erhard Eppler dazu berichtet, ist deshalb besonders interessant, weil seine Erinnerungen an die systematische Werbung und auch den Druck ganz präzise sind. Immerhin hat – mit einer Ausnahme – seine ganze Klasse dem Druck widerstanden. Das ging also.

»Es begann damit, dass ein Polizist mich auf der Straße ansprach: ›Du bist aber ein großer Kerle.‹ Was übrigens gar nicht stimmte und dann habe ich nur gesagt ›Gell?‹, und bin weiter gelaufen. Als nächstes wurden wir auf die Polizeiwache bestellt, drei Leute, und wir wussten gar nicht, warum. Dort wurde uns eröffnet, der Jahrgang 1926 wird geschlossen zur Waffen-SS eingezogen und wenn ihr euch freiwillig meldet, seid ihr fein raus. Worauf wir gesagt haben, wir hätten in der HJ gelernt, mit Kameraden kameradschaftlich umzugehen, und wir wollten keine Vorteile, wollten ruhig abwarten, bis wir eingezogen werden. Dann wurden wir in die alte Gewerbeschule einbestellt. In jedem Klassenzimmer waren etwa zehn Leute unseres Jahrgangs. Da kamen ein hoher HJ-Führer aus Stuttgart und ein baumlanger SS-Offizier, und wir mussten in einer Linie antreten. Und jeder einzelne wurde gefragt: ›Willst Du zur Waffen-SS?‹ ›Nein, will ich nicht‹, hat jeder gesagt. ›Warum willst Du nicht zur Waffen-SS?‹ Da wurde es schon schwieriger. Ich wollte besonders intelligent antworten, was sich dann als sehr dumm erwies, ich habe gesagt: ›Die SS ist eine Elite-Formation und ich zähle mich nicht zur Elite.‹ Worauf der SS-Offizier sagte, ›das lass mal unsere Sorge sein‹. Ich hatte mein Pulver also verschossen, habe gar nicht mehr geantwortet, war einfach verstockt. Das alles hat mindestens anderthalb Stunden gedauert und als die beiden hohen Herren das Zimmer verließen, um sich zu beraten, bin ich durch das Fenster abgehauen. Es ging nur etwa drei Meter in die Tiefe, für einen jungen Menschen keine große Mutprobe. Und dann bin ich zum Spital der alten Reichsstadt gerannt, wo damals das Wehrbezirkskommando untergebracht war. Im Zimmer eines alten Majors habe ich gesagt, ich möchte mich melden als Offiziersbewerber des Heeres. Da war ich gerade sechzehn, das war lange bevor ich zur Flak kam. Und der hat dann meine Personalien aufgenommen, hat gelächelt und mir ein Stück Papier mit Stempel gegeben und darauf stand, dass ich nun Offiziersbewerber des Heeres war. Von da an hatte ich meine Ruhe. Wenn die SS wieder kam, habe ich nur diesen Zettel vorgelegt, und dann war Schluss. Auf diese Weise wurde ich Kriegsfreiwilliger. Das war übrigens der Grund, warum es bis zum Schluss so viele Kriegsfreiwillige gab.«

Es hatte verschiedene Gründe, warum Erhard Eppler, seine Klassenkameraden und Freunde sich gegen die SS gewehrt haben: Da war einmal dieser germanisch-heidnische Aspekt. Wenn man zur Waffen-SS wollte, musste man aus der Kirche austreten. Und dann war da dieser Elite-Dünkel: »Wir sind die Zukunft, wir sind die Elite des großdeutschen Reiches.« Es kursierten auch Gerüchte über die Grausamkeiten der Waffen-SS an der Front, in den besetzten Gebieten, bei der Verfolgung der Juden, in den Konzentrationslagern.

Durch einen reinen Zufall waren das bei Erhard Eppler mehr als Gerüchte. Zur Beerdigung der Großmutter 1942 kam einer ihrer Neffen, ein Oberstabsarzt. Am Abend schüttete dieser Arzt bei Hildegard Eppler sein Herz aus. Im Nebenzimmer lag der fünfzehnjährige Erhard mit einer schweren Erkältung und sperrte die Ohren weit auf. Sein Onkel leitete ein Lazarett für die schweren Fälle, also keinen Verbandsplatz direkt hinter der Front. Und er erzählte, dauernd würden junge SS-Leute gebracht, Neunzehn-, Zwanzigjährige, denen rein organisch gar nichts fehlte, die aber dennoch völlige Wracks seien. Der Grund? Sie mussten Hunderte von Juden erschießen, haben das nicht ausgehalten, sind zusammengebrochen. Erhard Eppler hörte zum ersten Mal von diesen Gräueltaten der SS im Krieg – und zwar von einem Zeugen, der für ihn unangreifbar war. Und deshalb hat er sich gesagt: Alles könnt ihr mit mir machen, aber nicht die Waffen-SS. Seine Freunde mögen andere Gründe gehabt haben.

Der noch nicht einmal Siebzehnjährige kam zur Flak und dann zu den Soldaten. Erhard Eppler zuckt mit den Achseln, wenn man ihn fragt, wie hart das Kasernenleben für den Sohn aus einem Bildungsbürgerhaushalt gewesen sei, das Fehlen jeder Privatsphäre, Druck und Gehorsam, das endlose Exerzieren. Das war für ihn nichts Neues. Damit waren sie ja schon im Jungvolk aufgewachsen, die Jungen dieser Jahrgänge.

Schlimmer war für ihn die geistlose Langeweile. Der siebzehnjährige Notabiturient, der Literatur und Geschichte studieren wollte, hatte einen ungeheuren geistigen Hunger. Der Besuch von Buchhandlungen aber war eher frustrierend. »Da gab es nur so

Panzerjäger Erhard Eppler
im letzten Kriegsjahr.

Zeug von und über Hitler und Rosenberg und ähnliches. Interessanteres nur unter dem Ladentisch.« In einem Antiquariat fand er zufällig ein Büchlein über antike Architektur mit schönen Fotos. Das wurde sein Schatz, den er immer mit sich herumschleppte – ohne, wie er heute ironisch sagt, zum Experten zu werden. Aber es war eben ein Blick in eine andere Welt. Und bis heute erinnert er sich an einen Film, den er während einer Zwangspause auf der Eisenbahnfahrt nach Utrecht gesehen hat. Im Kern ging es um die Musik von Schubert, und diese Musik hat ihn so gepackt, dass er das Gefühl von damals heute noch abrufen kann. Die Defizite seiner Existenz als Soldat waren ihm immer bewusst. Er war nie gerne Soldat und auch kein guter Soldat, sagt er. Er wollte das hinter sich bringen und wenn möglich überleben. Punkt.

In jenen letzten Kriegswochen aber erlebte Erhard Eppler noch die ganze Härte des Krieges – und die Verbrechen der SS. Vermutlich haben viele Soldaten ähnliches erlebt, aber später nie darüber gesprochen, vielleicht tief verdrängt, was sie gesehen oder schlimmstenfalls auch getan haben. Erhard Eppler sprach darüber beim Kirchentag 1983, dessen Präsident er war. Es gab einen Gottesdienst in Bergen-Belsen zum Gedenken an die Opfer jenes Konzentrationslagers, in das man die Menschen aus anderen Konzentrationslagern im Osten gegen Kriegsende zum Sterben brachte. Ohne Nahrung, ohne Wasser, ohne Schutz vor der Winterkälte mussten sie dort auf den Tod warten. Teile seiner Kompanie waren zum Bahnhof Bergen-Belsen kommandiert worden, um schwer verwundete Soldaten auszuladen und in Kasernen zu bringen, die zu Notlazaretten umfunktioniert worden waren. Das war schlimm genug für den gerade Achtzehnjährigen, der diese Bilder nie vergessen hat: Erbarmungslos zusammengeschossene Menschenleiber, ein infernalischer Gestank nach Eiter und Exkrementen, die Menschen starben, so hat er es einmal aufgeschrieben »ohne ein gutes Wort, ohne irgend eine menschliche Zuwendung.« Doch es sollte noch schlimmer kommen an diesem Tag. Wachmannschaften der SS, so hat er es während des Gottesdienstes in Bergen-Belsen geschildert, gingen in die Waggons »und zerrten heraus, was liegen geblieben war. Menschliche Körper wurden immer von zwei Männern an Händen und Füßen gepackt und auf einen Lastwagen geschleudert. Die meisten waren tot, aber eben nicht alle. Sterbende erstickten unter Toten.«

Nichts unternommen zu haben, nannte er später Feigheit und tat sich schwer, darüber zu reden. Was ein Achtzehnjähriger inmitten versteinert zuschauender Soldaten allerdings hätte tun können, weiß er auch nicht.

Zu Ende ging alles mit einem achtzehntägigen Fußmarsch von der Lüneburger Heide bis Schwäbisch Hall. Erhard Eppler tut so, als sei das keine große Sache gewesen. Erstens ging es vielen Soldaten so, die sich – um der Gefangenschaft zu entgehen – ohne Entlassungspapiere nach Hause durchschlugen. Manchen gelang das, vielen nicht. Zweitens ist Eppler sein Leben lang ein leidenschaftlicher und ausdauernder Wanderer gewesen. Wahrscheinlich hat er später bei den langen Wanderungen durch Schwaben und Baden oft an diese Tippeltour gedacht: Zunächst in Uniform, bis ein Bauer ihm im Tausch dafür verdreckte, stinkende Lumpen gab. Waffen hatte er auf den abenteuerlichen Marsch nicht mitgenommen, dafür einen Kompass. Niemand gewährte ihm und einem Kameraden aus Oberschlesien Unterschlupf, denn das hatte die Militärregierung verboten, also hielten die braven Deutschen sich auch daran. Durch das Dickicht der Wälder krochen damals viele Männer wie sie, abgerissen wie sie, die nur eines wollten: nach Hause. Schon vor der offiziellen Kapitulation der Wehrmacht am 8. Mai 1945 war alles in Auflösung begriffen, und die Richtung Heimat fliehenden Soldaten fürchteten nicht so sehr die Amerikaner oder Engländer als vielmehr die deutschen Standgerichte, die überall dort wüteten, wo die Alliierten noch nicht waren. Um andere abzuschrecken, knüpften sie flüchtige Soldaten am Straßenrand auf.

Irgendwann hörte der Achtzehnjährige unterwegs, Hitler sei tot. Seine Reaktion darauf? Schwierig sei das, hier wahrhaftig zu antworten und nicht Dinge in diese Tage zurückzuprojizieren, die er erst später erfuhr. »Es kommt wohl der Wahrheit am nächsten, wenn ich sage, die Nachricht vom Tod dieses Mannes, auf den ich mehr als einen Eid geschworen hatte, hat in mir weder Erleichterung noch Erschütterung ausgelöst. Der Tod war allgegenwärtig. Nun war eben Hitler an der Reihe. Das hatte seine innere Logik.«

Am 10. Mai 1945, zwei Tage nach dem offiziellen Ende des Dritten Reichs, bog Erhard Eppler in die kleine Straße auf dem Friedensberg ein, lief auf sein Elternhaus zu. Doch die ganze Siedlung war voller amerikanischer Autos, alle Häuser waren besetzt von den Amerikanern. Erhard Eppler konnte nun trotz seines tadelsfreien Englischs nicht einfach an der Haustüre klingeln und nach Mutter und Geschwistern fragen, denn immer noch war er ein flüchtiger deutscher Soldat ohne Entlassungspapiere. Er schlich sich also ins Wäldchen, müde, hungrig, abgerissen, enttäuscht, weil er nach der gefährlichen Odyssee durch das halbe zerstörte Land am Ziel angekommen war – und sich immer noch verstecken musste. Er lag vor dem offenkundig nicht besetzten Haus eines ehemaligen Lehrers auf der Lauer, eines rabiaten Nazis, wie er noch fünfundsechzig Jahre später erbittert sagt. Von dem erhielt er wenigstens Auskunft, auf welchem Dachboden im Städtchen die Familie Unterschlupf gefunden hatte. Durch den Garten des Lehrers wäre er im Nu und ungefährdet dort gewesen, doch der schob ihn regelrecht vor das Gartentor. Des Nachts während der Ausgangssperre schlich er sich dann zu seiner Familie.

Im Jahr 1939, zu Beginn des Krieges, gehörte Erhard Eppler noch zu einer neunköpfigen Familie. 1941 starb der Vater, 1944 ein älterer Bruder. Die älteste Schwester, die den Krieg in einer Scheinwerferbatterie mitgemacht hatte, war noch nicht zu Hause. Der zweite Soldaten-Bruder auch noch nicht.

Im Spätsommer konnte der Achtzehnjährige sich – nachdem die amerikanische Militärpolizei ihn aufgegriffen, für drei Tage in ein Lager gesperrt und dann mit Papieren entlassen hatte – wieder legal durch sein Städtchen bewegen. Die Schulen waren noch geschlossen. Lebensmittelkarten bekam nur, wer arbeitete. Und so hat der körperlich und seelisch erschöpfte und immer hungrige Junge zuerst Kohlen geschaufelt und dann in einem kleinen Nest nahe Schwäbisch Hall in einer Papierfabrik gearbeitet. »Da wurde nach alter Väter Sitte aus Altpapier Pappe gemacht. Die wurde an langen Seilen aufgehängt mit Wäscheklammern und getrocknet und dann wurde sie geplättet mit Hilfe einer Art Mangel«. Da hat er ein halbes Jahr gearbeitet für zweiundfünfzig Reichspfennige die Stunde. Das war nichts. Ein Pfund Butter kostete auf dem Schwarzmarkt beispielsweise dreihundert Reichmark.

Und dann also wieder die Schulbank, denn das Notabitur des gerade Siebzehnjährigen war nichts wert, ein richtiges Abitur musste her, mit dem sich studieren ließ. Es mag ein sonderbares Gefühl gewesen sein, wieder in einem Klassenzimmer zu sitzen, noch dazu in der Schule des Vaters. Zwischen der Einberufung zum Flakhelfer, zum Reichsarbeitsdienst, zur Wehrmacht bei den Panzerjägern lagen zwar nur gute zwei Jahre. Doch in dieser Zeit hatte der Jugendliche so viel erlebt und erlitten wie Menschen in friedlichen Zeiten in einem ganzen Leben nicht.

Erhard Eppler war damals übrigens nicht nur Schüler, sondern auch schon Lehrer, Hilfslehrer für Englisch, denn bis zur Entnazifizierung fehlte es an Lehrkräften, und wer nur irgendwelche Fähigkeiten hatte und unbelastet war, der war willkommen. Einer seiner einstigen Schüler, Professor Fritz Scharpf, später Chef des Max-Planck-Instituts für Gesellschaftsforschung in Köln, erinnert sich noch gut an den achtzehnjährigen Lehrer. Dessen Englisch sei erstaunlich gut gewesen. Sie alle hätten den Unterricht bei dem jungen Mann, der nur wenige Jahre älter war als sie, genossen.

Auch wenn es ein ziemlich verrücktes Gefühl gewesen sein muss, wieder Schüler zu sein – bis heute ist er dankbar dafür, dass er das tun musste. Denn an diesem Kleinstadt-Gymnasium ist er einem Lehrer begegnet, der ihn – wahrscheinlich ist das nicht zu hoch gegriffen – für das Leben geprägt hat. Das war Gerhard Storz, später Kultusminister in Baden-Württemberg und Mitbegründer der CDU nach dem Krieg. Storz war ein bekannter Literaturhistoriker und Schriftsteller. Zusammen mit Dolf Sternberger und Wilhelm Süskind hat er später das »Wörterbuch des Unmenschen« geschrieben, eine Abrechnung mit der NS-Sprache. Bis heute spricht Erhard Eppler geradezu liebevoll über diesen Mann, den er verehrt hat: »Er war für uns der einzige wirklich glaubhafte Lehrer, weil wir wussten, dass er die Nazis noch mehr verachtete als hasste. Nie hat er etwas mit ihnen zu tun haben wollen, und niemals hat ihn jemand denunziert, obwohl jeder wusste, wo er stand. Gerhard Storz konnte uns erklären, was Demokratie ist, weil wir ihm glaubten. Und er konnte uns auch helfen, einen Vers darauf zu machen, was wir erlebt hatten. Er hat auf mich einen stärkeren Einfluss ausgeübt als alle späteren Universitätsprofessoren. Ein halbes Jahr nur war er unser Deutsch- und Lateinlehrer, aber er hat uns Fenster aufgemacht.«

Das Buch »Als Wahrheit verordnet wurde – Briefe an meine Enkelin« endet mit der Heimkehr aus dem Krieg, der letzte dieser Briefe mit einem eindringlichen Appell:

»Wenn jemand die Brutalität ohne Beispiel bestreitet, das systematische Morden bei pathologisch gutem Gewissen, die bürokratisch organisierte Ausrottung der Juden, die Entwertung von Menschen zur Sache, die erbarmungslos konsequente Auslöschung menschlicher Würde in Theorie und Praxis, dann widersprich, lass es nicht durchgehen. Und wenn Du willst, berufe Dich auf Deinen Großvater.«

KAPITEL 3

Der freie Wind von Bern

Gespräch über gebrochene Helden in der Literatur und in der Wirklichkeit

Sie wurden in Tübingen promoviert mit dem Thema »Der Aufbegehrende und der Verzweifelnde als Heldenfigur in der Elisabethanischen Tragödie«. Was hat Sie an diesem Thema so fasziniert?

E.E.: Den Titel habe ich hingenommen. Es ist der einzige Beitrag meines Doktorvaters, der für diese Arbeit kaum Verständnis aufbringen konnte nach seiner ganzen Herkunft und seinen Spezialgebieten. Ich hatte versucht, elisabethanische Dramatiker und vor allem ihre Tragödien mit Kierkegaardschen Begriffen zu analysieren. Diese Philosophie der individuellen Existenz beschäftigte mich. Kierkegaard geht von drei Stadien des Lebens aus. Erst im letzten, dem religiösen Stadium, ist der Aufstieg aus Angst und Verzweiflung durch die Gnade Gottes möglich. Natürlich war mir damals schon klar, dass ich damit nur einen Aspekt dieser Tragödien, vor allem der Shakespeareschen, überhaupt in den Blick bekam. Aber es war auch der Versuch zu zeigen, wie modern das war, was da am Ende des sechzehnten und dem Beginn des siebzehnten Jahrhunderts in England seine Zuschauer fand. Denn die elisabethanische Dramatik war ein Volksvergnügen. Es gab damals in London, einer Stadt mit etwa hunderttausend Einwohnern, zwanzig Theater. Sehr viel mehr als heute Kinos auf hunderttausend Einwohner kommen. Ich hatte zunächst Marlowe und Webster im

Visier, gar nicht Shakespeare, habe dann aber festgestellt, dass sowohl ein Macbeth als auch ein Hamlet Vorgänger in diesen elisabethanischen Tragödien hatten. Das sozusagen Typische habe ich nun versucht anhand von Kierkegaardschen Kategorien zu analysieren. Also »verzweifelt man selbst sein wollen« und »verzweifelt man nicht selbst sein wollen«. Ich behaupte nicht, dass das ein grundlegender Beitrag zur Anglistik gewesen wäre, obwohl es heute Leute gibt, die wieder daran anknüpfen.

War dieses sinnliche, burleske Theater damals einmalig in Europa?
E.E.: Es gab nichts Vergleichbares. In Frankreich kam etwas ganz anderes, aber erst knapp hundert Jahre später. In Deutschland gab es damals vielleicht ein paar Jesuitentheater, ein paar Volksschauspiele. Später gab es dann auch englische Theatertruppen, die die elisabethanischen Tragödien und Komödien nach Deutschland gebracht haben. Diese Stücke waren für mich deshalb so faszinierend, weil sie exemplarisch die Konflikte aufzeigen, die mit dem Aufkommen der Neuzeit, dem Ende des Mittelalters verbunden waren.

Gebrochene Helden – sind die Ihnen damals, kurz nach Kriegsende, auch in der Realität begegnet?
E.E.: Die Figuren, die damals gebrochen waren, hatten einfach nicht die Substanz von Helden, die Elisabethaner dagegen hatten diese Substanz immer. Nein, ich glaube, es war für mich auch der religiöse Aspekt, der mich fasziniert hat. Denn es ging ja offenkundig um die Frage: Wie frei ist der Mensch der Neuzeit? Und was ist der Preis der Freiheit? Und da gibt es für mich bis heute keine Zeugnisse, die so erhellend sind wie die der elisabethanischen Tragödie und zwar, wie gesagt, schon vor Shakespeare und neben Shakespeare.

Immer wieder geht es da um Schuldfragen, um schuldig werden, um das blinde Hineinstolpern in Schuld. Das hatte doch kurz nach dem Ende der Nazizeit starke Beziehungen zur Realität?
E.E.: Ja sicher. Aber diesen Konflikt gab es ja schon in den Königsdramen, also zum Beispiel bei Richard III. Der wird von Shakespeare dargestellt als ein Mensch, der sich jeglicher Bindung an Gott und die Menschen entledigt hat, nur noch sein Ego durchsetzt und zwar mit allen, auch kriminellsten Mitteln. Und bei Macbeth sehen wir eben dieses »verzweifelt man selbst sein wollen« und bei Hamlet dieses »verzweifelt nicht man selbst sein wollen« im Kierkegaardschen Sinne. Ich bin nicht so schrecklich stolz auf diese Arbeit, aber sie ist vielleicht auch nicht ganz so weit hergeholt, wie manche glauben.

Gebrochene Helden beschäftigen uns auch im realen Leben mehr als Menschen mit glatten Biografien. Bringen Menschen mit vielen Brüchen sich und ihre Gesellschaft eher weiter als andere?
E.E.: Ja, ich habe sicherlich eine gewisse Affinität zu Menschen, die durch alle möglichen Brüche schließlich doch etwas zustande gebracht haben, was für andere Menschen wichtig war. Ich habe nie Freude gehabt an diesen Strahlemännern oder Strahlefrauen, die sich vor allem durch ihr Durchsetzungsvermögen ausgezeichnet haben. Mit denen bin ich nie so recht warm geworden.

Warum haben Sie sich damals nicht mit all Ihren Energien auf Politik und Zeitgeschichte geworfen? Gerade nach dem Desaster der zwölf Jahre des »Dritten Reiches«? War die Beschäftigung mit dem Theater des sechzehnten/siebzehnten Jahrhunderts auch ein Stück Flucht aus der Wirklichkeit?
E.E.: In der Tat, das was ich selbst erlebt hatte, war noch viel zu nahe, als dass das ein Gegenstand der Reflexion oder gar der künstlerischen Gestaltung sein konnte. Und ich fand natürlich

manches, was für die Gegenwart durchaus relevant war, in diesen Tragödien wieder. Das Kriminelle in der Politik, das hat ja nun keiner überzeugender dargestellt als Shakespeare schon in seinen Königsdramen. Das heißt, wenn man über Menschen und Macht etwas lernen wollte, dann war man bei Shakespeare und seinen Zeitgenossen gut aufgehoben.

Der freie Wind von Bern

Junge Menschen, die heute am Numerus clausus, an Wartezeiten mit schwer durchschaubaren Punktesystemen, an überfüllten Hörsälen und gleichgültigen Professoren verzweifeln, mag es kaum trösten, dass für die Generation ihrer Großeltern alles noch viel schlimmer gewesen ist. Der Kampf um einen Studienplatz war damals beträchtlich härter. Bis heute erinnert sich Erhard Eppler genau an die grausigen Irrfahrten in überfüllten Zügen von einer zerstörten Universitätsstadt zur anderen. Im Herbst 1946 wurde er schließlich in Frankfurt am Main angenommen. Die Stadt der Banken und der IG Farben war eine einzige Trümmerwüste. Vom Bahnhof aus konnte man den Dom sehen, weil dazwischen kein Haus mehr stand, erzählt der einstige Student der Anglistik, Germanistik und Geschichte.

Die Universitätsgebäude, die noch standen, hatten keine Fenster. Plastikfolien klebten in den leeren Fensterhöhlen, flatterten im Wind und hielten weder Schnee noch Kälte ab. Die einzigen Schuhe, die der Student besaß, waren seine wenig wintertauglichen Kommiss-Stiefel. Beim beschwerlichen Gang durch die Ruinen füllten die sich mit Schnee. Und auch nach zwei Stunden Vorlesung hatte sich der Schnee noch nicht in Wasser verwandelt, so kalt war es. Unter solchen Umständen war die Frage, wie sich denn in Deutschland nun eine Demokratie aufbauen ließe, für die

Studierenden natürlich zweitrangig: Wichtiger war: In welcher Volksküche gibt es heute Mittag eine Suppe, die nicht nur aus Wasser besteht? Die Erkenntnis, die Erhard Eppler im Nachhinein aus dieser elenden Zeit zog, ist für ihn durchaus politisch: »Es mag ja sein, dass ein voller Bauch nicht gern studiert. Ein ganz leerer kann nicht studieren.«

Erschwert wurde die Situation in jenem eisigen Hungerwinter noch durch die Tatsache, dass nur studieren durfte, wer sich an den Aufräumungsarbeiten beteiligte, auch das natürlich mit leerem Magen und unzureichender Kleidung. Unter anderen Umständen hätte das ganz spannend sein können, im Trümmerhaufen des Senckenbergmuseums die exotischsten Tiere aus dem Schutt zu graben. Aber unter den elenden äußeren Umständen war es nur eine weitere Qual.

Heute schwärmen viele Ältere von der Solidarität der Menschen in jener Zeit. Der hungernde Student hat davon nichts gespürt und hält diese Theorie für ziemlich naiv. Er wohnte bei einem Ehepaar in einem Frankfurter Vorort. Der Mann war Geschäftsführer bei einem Zirkus und hatte wohl Quellen für reichlich Lebensmittel, vielleicht war es Fleisch, das eigentlich für die Tiere gedacht war. Jedenfalls kamen aus der Küche dieses Paares die allerschönsten Essensdüfte, wenn Erhard Eppler schwach vor Hunger nach Hause kam. Abbekommen hat er niemals auch nur den kleinsten Rest.

Die Stimmung in der Stadt hat er als außerordentlich gereizt in Erinnerung, das galt auch für die politischen Auseinandersetzungen. Der Zorn konzentrierte sich auf einen Herrn Schlange-Schöningen im Zwei-Zonen-Wirtschaftsrat. »Schlange-Schöningen an den Galgen« skandierten die Menschen bei den Demonstrationen. »Ich hatte das Gefühl, von den Galgen hatten wir eigentlich genug. Aber das war die Stimmung. Ich konnte mich mit niemandem politisch identifizieren, weder links noch rechts.«

Ein weiteres Mal verdankte er seinem Schwäbisch Haller Lehrer Gerhard Storz eine Wendung zum Besseren. Der hatte intensive Kontakte zu einer Gruppe von Schweizer Intellektuellen, Schuldirektoren und Universitätsprofessoren, die alle ausgewiesene Anti-Nazis waren – keine Selbstverständlichkeit damals in der Schweiz. Und die wollten nun etwas tun für die Demokratie im Nachkriegsdeutschland und luden zwölf deutsche Studenten zum Studium nach Bern ein. Einer von ihnen war dank Gerhard Storz der inzwischen zwanzigjährige Erhard Eppler. Die erste Zeit in Bern, das war nach der Trümmerstadt Frankfurt, wo die Menschen in Kellern und Ruinen hausten und Wassersuppen kochten ein Kulturschock: Die vollen Schaufenster, das gelassene, behäbige Bürgertum, die Freiheit von existenziellen Sorgen, das war wie ein anderer Planet. »Ich wurde krank. Diese Berner Rösti haben bei mir, weil ich kalorienreiches, fettes Essen gar nicht mehr gewohnt war, eine Gelbsucht ausgelöst.«

Die Schweiz hat er von ihrer besten, großzügigsten Seite kennen gelernt. Immer wieder wurden die deutschen Studenten in die Häuser von bedeutenden Historikern eingeladen. Das intellektuelle und menschliche Niveau der Debatten war für die jungen Männer, die nur Krieg und Zerstörung und Mangel in jeder Beziehung kannten, eine Offenbarung. »Ich habe Demokratie in der Schweiz gelernt.«

Ausgerechnet in Bern hatte er seine erste Begegnung mit Gustav Heinemann, der für ihn später zum prägenden Vorbild wurde, vielleicht sogar sein wichtigster Ziehvater in der Politik. Heinemann hielt einen Vortrag in der Heilig-Geist-Kirche in Bern. Neugierig ist Eppler hingegangen, er wollte hören, »was jetzt so aus Deutschland kommt.« Es kam der stocknüchterne damalige Essener Oberbürgermeister, der ohne jedes Selbstmitleid, das damals so die deutsche Grundtonart war, wie Eppler spottet, über Zerstörung und Aufbau im Ruhrgebiet sprach. »Das war so unpathetisch, so nüchtern und so redlich, dass ich dachte: Aha, so was gibt es jetzt in Deutschland also auch.« Als Heinemann (damals noch CDU-Mitglied) dann bald darauf deutscher Innenminister wurde, fand Eppler das sehr beruhigend. Als er kurze Zeit später zurücktrat, war das für ihn ein Alarmzeichen – und der Grund, sich etwas genauer mit Politik zu beschäftigen.

Doch zunächst musste er sich auf sein Staatsexamen vorbereiten, seine Dissertation zu Ende schreiben, und das tat er in Tübingen und lebte dort zunächst wirklich in einem akademischen Elfenbeinturm. Bodenhaftung behielt er durch sein Zimmer im Viertel der kleinen Weinbauern, über deren brutalen Humor im Schwäbischen zahllose Witze und Geschichten kursieren. Eine Zeitlang schwankte Eppler damals zwischen Journalismus, wissenschaftlicher Laufbahn und Schuldienst. Dass er sich dann doch für den Lehrerberuf entschied, hatte mit der Politik, mit der Wiederaufrüstung und mit Gustav Heinemann zu tun. Er schlug die Chance aus, als Lektor für Deutsch und deutsche Literatur für zwei Jahre an die Universität von Dublin zu gehen – was der Beginn einer wissenschaftlichen Karriere gewesen wäre –, weil Gustav Heinemann eine eigene Partei gründen wollte, die Gesamtdeutsche Volkspartei. Da wollte der junge Mann dabei sein, dessen erste öffentliche Rede 1950 ein flammender Appell gegen die Wiederbewaffnung gewesen ist. Doch zunächst kam der Schulalltag in Schwenningen, wohin das seit 1951 verheiratete Ehepaar Irene und Erhard Eppler 1953 zog und bis 1961 blieb.

KAPITEL 4

»Ein Lehrer wie einer unter Millionen«

Gespräch über Schule ohne Langeweile

Was ist ein guter Lehrer?
E.E.: Das weiß ich bis heute nicht. Ich glaube, dass ein Lehrer dann gut ist, wenn sein Temperament, seine Begabungen und seine Methoden, seine didaktischen Methoden, übereinstimmen. Wenn das zueinander passt. Und das kann natürlich auf sehr verschiedene Weise geschehen.

War es früher einfacher, ein guter Lehrer zu sein? Weil die Kinder weniger Ablenkung hatten?
E.E.: Ja, das ist ganz sicher so. Deshalb ist auch der Frontalunterricht, wo der Lehrer überwiegend redet und sagt, wie es ist, über viele Jahrzehnte möglich gewesen. Das haben die Schülerinnen und Schüler lange Zeit für selbstverständlich gehalten und hingenommen. Heute würden sie das nicht mehr tun.

Was haben Sie anders gemacht als die Kollegen?
E.E.: Ich hatte, als ich nach Schwenningen kam als ganz junger Assessor, das Glück, einen sehr mutigen und liberalen Schulleiter anzutreffen. Und dieser Schulleiter hat es gewagt, dem jungen Mann eine Klasse zu übergeben, die er in vier Fächern in zweieinhalb Jahren zum Abitur führen sollte. Diese Fächer waren Deutsch, Englisch, Geschichte und Philosophie. Und natürlich

berühren sich diese Fächer, vor allem, da Gemeinschaftskunde noch in den Geschichtsunterricht integriert war. Eigentlich waren es deshalb fünf Fächer. Und da habe ich manchmal geschichtliche Themen, Literatur, gemeinschaftskundliche – also politische – Themen insgesamt vier, fünf Stunden behandelt. Und da wusste man nun nicht, und sollte das auch nicht wissen, ob das nun Geschichts- oder Deutsch- oder Philosophieunterricht war. Das hatte den ungeheueren Vorteil, dass wir uns für bestimmte Themen Zeit nehmen konnten, Quellen lesen konnten, uns in Ruhe in einer relativ kleinen Abiturientenklasse über die Quellen unterhalten, die Quellen interpretieren konnten. Ich sage das deshalb so ausführlich, weil ich der Überzeugung bin, dass es kaum einen größeren Feind einer guten Pädagogik gibt als den Zeitdruck. Und dieser Zeitdruck ist heute wohl unerträglich.

Schüler erinnern sich an gute Lehrer ihr Leben lang. Gilt das auch umgekehrt?

E.E.: Aber sicher. Vor allem, wenn die Klassen nicht zu groß sind, so dass man sich wirklich auf die Individuen einlassen kann. Mir geschieht es heute noch, nach 50 Jahren, dass ehemalige Schüler, die manchmal auch schon Pensionäre sind, sich nach einem Vortrag bei mir melden und ich dann noch den Vornamen weiß. Bis heute habe ich noch Kontakt zu ehemaligen Schülern.

Wenn Sie heute frei gestalten dürften an einer Schule, was würden Sie ändern?

E.E.: Ich bilde mir nicht ein, dass ich methodisch eine besondere Fantasie hätte. Ich habe im Deutschunterricht der Mittelstufe einfach Anregungen aufgenommen, die ich im Referendariat von erfahrenen Germanisten bekommen habe. Zum Beispiel habe ich Conrad Ferdinand Meyers »Gustaf Adolfs Page« durchgenommen. Ich habe gesagt, lest das mal durch und dann machen wir ein Hörspiel daraus. Und das ging so gut, dass die sogar am Nachmittag freiwillig gekommen sind, um mit mir das Hörspiel zu schreiben. Schließlich haben wir es auch aufgeführt. Und nachher hatten sie wirklich eine Vorstellung von dieser Novelle. Und sie hatten etwas über den Dreißigjährigen Krieg gelernt. Was Methodik angeht, bin ich eher ein Lernender. Ich wäre als Pädagogikprofessor wahrscheinlich fehl am Platze.

Als ich zur Schule ging, hörte der Geschichtsunterricht vor dem Ersten Weltkrieg auf. Alles andere sei noch »zu nah«, sagten Lehrer, die damit wohl oft ihre eigenen Verstrickungen meinten. Wie war das bei Ihnen direkt nach dem Krieg?

E.E.: Manchmal habe ich gesagt, wir machen jetzt einfach mal einen Block Geschichte. Wir sind von Napoleon bis in das Jahr 1848 gegangen und danach direkt in die Nazizeit. Wir haben den Nationalsozialismus ziemlich gründlich durchgenommen, gingen dann wieder zurück ins 19. Jahrhundert und haben gefragt: Wie konnte es eigentlich dazu kommen? Ein Fachhistoriker würde sicher Einwände haben, aber es war spannend, wirklich spannend, und die Schüler haben gearbeitet. Wir haben sehr viele Quellen studiert und darüber diskutiert. Jedenfalls war es weniger langweilig als der normale Geschichtsunterricht.

Ist das alte Gymnasium tot, wie so viele sagen?

E.E.: Ich kann das nicht beurteilen. Ich komme nur selten in Schulen. Allerdings, wenn ich aufgefordert werde, vor Schülern zu reden, meistens als Zeitzeuge, einfach weil ich so alt bin, dann stelle ich fest, dass sich so schrecklich viel nicht verändert hat. Wenn die Schüler etwas interessiert, dann können sie sehr aufmerksam zuhören. Und sie können auch intelligent fragen, vor allem, wenn sie sich vorbereitet haben. Und sie können auch nachbohren.

»Ein Lehrer wie einer unter Millionen«

Ein bisschen ist Erhard Eppler wohl immer geblieben, was er nur die kürzeste Zeit seines Lebens war: ein Lehrer. Es hat deshalb eine innere Logik, dass sich vor allem junge Leute zu ihm hingezogen, von ihm verstanden fühlten. Das galt für seine Schüler in Schwenningen wie später für junge Journalisten, als er längst Berufspolitiker war. Unvergessen sind die Nachmittage und Abende im schönen Garten in Dornstetten, dem damaligen Zuhause der Epplers im Schwarzwald. Das war in den siebziger Jahren, und bevor es zur Belohnung Wein und Zwiebelkuchen und gute Gespräche gab, wurden den Gästen Federballschläger in die Hand gedrückt.

So eindringlich, als gelte es, einen bockigen Parteitag zu bezwingen, sprach der damalige SPD-Landesvorsitzende über Südafrika, über Kernkraft, über die Staatsverschuldung, über die Notwendigkeit ökologischen Umdenkens. »Begreift doch, Kinder«, rutschte ihm dann manchmal mit gebremster Ungeduld heraus, wenn die Gäste nicht schnell genug folgen konnten. Doch nie dozierte er von oben herab.

Und so ähnlich erzählen auch ehemalige Schüler aus Schwenningen von ihrem Lehrer Dr. Eppler. Anspruchsvoll sei er gewesen, aber nie langweilig. Helga und Gunter Huonker waren in der Oberstufe seine Schüler. Es war die erste Klasse, die Eppler zum Abitur führte. Gunter Huonker, später sein Büroleiter im Bundesministerium für wirtschaftliche Zusammenarbeit, noch später Staatsminister im Bundeskanzleramt Helmut Schmidts, sagt über ihn: »Er war ein Lehrer, wie es unter einer Million nur einen gibt.« Warum? Das können beide nicht so richtig beschreiben. Gunter Huonker versucht es: »Da war keine Überheblichkeit dessen zu spüren, der viel weiß, gegenüber denen, die relativ unwissend waren. Wir hatten einen natürlichen Respekt vor ihm, vor seiner

Intelligenz und seinem enormen Wissen.« Was für die damalige Zeit außergewöhnlich war: »Er hat mit uns in der Freizeit viel geredet. Wir gingen mit ihm spazieren, saßen in der kleinen Wohnung der Epplers, Fahrschüler durften zum Mittagessen kommen. Und als schussgewaltigen Fußballspieler, der sich spontan an unseren Freizeitkicks beteiligen konnte, haben wir ihn auch gefürchtet.«

Helga Huonker erinnert sich noch gut an die erste Begegnung mit dem neuen Lehrer: »Er hatte eine handgestrickte Jacke an mit Reißverschluss, sprach sehr bedächtig. So hatten wir uns unseren jungen Klassenlehrer nicht vorgestellt. Zunächst.« Doch schnell war die Klasse begeistert. »Es waren meine wichtigsten Schuljahre, ich bin von ihm geprägt worden. Was wichtig war: Er war der erste Lehrer, der ganz offen mit uns diskutiert hat, und das hat vor allem bei den Eltern großes Misstrauen geweckt.« Ein anspruchsvoller Lehrer sei er gewesen, der viel verlangt habe in seinen Fächern Deutsch, Geschichte, Philosophie und Englisch. Aber: »Er hat nie den Eindruck vermittelt, dass wir wegen guter Noten lernen sollen. Ihr lernt für euch, hat er immer wieder gesagt.«

Und dann gibt es noch die anderen Geschichten, die kaum glauben mag, wer Erhard Eppler in jenen Zeiten nicht gekannt hat. Er hatte die damals berühmte NSU 98er Quick, mit der er auch über die Dörfer fuhr zu politischen Veranstaltungen seiner GVP. Genüsslich erzählt Gunter Huonker: »Zwischen dem Sportplatz und der Wohnung der Epplers ging es den Berg hinauf. Und da haben wir Wettrennen gemacht mit unseren 98er Quicks. Wer kam zuerst den Buckel rauf? Das kann sich niemand vorstellen, wie wir da auf unseren kleinen Motorrädern hingen und versucht haben, den anderen zu schlagen. Auch das ist Erhard Eppler,« der übrigens bis heute zu den Klassentreffen seiner ersten Abiturklasse reist und die Namen sämtlicher Schüler dieser Klasse im Kopf hat.

Viele Kinder und Jugendliche kamen aus einem schwierigen Leben, waren Halbwaisen, hatten ihre Väter im Krieg verloren. Die Klassen waren gerade in der Unterstufe mit bis zu sechsundvierzig Schülern so groß, dass es kaum möglich war, viel über die besonderen Belastungen und Schwierigkeiten der Schüler zu erfahren, bedauert Eppler noch heute.

Die Stadt selbst war ihm anfangs fremd. Es war eine etwas raue Arbeiterstadt, bis zum Beginn der Nazizeit mit einem hohen Anteil an kommunistischen Wählern. Siebzig Uhrenfabriken gab es in Schwenningen, als er dort seine Stelle antrat. Das Bildungsbürgertum war nur knapp vertreten, in den Klassen saßen viele Arbeiterkinder. »Ich hatte bis dahin immer mit bildungsbürgerlichen Schichten zu tun gehabt, mit Studenten, Lehrern, Professoren, mit Pfarrern und Organisten gelebt und nun lernte ich mal kennen, was Proletarierdasein ist.« Sehr nahe kamen ihm diese Schwenninger, als er 1956 in die SPD eintrat. Da lernte er Traditionen kennen, die für ihn neu waren, hörte den Geschichten der Rentner zu, die sich während der Weimarer Republik auf den Straßen mit der SA gerauft hatten, aber auch mit den Kommunisten. Viele konnten ihm noch aus eigenem Erleben erzählen, wie es vor dem Ersten Weltkrieg in den Fabriken zugegangen ist. Bald empfand er dieses Umfeld als befreiend. Die Schwenninger Sozialdemokraten öffneten ihm die Augen für die Geschichte der Arbeiterbewegung.

Heute sagt er, während seiner Zeit an der Schule habe er vieles gelernt, was für ihn später in der Politik unverzichtbar wurde. Zum Beispiel: Als Lehrer hat er sofort gespürt, wenn die Schüler etwas nicht verstanden haben. Das kann man sich antrainieren, an den Gesichtern ablesen, wenn man sich konzentriert, sagt er. Diese Fähigkeit ist in der Politik so nützlich wie im Klassenzimmer.

KAPITEL 5

Die Gesamtdeutsche Volkspartei – eine Partei mit »Offizieren ohne Mannschaft«

Gespräch über Idealisten und Spinner in der Politik

Manchmal hat man den Eindruck, die Grenzlinie zwischen Spinnern und Idealisten kann sehr schmal sein?
E.E.: Na ja, ich war auch ein Spinner, weil ich nicht mit Spinnern rechnete. Eine kleine, neue Partei hat natürlich den Nachteil, dass sie alle möglichen Leute anzieht, die sich anderswo nicht durchsetzen konnten – und zwar aus guten Gründen nicht durchsetzen konnten. Auch in der GVP hatte man in den ersten Monaten oder Jahren damit zu tun, die Querulanten ein bisschen ruhig zu stellen oder sogar hinauszuekeln, die nur gekommen waren, weil sie – unabhängig von den Zielen dieser Partei – eine Rolle spielen wollten. Die Selbstdarstellung war ihnen wichtig. Doch es waren auch prächtige Leute dabei. Was allerdings völlig fehlte, das waren Arbeiter, Gewerkschafter und Geschäftsleute, Menschen aus der Wirtschaft.

Wie würden Sie selbst den Erhard Eppler von damals beschreiben? Als einen Idealisten?
E.E.: Ich habe immer abgewehrt, wenn man mich einen Idealisten genannt hat. Ich war vielleicht ein Pragmatiker, der sich für einen Realisten hielt und ganz bestimmte politische Ziele hatte. Ich glaube, die wichtige Unterscheidung ist: Geht jemand in die Poli-

tik, um seinem Geltungstrieb und seiner Eitelkeit zu frönen? Oder lässt jemand sich auf die Politik ein, um Missstände zu beseitigen? Und wenn das nur ein einziger Missstand ist und eine Frau sagt, ich gehe in die Kommunalpolitik, um den zu beseitigen. Das finde ich politisch legitim, auch wenn kein umfassendes politisches Konzept dahinter steht. Für mich würde ich schon in Anspruch nehmen, dass ich in der Politik das Wohl möglichst aller im Auge hatte. Politik ist Dienst am Gemeinwohl, und was dem widerspricht, das ist vielleicht politisches Theater oder auch Missbrauch politischer Funktionen zu Gunsten irgendeiner Klientel. Aber das ist für mich, streng genommen, keine Politik.

Warum kam es eigentlich zur Gründung der GVP? War das eine Sammlung von Pazifisten, die ihre Lektion aus dem Krieg gelernt hatten?

E.E.: Ich war nie grundsätzlicher Pazifist, nie in meinem Leben, auch damals nicht, übrigens Heinemann auch nicht. Was mich in die Politik hineingestoßen hat, das waren zwei Dinge: Einmal, dass ganze fünf Jahre nach der Kapitulation plötzlich wieder der Wehrwille, wie man das nannte, gefördert wurde. Man hat ja damals Kriegsverbrecher aus Landsberg entlassen, um den Wehrwillen zu stärken. Und das vertrug sich nicht mit meinem Gefühl für politische Hygiene. Das zweite war: Mir war natürlich völlig klar, wenn die beiden Teile Deutschlands gegeneinander aufrüsten, darauf lief es ja hinaus, dann kann von deutscher Einheit auf Jahrzehnte hinaus nicht mehr die Rede sein. Und auch das hätte ich noch geschluckt, wenn Adenauer gesagt hätte, uns bleibt nichts anderes übrig, jetzt müssen wir das erst mal tun, das hat Priorität. Was ich schrecklich fand, war, dass er mit großem Pathos von der Wiedervereinigung geredet hat und zwar inklusive Schlesien und Ostpreußen und gleichzeitig eine Politik gemacht hat, von der man wusste, das wird genau in die entgegengesetzte Richtung gehen. Und dieser Zorn über den Betrug hat mich in die Politik gebracht.

Die GVP – eine Partei »mit Offizieren ohne Mannschaft«

Nur noch wenige Menschen werden sich heute noch an die Gesamtdeutsche Volkspartei erinnern, in der sich doch so große politische Talente versammelten wie Gustav Heinemann, Diether Posser, Erhard Eppler, Helene Wessel und, etwas später, auch Johannes Rau. Sie alle einte ein Ziel: der Kampf gegen die Wiederbewaffnung so kurz nach dem Krieg. Und sie glaubten, eine große Anzahl von Wählern würden sie in ihrem Kampf gegen die Aufrüstung unterstützen. Mit 10 bis 20 Prozent der Stimmen bei den Bundestagswahlen 1953 rechnete die GVP, schreckliche 1,2 Prozent sind es geworden. Wie Johannes Rau später auch, wenn er von der Zeit in der GVP erzählte, muss Erhard Eppler lächeln beim Blick zurück auf jene Zeit, in der Menschen mit heißen Herzen und ohne viel Ahnung von Realpolitik daran glaubten, dass man mit den besseren Argumenten auch die Wählerstimmen bekommen wird. Meinungsforschungsinstitute mit täglichen Wasserstandsmeldungen zur politischen Stimmung im Land gab es damals noch nicht. Wie festgelegt die Wähler sind oder zumindest damals waren, nach welchen Kriterien sie ihre Wahlentscheidung treffen, wussten die Neulinge auf dem politischen Parkett nicht. Erhard Eppler sagt heute: »Ich glaube, Heinemann dachte damals: Wenn die Menschen mit mir einig sind, keine Aufrüstung wollen, stattdessen Verhandlungen über ein bündnisfreies Deutschland, dann wählen sie mich. Das war ein Irrtum. Es gab Millionen von Menschen, die mit ihm in vielen Dingen einig waren, für die das aber kein Grund war, ihn zu wählen. Sie haben gesagt, wir wählen jetzt den Adenauer, weil der uns das Wirtschaftswunder in Gang gesetzt hat und Ludwig Erhard, das ist uns viel wichtiger als die Frage, was da nun mit Gesamtdeutschland wird.«

Wie offen, fast spielerisch und häufig chaotisch es damals in der Parteienlandschaft zugehen konnte, als die Deutschen nach den zwölf Nazijahren wieder Demokratie einübten, zeigt die Gründung der GVP. Erhard Eppler lehnt sich im Sessel zurück, macht eine lange Pause und sagt: »Das ist jetzt ganz subjektiv, was ich hier erzähle.« Er und seine Frau arbeiteten zusammen in der »Notgemeinschaft für den Frieden Europas«, von Gustav Heinemann 1951 mit ein paar anderen Menschen gegründet. Die beiden Epplers haben damals wie viele andere Menschen auch Unterschriften gesammelt gegen die Wiederaufrüstung. Im Juni 1952 gab es dann in Frankfurt eine Tagung der Notgemeinschaft. Eppler reiste an den Main und war ziemlich entsetzt. »Da gab es viele Leute, die sich gern reden hörten, im unguten Sinne idealistisch daherredeten und zwar aus den verschiedensten politischen Ecken von weit rechts bis weit links.« Und etwas fassungslos fragte der sechsundzwanzig Jahre junge Lehrer am Schluss der Tagung Gustav Heinemann: »Sie werden doch mit diesen Leuten keine Partei gründen wollen?« Der eigentliche Gründer war dann Adolf Scheu, ein Schwabe, den es nach Wuppertal verschlagen hatte und der die Gründungsversammlung im Herbst 1952 organisierte. Erhard Eppler, damals noch an einer stockkonservativen Schule in Sigmaringen mit einem Schulleiter, der CDU-Funktionär war, bekam keinen Urlaub für diesen Tag. Also blieb er in Sigmaringen und las montags in der Zeitung, dass er in Abwesenheit in den Bundesvorstand der GVP gewählt worden war! »Gustav Heinemann hatte denen gesagt, den jungen Mann aus Schwaben, den wählt ihr auch noch.«

Es ging chaotisch weiter und es gab viele harte Auseinandersetzungen unter den Parteifreunden, die häufig nur wenig verband. Man ging zum Beispiel, gegen Epplers Willen, ein Wahlbündnis ein mit dem sogenannten »Bund der Deutschen«, hinter dem die KP stand. Damals lernte Eppler einen Mann kennen, der ihm im Verlaufe der nächsten dreißig Jahre immer wieder begegnen sollte und dem er instinktiv misstraute. Das war Josef Weber, ein ehemaliger Wehrmachtsoberst, dessen Name stets auftauchte, wenn es um kommunistisch inspirierte Friedensarbeit ging. Auch der Entwurf des umstrittenen Krefelder Appells vom November 1980 stammte von ihm.

Das Wahlbündnis kam dennoch zustande, trotz Epplers heftiger Gegenwehr. Heute sagt er: »Wir hatten uns da mit jemandem eingelassen, der wirklich nicht unabhängig war. Das war schon fast das Todesurteil für eine politische Partei. Und ›nicht unabhängig‹ hieß in diesem Fall, wie sich nach dem Mauerfall beweisen ließ, dass Josef Weber den ›Bund der Deutschen‹ für die DDR steuerte.

Nach der Wahlschlappe von 1953 schlug Eppler vor, die Realität zu akzeptieren, das Abenteuer GVP nun zu beenden und in die SPD einzutreten. »Reifen lassen«, war Heinemanns Antwort. 1955 verließ Erhard Eppler die GVP und trat 1956 in die SPD ein, anderthalb Jahre vor Heinemann.

Dennoch hat der Jungpolitiker viel gelernt in seiner Zeit bei der GVP. Zum Beispiel für eine Idee zu werben auf den Marktplätzen von Dörfern und Städten, frei zu reden, in Kneipen zu argumentieren, zu akzeptieren, dass Politik im Leben der meisten Menschen nur ein ganz kleines Segment in ihrem Alltag ist. Die freie Rede – viele Politiker haben ihr Berufsleben lang Angst davor und kleben deshalb am Manuskript. Dass es bei Eppler anders lief, war einem Zufall zu verdanken. Er sollte bei einer GVP-Veranstaltung in Tübingen das Eingangsreferat halten, hatte einen ziemlich ausführlichen geschrieben Text – und eine Seite war plötzlich weg, verschlampt. »Zuerst der Schreck: Was jetzt tun? Dann habe ich versucht, das, was ich noch in Erinnerung hatte, frei zu sagen. Und das ging ganz gut. Und dann habe ich mir vorgenommen, das künftig immer so zu machen, natürlich mit ein paar Stichworten.«

Er war damals – und noch bis 1961, als er in den Bundestag gewählt wurde – ein Feierabendpolitiker. Sein Verkehrsmittel war eine NSU Quick, 98 Kubikzentimeter. Bei fünfzig Stundenkilometern war Schluss. Und mit diesem Vehikel brauste oder besser stotterte er über die Dörfer. Saß jemand hinten drauf und es ging ordentlich einen Berg hoch, dann musste der Mitfahrer absteigen. Ein Schicksal, das auch seine Frau häufiger erlebte. Mit diesem Gefährt wagte er sich sogar auf die Autobahn, die damals bei Karlsruhe noch gepflastert war, rutschte aus bei Nässe und wachte im Krankenhaus wieder auf.

Er räumt heute ein, die Langmut seiner Frau sei bewundernswert gewesen. Immerhin hatten die beiden schon zwei kleine Kinder, und der Familienvater steckte noch im Referendarjahr. Erst nach den für ihn und seine Mitstreiter so enttäuschenden Wahlen von 1953 konzentrierte er sich mit ganzer Kraft auf die Schule. Ein paar Jahre lang hielt er das durch, dann hatte die Politik ihn wieder.

Das hatte vermutlich nicht nur mit seiner politischen Leidenschaft zu tun, sondern mit einer Stimmung im Land, die ihm zutiefst missfiel. Wenn er über die erste Hälfte der fünfziger Jahre spricht, dann fällt ihm zum Beispiel die gewonnene Fußball-Weltmeisterschaft, »das Wunder von Bern«, ein. Natürlich saß er wie das halbe Land vor dem Radio und jubelte, als das Unfassbare geschah und Deutschland die Ungarn besiegte. Doch der Jubel ließ bei ihm schnell nach, denn in der Folge des Sieges machte sich eine »Wir-sind-wieder-wer-Stimmung« breit, über die er fünfzig Jahre nach dem Sieg von Bern in der »Frankfurter Allgemeinen Zeitung« an folgende Zitate von damals erinnerte:

»Jetzt reißen sich die Kriegsgegner schon wieder um deutsche Soldaten. Dabei haben sie noch vor ein paar Jahren die Wehrmacht schlechtgemacht! War also alles doch nicht so wild? Und warum haben sie die Offiziere, die sie als Kriegsverbrecher verurteilt hatten, jetzt wieder aus Landsberg entlassen? Um die Wehrbereitschaft zu stärken, wie einer sagte? Oder weil sie eben doch nichts Schlimmes getan hatten?« Volkes Stimme, und an den Stammtischen, so erinnert sich Eppler, kursierte schon damals das angebliche Churchill-Zitat, die Westalliierten hätten »das falsche Schwein geschlachtet.«

Das alles war dem jungen linken Lehrer höchst zuwider. Und in ihm keimte der Verdacht, das Draufschlagen auf den fremden Totalitarismus in der Sowjetunion entlaste die Deutschen. So musste man sich nicht mit den eigenen Schuldanteilen an der Nazidiktatur auseinandersetzen. »Das bedeutete für viele Befreiung, aber es führte eben auch dazu, dass der Holocaust erst zwei Jahrzehnte nach Kriegsende, die Verbrechen im Osten erst vier Jahrzehnte später, zum Thema wurden.«

So mag es sein, dass solche und ähnliche Erfahrungen der Grund dafür waren, dass die Zeit in der Gesamtdeutschen Volkspartei nicht zu einem politischen Intermezzo in Epplers Leben wurde, sondern dass mit dem Austritt aus der GVP und dem Eintritt in die SPD eine spannende politische Biografie begann.

KAPITEL 6

SPD: Godesberg war der Befreiungsschlag

Gespräch über »Politische Heimat«

1949 hätten Sie sich durchaus vorstellen können, CDU zu wählen. Ein geborener Sozialdemokrat sind Sie also nicht?

E.E.: Nein, ganz sicher nicht. Aber das soziale Gewissen, das war schon etwas, was ich von zu Hause mitbrachte. Mein Großvater mütterlicherseits, der als Pfarrer am Münster in Ulm gestorben ist, war aktiver Naumannianer. Das war damals der soziale Flügel der Kirche und davon war meine Mutter stark geprägt. Sie war nach dem Krieg die erste und einzige Stadträtin in Schwäbisch Hall und Leiterin des Wohnungsausschusses. Mit dem Ergebnis, dass fast jeden Abend bei uns in der Wohnung Leute saßen, die von meiner Mutter eine Wohnung haben wollten. Wir Kinder waren manchmal sehr ungeduldig, weil das fast bis Mitternacht dauern konnte.

Nach dem Krieg war ich in der Tat irgendwo zwischen CDU und SPD. Was für die CDU sprach, war, dass mein Lehrer Gerhard Storz in Schwäbisch Hall die CDU gegründet hat, und das war natürlich ein Argument. Was für die SPD sprach, war eben vieles, was mit diesem sozialen Gewissen, dem ererbten sozialen Gewissen, zusammenhängt. 1949 habe ich dann gar nicht gewählt, weil ich plötzlich feststellte, dass ich in Tübingen, wo ich damals studierte, gar nicht wählen durfte. Ich hätte nach Schwäbisch Hall fahren müssen, und das war zu umständlich und zu teuer. Aber ich weiß wirklich nicht, was ich gewählt hätte. Es ist denkbar, dass ich CDU gewählt hätte, was übrigens auch ein bisschen mit Heinemann zusammenhing, denn der – damals noch in der CDU – war eigentlich der einzige prominente Politiker, von dem ich schon einen persönlichen Eindruck hatte. Ja und dann kam die Wiederbewaffnungsdebatte und die Notgemeinschaft für den Frieden, in der meine Frau und ich engagiert waren. Und seither ist die CDU für mich zwar eine unentbehrliche Volkspartei, aber nichts für mich.

Die SPD, in die Sie 1956 eintraten, schlug sich noch mit dem Marxismus herum, und sie war kirchenfern bis kirchenfeindlich. Was hat trotzdem den Ausschlag gegeben?

E.E.: Ich war auch kein Freund von Kurt Schumacher. Mich hat der Stil, die Leidenschaft, das Pathos von Schumacher mehr abgestoßen als angezogen. Ich hatte großen Respekt vor der Figur, aber sie blieb mir fremd. Erich Ollenhauer war für mich nicht unangenehm, ich habe auch nie über ihn gelästert, aber seinetwegen in eine Partei einzutreten, fiel mir auch nicht ein. Der Mensch, an dem ich mich als junger Student in Tübingen 1949 zuerst orientiert habe, war Carlo Schmid. Zu ihm hatte ich einen ganz guten Kontakt, mehr noch zu seiner ersten Frau Lydia. Gelegentlich hat sie, wenn ich mein Fahrrad die Goethestraße hinaufschob, aus dem Küchenfenster herausgerufen und mich eingeladen und hat mir dann alles mögliche erzählt.

Wenn meine Frau und ich bei Schmids eingeladen waren, ging es vor allem um die Außenpolitik, um die damals viel diskutierte sowjetische Note zur Wiedervereinigung: Geht man darauf ein? Wird sie verhandelt oder nicht? Ich erinnere mich noch, wie ich, es war wohl im Mai 1952, zu Carlo Schmid gesagt habe: In dem Augenblick, in dem ihr da eine klare Position bezieht – bis jetzt ist sie mir nicht klar genug – trete ich in die SPD ein. Carlo Schmid sagte, ein SPD-Parteitag im August in Dortmund werde für Klarheim sorgen. Es kam anders. Kurt Schumacher starb und der Parteitag hatte andere Themen. Dadurch erst habe ich mich entschlossen, bei Gustav Heinemann und seiner GVP-Gründung mitzumachen.

Die SPD in Schwenningen, was war das für eine Partei?

E.E.: Ich fühlte mich wohl mit den alten Gewerkschaftern, die mir aus den zwanziger und dreißiger Jahren erzählt haben. Das andere war, dass dieses Schwenningen zu den wenigen süddeutschen Städten gehört hat, in denen 1919 der interessantere Teil der Arbeiterbewegung und der SPD zu den Kommunisten gegangen war. Ich habe dort viele ehemalige Kommunisten kennen gelernt, es gab ja ganze Kommunistenfamilien, die mir großen Eindruck gemacht haben. Sie waren keine Kommunisten mehr, waren durch den Stalinismus und das was in der DDR passierte, ziemlich geheilt. Die SPD wiederum litt immer noch unter dem Aderlass von 1919. Sie war solide, aber nicht besonders kreativ, war gutes Mittelmaß. Bis 1932 war die Volkspartei in Schwenningen die KP gewesen.

In der SPD zu sein, bedeutete lange Zeit, sich auch in einem bestimmten Milieu zu Hause zu fühlen, zu dem Genossenschaften, Vereine, Gewerkschaften, Betriebsräte gehörten. War das Heimat oder wird das heute verklärt?

E.E.: Das gab es schon. Man war im Konsumverein, und es gab in Schwenningen auch einen Sportverein. Und es gab freireligiöse Bestattungen, bei denen einer meiner Stadtratskollegen die salbungsvollen Reden hielt. Aber was für mich ganz wichtig war, das waren diese Arbeiter und Rentner, die mich mit großer Freundlichkeit aufgenommen haben. Und das hat mir natürlich das Einleben in der Partei sehr erleichtert.

Später hat die SPD den Bezug zur Basis verloren. Friedens-, Frauen-, Ökologie-Bewegung, das alles wurde unterschätzt oder sogar ignoriert. Fühlten Sie sich damals fremd in Ihrer Partei?
E.E.: Fremd ist falsch. Als ich die Ökologiediskussion in die SPD hineinzutragen versuchte (was ja im Landesverband Baden-Württemberg auch gelungen ist) war mir durchaus bewusst, dass ich durch meine Erfahrungen in der Dritten Welt einen Bewusstseinswandel hinter mir hatte, den andere noch vor sich hatten. Bei aller Schärfe der Auseinandersetzung war mir immer klar: Du hast dich verändert, nicht die anderen. Du spekulierst darauf, dass die anderen sich auch verändern, und irgendwann werden sie das auch tun. Deshalb musst du jetzt stehen und darfst nicht zittern. Und bis etwa 1980 hat mich ja auch eine deutliche Mehrheit im baden-württembergischen Landesverband gestützt.

Die Jungen sind dennoch weggelaufen – und teilweise auch weggejagt worden?
E.E.: Sie sind weggelaufen, weil nicht so sehr die Parteispitze unter Willy Brandt, aber die Regierungsspitze unter Helmut Schmidt keinerlei Verständnis hatte für Ökologie und, schlimmer noch, die Ökologen gelegentlich auch verspottet hat. Da ist emotional viel zerstört worden. In Baden-Württemberg sind die Grünen 1980 über die Fünf-Prozent-Hürde gekommen. Das verdankten sie den zu ihnen übergelaufenen Sozialdemokraten, die wussten, wie man eine Partei organisiert und einen Wahlkampf führt.

Was bedeutet Ihnen die gebeutelte SPD von heute?
E.E.: Viel, gerade jetzt, denn ich glaube, dass die SPD noch nie nach dem Zweite Weltkrieg so dringend gebraucht wurde wie heute, wo die marktradikale Welle sich überschlagen hat und die Menschen nach einer Alternative suchen. Wenn es der SPD gelingt, eine Alternative zu formulieren und glaubhaft zu propagieren, dann

wird sie ihren Charakter als Volkspartei sehr wohl erhalten können.

Sie sind zum Zeitpunkt dieses Gesprächs fünfundfünfzig Jahre in der SPD. Tut Ihnen weh, was mit Ihrer Partei passiert?

E.E.: Ja natürlich. Vor allem das Wahlergebnis 2009 tat weh, und zwar deshalb, weil es eigentlich keine gerechte Bestrafung ist. Niemand hat behauptet, die SPD hätte in der großen Koalition schlecht regiert. Das haben nicht einmal die politischen Gegner behauptet. Und trotzdem kam dieser Absturz. Ich gehöre zu den Menschen, die ihre Solidarität nicht aufkündigen, wenn es anderen schlecht geht, im Gegenteil, ich bin ihnen dann emotional noch näher. Und das gilt auch für meine Partei. Der Tatbestand, dass es ihr schlecht geht, verstärkt meine Loyalität.

SPD: Godesberg war der Befreiungsschlag

Die Karriere des jungen Sozialdemokraten Erhard Eppler verlief rasant. 1959 saß er schon als Delegierter beim Godesberger Parteitag, vielleicht dem folgenreichsten in der Geschichte der SPD. Fünfzig Jahre später, in Dresden, erinnerte er sich in seiner Parteitagsrede an diese Tage – und er tat es mit Selbstironie: »Ich war nur nach Godesberg gekommen, weil die wichtigen Leute im Unterbezirk diesen Parteitag nicht für wichtig gehalten haben. Mir ist nichts eingefallen, was ich hätte sagen sollen und was andere nicht schon gesagt hatten. Und wenn es mir eingefallen wäre, hätte ich nicht den Mut gehabt, in die Bütt zu gehen. Und wenn ich den Mut gehabt hätte, in die Bütt zu gehen, hätte mir keiner zugehört.«

Damals verabschiedete sich die SPD von wichtigen Teilen ihrer Ideologie, öffnete sich auch programmatisch für Menschen, die auf der Suche waren nach politischen Ideen links von der Mitte, aber wenig anfangen konnten mit marxistischen Ideen. Erhard Eppler hatte seit seinem Eintritt in die SPD auf eine solche Öffnung hin zur Volkspartei gehofft. Sein von ihm häufig genanntes Vorbild war Pfarrer Friedrich Naumann, der schon um die Jahrhundertwende zum 20. Jahrhundert hin eine Mehrheit links vom Zentrum schaffen wollte – unter Einbeziehung linksliberaler, bürgerlicher Wähler.

Den Delegierten wurde einiges zugemutet mit dem neuen Programm, das die SPD endlich regierungsfähig machen sollte. Frisch waren noch die Wunden der Wahlniederlage von 1957, als die Adenauer-CDU mit 50,2 Prozent der Stimmen die absolute Mehrheit bekam, die SPD mit knappen 32 Prozent weiter denn je von der Macht entfernt schien. Godesberg löste das Heidelberger Programm von 1925 ab. Die SPD gab damit ihren Anspruch, eine reine Arbeiterpartei zu sein, auf. Die marxistische Tradition fand nicht einmal mehr Erwähnung.

Godesberg war auch der Abschied von der Weltanschauungspartei. Ausdrücklich sollten Menschen verschiedener Glaubens- und Denkrichtungen einen Platz finden, wenn sie sich zu den Grundwerten Freiheit, Gerechtigkeit und Solidarität bekannten. Daraus folgte eine neue Haltung zu den Kirchen, deren Eigenständigkeit ausdrücklich betont wurde. Damals verabschiedete sich die SPD auch von ihrer Forderung, die Grundstoff-Wirtschaft in Gemeineigentum zu überführen. Dies alles klingt heute wie blanke Selbstverständlichkeit, war aber 1959 eine Sensation. Obwohl viele Delegierte sich schwer taten mit dem Abschied von den Werten der alten Arbeiterpartei, stimmten nur sechzehn von dreihundertvierzig Delegierten gegen das neue Programm.

Erhard Eppler erinnert sich an diese Tage vor mehr als fünfzig Jahren noch genau: »Die Spannung war von Anfang an ziemlich groß. Das Gefühl, dass dies ein historischer Parteitag werden würde, war von Anfang an da. Und das hat mich fasziniert, obwohl ich mich noch gar nicht im Stande fühlte, bei dieser Diskussion mitzuhalten. Ich habe auf dem ganzen Parteitag nur zugehört. Der Widerstand gegen das Programm war sehr viel intensiver, lautstarker, auch mit Beifall bedacht, als das im Nachhinein erscheinen mag. Wenn man die Debatten so verfolgte, war keineswegs von Anfang an klar, dass das mit großer Mehrheit beschlossen würde.«

Für den jungen Delegierten aus Schwenningen wurde mit dem Godesberger Programm verabschiedet, was im politischen Alltag längst Realität war. Die SPD von 1959 war keine marxistische Partei mehr. Sie war auch keine kirchenfeindliche Partei, viele Christen saßen längst in Führungspositionen. »Jetzt plötzlich stimmten Programmatik und Wirklichkeit zwar nicht voll überein, das ist nie möglich, aber sehr viel besser. In der Weimarer Republik war es so gewesen: Nach rechts hat man die Leute abgestoßen durch ein pseudorevolutionäres Programm und nach links hat man sie abgestoßen durch eine bestenfalls reformistische Praxis, zumal man ja in Koalitionen mit anderen Parteien war. Und diese Annäherung von Theorie und Praxis, also von Programm und praktischer Politik, habe ich geradezu als Befreiung empfunden.«

Zwei Jahre später saß Erhard Eppler schon im Bundestag und musste die Erfahrungen machen, die keinem Neuling erspart bleiben: Niemand hatte auf ihn gewartet. Die berüchtigte Ochsentour gab es nicht nur innerhalb der Partei, sondern auch in der Bundestagsfraktion. Das Gefühl, als Bundestagsabgeordneter nun an den Schalthebeln der Macht zu sitzen – der Macht, zu verändern – verflog schnell. »Ich hatte natürlich viele Flausen im Kopf. Ich war außerordentlich stolz, dass ich nun im Deutschen Bundestag war. Und ich weiß noch, wir bekamen da ein Formular, wir sollten aufschreiben, in welche Ausschüsse wir gerne gehen würden.« Erhard Eppler schrieb in das Formular: Auswärtiger Ausschuss oder Innenausschuss und schlug dann hart in der Wirklichkeit auf. Er fand sich wieder im Mittelstandsausschuss, der dann später abgeschafft wurde, weil er überflüssig war. »Das war wirklich ein Ausschuss, in den die Fraktionen die Leute hingeschoben haben, von denen sie nichts erwartet haben.« Als er sich irgendwann dagegen auflehnte, wurde er in den Kulturausschuss weitergeschoben, das klassische Gremium für die Lehrer im Bundestag. Kompetenzen gab es keine, denn für die Kultur, für die Schulen waren die Länder zuständig. »Das war wirklich Trockenschwimmen.« 1963 hat sich Alex Möller seiner erbarmt und hat ihn in den Finanzausschuss geschickt. Und da hat Erhard Eppler dann gearbeitet wie ein Pferd, weil er endlich das Gefühl hatte, hier werde Politik gemacht. Und der Mühe Lohn war die Berichterstattung für das Bewertungsgesetz, eine komplizierte Materie, in der es um die Neubewertung von Immobilien ging. Eine wichtige Erkenntnis für den jungen Abgeordneten war, wie massiv die Lobby über die Ministerialbürokratie an diesem Gesetzentwurf mitgearbeitet hat.

Neben der Kärrnerarbeit im Ausschuss gab es glücklicherweise Debatten-Sternstunden, und es gab die Begegnung oder Wiederbegegnung mit Menschen, die Erhard Eppler politisch geprägt hatten oder für seine Zukunft wichtig wurden.

Da war in erster Linie Fritz Erler, der viel zu früh verstorbene SPD-Oppositionsführer, der ihn letzten Endes in die SPD gebracht hatte. Gespannt wartete der Parlamentsneuling auf das erste Rededuell zwischen Konrad Adenauer und Fritz Erler und war dann grenzenlos enttäuscht. Noch fünfzig Jahre später sagt er, das sei wirklich deprimierend und verstörend gewesen. Denn Fritz Erler, einer der klügsten Politiker, die jemals im Bundestag saßen (und den übrigens auch Helmut Schmidt sein politisches Vorbild nennt), lief ins Leere. Das lief immer nach dem gleichen Muster ab: Fritz Erler hielt geschliffene, rational nachvollziehbare Reden, etwa zur Außen- und Deutschlandpolitik, sprach Adenauer direkt

Kaum ein Sozialdemokrat glaubte während des SPD-Bundesparteitags im April 1969 in Bonn-Bad Godesberg ernsthaft an den Machtwechsel nach den Bundestagswahlen im Herbst. Doch wenige Monate später schon hieß der Kanzler Willy Brandt und der BMZ-Minister Erhard Eppler.

an, »immer korrekt, nie ausfällig, aber präzise.« Und wenn dann Adenauer ans Mikrofon ging, hörte sich das nach Epplers Erinnerungen etwa so an: »Aber Herr Kolleje Erler, dat is doch janz einfach: De Sowjetunion...«, und dann wurde mit ein paar primitiven Sprüchen alles weggewischt, was Erler entwickelt hatte. Bis heute klingt Eppler zornig, wenn er an diese Szenen zurück denkt.

Den Schwaben Erhard Eppler und den in Schwaben heimisch gewordenen Berliner Fritz Erler verband schon eine längere Geschichte. Fritz Erler war Landrat in Tuttlingen gewesen und traf Eppler immer mal wieder während dessen Zeit als Lehrer und GVP-Politiker in Schwenningen. In jener Zeit schrieb man sich noch Briefe und eines Tages – Eppler meint, er habe Erler wohl ein längeres Expose geschickt – erhielt er einen Brief, in dem stand: »Wenn Sie einen Grabstein haben wollen, auf dem steht, er hat immer recht gehabt, dann bleiben Sie, wo Sie sind. Wenn Sie aber wirklich Politik machen wollen, dann kommen Sie zu uns.« Das hat tief eingeschlagen bei dem damals schon recht verdrossenen GVP-Mitglied und war wohl einer der Gründe, warum er die GVP und damit auch den von ihm bewunderten Heinemann verließ.

Auch Gustav Heinemann traf er wieder in Bonn. Bei einem Abendessen jammerte er ihm etwas vor über seine frustrierende Arbeit in Ausschüssen, die keinerlei politische Relevanz hatten. Und knochentrocken konterte Heinemann, nachdem er dem Genossen Eppler lange und geduldig zugehört hatte: »So ist Politik gemacht worden, seit es Menschen gibt. Und wenn Dir das nicht gefällt, musst Du nach Hause gehen.« So war er also in relativ kurzer Zeit zweimal zurechtgebogen worden von Männern, die er respektierte. Er hat daraus gelernt, und es schwingt bis heute Dankbarkeit mit, wenn er sagt: »Heinemann hatte ja ein sehr lutherisches Menschenbild. Er hat von den Menschen nie zu viel erwartet und hatte auch ein sehr nüchternes Bild, was die politische Praxis angeht, und das habe ich von ihm übernommen. Ich habe nie von Menschen zu viel erwartet und war deshalb nicht so leicht zu enttäuschen.«

In jener Zeit, Erhard Eppler war gerade ein Jahr im Bundestag, fand er einen Freund fürs Leben. Die britische Regierung hatte fünf junge sozialdemokratische Bundestagsabgeordnete nach London eingeladen. Die britische Botschaft in Bonn schickte einen Begleiter mit nach London, einen gewissen David Cornwell, seiner großen Fan-Gemeinde besser bekannt als John le Carré. Über ein gemeinsames Krisenmanagement kamen die beiden sich näher. »Wir hatten einen Abgeordneten dabei, der die Neigung hatte, den Briten sozusagen den ›ugly German‹ vorzuführen.« Dieser Kollege hat mit den Gastgebern in einem Ton geredet, der das ganze Unternehmen in Schwierigkeiten brachte. David Cornwell und Erhard Eppler übersetzten nicht wörtlich sondern fantasiereich und retteten so die Reise. Sie redeten viel miteinander an den langen Abenden in London und sind bis heute in engem Kontakt. Der Schriftsteller ist Pate der jüngsten Epplertochter, Eppler ist Pate des jüngsten Sohnes von John le Carré.

Der hatte damals gerade ein ziemlich sarkastisches Buch über Bonn geschrieben: »Eine kleine Stadt in Deutschland« heißt der Spionage-Thriller, mit dem er bekannt wurde, und Bonn wird dort als graue, öde Provinzstadt geschildert, in der es eigentlich immer regnet. »Ich hätte Bonn nicht gegen ihn verteidigt«, sagt Eppler trocken, der selbst nie heimisch wurde in der provisorischen Hauptstadt. In seinen fünfzehn Jahren in Bonn, so erzählt er kopfschüttelnd, hat es nicht eine einzige Einladung der Stadt oder der Universität an die Mitglieder des Parlaments gegeben. »Dieses politische Bonn war vom bürgerlichen Bonn völlig abgeschnitten. Man hatte das Gefühl, wir waren eher lästig. Die wollten gar nicht Hauptstadt sein.«

Erhard Eppler ist damals für die SPD nach Bonn gegangen und die Familie blieb in Dornstetten zurück. Den Lehrerberuf, den er liebte, hat er aufgegeben, sich statt dessen für ein kräftezehrendes Pendlerleben entschieden, zu dem ja nicht nur Bonn und Dornstetten gehörten, sondern die aufreibende Arbeit in einem großen Flächenwahlkreis, zahllose Dienstreisen in den sitzungsfreien Wochen und immer wieder Wahlkämpfe. Warum tut ein Mensch sich so etwas freiwillig an? Ist es die Macht, die lockt? Auch auf diese Frage antwortet Eppler ganz schnörkellos: Ja, er habe immer Macht haben wollen, aber nur, wenn man Macht wie Max Weber definiere, nämlich Macht als die Fähigkeit, andere zu einem bestimmten Verhalten zu veranlassen. »Man kann natürlich Menschen mit einem Wasserwerfer veranlassen, einen Platz zu

Irene und Erhard Eppler Ende der 60-er Jahre in Dornstetten im Schwarzwald, Heimat der Familie für viele Jahre.

räumen, das ist auch Macht. Aber man kann Menschen auch durch ein Buch veranlassen, zum Beispiel mit der Natur ein bisschen anders umzugehen.« Das ist für ihn, er betont das, die wirkliche Macht. »Macht ist kein Stander am Dienstmercedes, sondern Macht ist Gestaltungsmöglichkeit.« Bald hatte er beides: den Stander und die Gestaltungsmacht.

KAPITEL 7

Generationenkonflikte: Die Alten und die Jungen

Gespräch über frustrierte Väter und rebellierende Kinder

Viele Menschen sagen, die Achtundsechziger-Rebellion sei eine Auseinandersetzung der Jungen mit der schweigenden Elterngeneration gewesen, die ihre Schuld aus der Nazizeit verdrängt hatte? Sehen Sie das auch so?

E.E.: Teilweise ja. Aber meine Position zu den Achtundsechzigern wurde zunächst einmal dadurch bestimmt, wie die Achtundsechziger sich mir gegenüber verhalten haben. Ich bin ja 1968 Minister geworden und war damit Teil des Establishments. Und ausgerechnet noch in diesem schwierigen Amt. Ich war ein besonders mieses Exemplar dieses Establishments, ein Heuchler, der die Ausbeutung der Dritten Welt durch humanitäre Phrasen bemäntelt hat. Das ist ziemlich exakt die Sprache von damals. Ich war eine Zielscheibe der Achtundsechziger. Und sie versuchten, meine Veranstaltungen zu sprengen oder endlose Diskussionen über Dinge anzuzetteln, über die ich gar nicht reden wollte.

Jedenfalls führte das dazu, dass ich sagte: Sind die eigentlich noch ganz dicht? Und später erst, vielleicht 1969, 1970 suchte ich, angeregt durch Willy Brandt, das Gespräch mit ihnen. Willy Brandt war der Meinung: Die Antworten sind manchmal ziemlich daneben, aber die Fragen sind meistens berechtigt. Anfangs war ich eher der Meinung von Helmut Schmidt, nämlich dass hier verwöhnte Bürgerkinder Rabatz machen. Erst später ist mir klar geworden, dass es sich hier wirklich um einen historischen Umbruch handelt, den man nutzen muss. Ich habe das dann gelegentlich auch politisch über die Entwicklungshilfe versucht.

Für viele der Jungen aber war die Auseinandersetzung mit der Elterngeneration zunächst wichtiger. Sie waren aufgewachsen in familiär schwierigen Verhältnissen, mit durch den Krieg traumatisierten, schweigsamen Vätern zum Beispiel, die jedes Gespräch über die Nazizeit und ihre eigene Rolle ablehnten...

E.E.: Das ist sicherlich ein Aspekt dieser Revolte. Aber es gab ja ähnliches in Kalifornien, in Paris und wenn man so will auch in China. Da gab es diese speziellen deutschen Konflikte nicht. Ich glaube, es ging schon um einen Bewusstseinswandel. Der hatte nur in Deutschland noch diesen besonderen Akzent durch den durch Nazismus und Krieg gesteigerten Generationenkonflikt. Ich habe in dem, was die Achtundsechziger zum Thema Dritte Welt zu sagen hatten, diesen Konflikt weniger erkannt. Für mich war das einfach Ideologie, das war die Imperialismustheorie Lenins, und dann war noch eine Menge Maoismus dabei. Ich glaube, wenn ich das alles als Kultusminister erlebt hätte, dann wäre vielleicht der Aspekt des Generationenkonflikts stärker zu erleben gewesen. Für mich stand das damals im Hintergrund.

Sie haben sich damals bei den Antivietnamkriegs-Demonstrationen auf die Seite der Jungen geschlagen. Ich erinnere mich an einen Satz von Ihnen: Nur weil die Jungen früher als die Alten erkannt haben, wie ungerecht dieser Krieg war, muss man sie nicht bestrafen.

E.E.: Es war mir klar, dass die jungen Leute bei den Antivietnamkriegs-Demonstrationen einfach Recht hatten. Die Vorstellung der Amerikaner, dass man mit den Bombardierungen und der Auslöschung ganzer Gebiete Frieden schaffen und die Freiheit retten kann, das hat mir nicht eingeleuchtet. Ich muss gestehen, dass ich auch ein gewisses persönliches Misstrauen gegenüber Henry Kissinger hatte, den ich 1962 in Harvard kennen gelernt hatte. Ja, ich galt dann eben als jemand, der diese Revolution oder Rebellion der Achtundsechziger bagatellisierte und mit zu viel Verständnis begleitete. Aber, wie gesagt, das war nicht von Anfang an so. Auch ich war zunächst verblüfft, sogar angewidert. Es gab damals eine große Zahl von liberal-progressiven Menschen in der Verwaltung, an den Universitäten, in den Kirchen, die durch diese Rebellion zu Konservativen wurden. Die waren so erschrocken über die Exzesse, die es ja auch gab, und durch die Art, wie sie selbst behandelt wurden, dass sie für den Rest ihres Lebens konservativ geworden sind. Ich bin nicht ganz sicher, ob nicht gewisse Erfahrungen eines Professor Ratzinger an der Universität Tübingen sich bis heute auf die katholische Kirche auswirken. Jedenfalls kenne ich nicht wenige, die damals zu Konservativen wurden. Mir ist das erspart geblieben, wahrscheinlich durch die Hilfe von Willy Brandt.

Der Staat schlug hart zurück: Mit Radikalenerlass, Berufsverboten, am schlimmsten in CDU-geführten Bundesländern wie Baden-Württemberg. Hielten Sie den Radikalenerlass für richtig?

E.E.: Ich habe viel zu spät gemerkt, dass es so etwas gab. Der Radikalenerlass ist ja nie im Kabinett behandelt worden. Das war eine Entscheidung, die der Bundeskanzler mit den Innenministern der Bundesländer, die da auch unmittelbar zuständig waren, getroffen hat. Ich hielt zunächst einmal die Erregung darüber für übertrieben. Aber ich habe dann eben Fälle erlebt, wo ich mich selbst eingesetzt habe für junge Leute, deren berufliche Zukunft bedroht war. Willy Brandt hat ja später auch eingestanden, dass das ein großer Fehler war. Er musste ja seine Ostpolitik, die immer noch im Streit war, absichern gegen den Vorwurf, dass er den

Kommunisten auf den Leim gekrochen sei. Also musste er nach innen den harten Mann spielen – oder glaubte das zumindest. Insgesamt war das etwas, was unserer Demokratie mehr geschadet als genutzt hat.

Warum konnte die ganze Situation so eskalieren, dass Briefträger und Lokomotivführer, Musiklehrer und Sonderschullehrer aus dem Öffentlichen Dienst flogen?
E.E.: Das ist in die Fänge der Bürokratie geraten. Das wurde in jeder Staatskanzlei eines Bundeslandes so ausgelegt, wie dort die Ideologie war. Und dass zum Beispiel ein Filbinger den Radikalenerlass anders gehandhabt hat als ein Hamburger Bürgermeister, ist auch klar. Und es gab eben Leute, für die war das ein willkommenes Werkzeug, um ihren Antikommunismus auszuleben.

Generationenkonflikte: Die Alten und die Jungen

Eine kleine Gruppe von jungen Menschen gab sich nicht zufrieden mit einer »Außerparlamentarischen Opposition«, verachtete jene Studenten, die an den »Marsch durch die Institutionen« glaubten. Sie verhielten sich, als sei Deutschland eine rechte Diktatur, die sich nur mit Gewalt niederkämpfen ließ. Es herrschte ein totaler Realitätsverlust bei jenen, die sich selbst bald die Rote Armee Fraktion nannten. Nichts hat die Deutschen seit Ende der sechziger, Anfang der siebziger Jahre mehr schockiert, als die Tatsache, dass Bürgerkinder aus ihrer Mitte zu Terroristen wurden, sich – im Namen einer Ideologie – durch das Land schossen und bombten. Auf dem ersten Höhepunkt des Terrors war Erhard Eppler schon SPD-Landesvorsitzender in Baden-Württemberg, und ihm war klar, dass die Aktionen der RAF vor allem den Filbingers der Republik in die Hände spielten. Beiläufig erzählt Eppler, wie er Ulrike Meinhof, damals noch die bekannte linke Journalistin von »Konkret«, kennen gelernt hat, lange bevor sie im Untergrund verschwand. »Das war bei einer Rundfunkdiskussion. Ich hatte den Eindruck von einer außerordentlich nervösen, aufgeregten Dame, die mir nicht sympathisch war.«

Mit wenigen Ausnahmen waren es Kinder aus Bildungsbürgerfamilien, die abdrifteten in die Kriminalität und zu Mördern wurden. Eppler ergänzt: »Sie kamen vor allem aus evangelischen Familien, auch aus Pfarrhäusern, was mich nicht gewundert hat.« Die RAF hat die Gesellschaft in den siebziger Jahren nicht nach links, sondern nach rechts verschoben. Law and order wurden legitim, der Staat musste mit Härte reagieren, das Morden stoppen.

»Man hätte jede Regierung davongejagt, die hier nicht klar gesagt hätte, was Recht und Gesetz ist und was nach Recht und Gesetz verboten ist.« Dass Erhard Eppler dies landauf, landab in vielen Reden betonte, half ihm allerdings nicht viel. In einem CDU-Papier wurde er zu den »Sympathisanten des Terrors« gezählt, und das war in jener hysterischen Zeit politisch fast tödlich. Wenig hilfreich war auch, dass Herbert Wehner ihm damals den Spitznamen »Pietcong« verpasste, weil Eppler Verständnis zeigte für die Antivietnamkriegs-Demonstranten. Trocken sagt er heute: »Da ich als links galt, empfand ich, dass die RAF mir das Leben noch schwerer machte, als es ohnehin schon war.«

Es herrschte damals, unabhängig von den Verbrechen der RAF, eine sonderbare Stimmung im Land: Einerseits hatte die Bundesrepublik unter Willy Brandt endlich eine Regierung, in der die Fenster aufgestoßen wurden, in der – wie Willy Brandt in seiner ersten Regierungserklärung versprochen hatte – mehr Demokratie gewagt wurde. Andererseits tobten besonders in den Universitätsstädten Straßenkämpfe zwischen Polizei und Studenten. Man diskutierte nicht mehr miteinander, sondern brüllte sich gegenseitig nieder. Dennoch warb die SPD Anfang der siebziger

Jahre hunderttausende von neuen Mitgliedern, enttäuschte bald aber besonders die vielen jungen Sozialdemokraten unter ihnen.

Das lag nicht nur am Radikalenerlass, sondern am Unverständnis der Älteren gegenüber den neuen Politikformen und neuen Inhalten. Frauenbewegung, Anti-Atomkraft-Bewegung, Ökologische Bewegung mit hoch aktiven Dritte-Welt-Gruppen und später auch die Friedensbewegung – das alles wurde von der ab 1974 regierenden sozialliberalen Koalition unter Helmut Schmidt als lästig empfunden, verschlafen oder bewusst ignoriert. Gerade engagierte junge Leute wandten sich von der SPD wieder ab und schlossen sich der Grünen Bewegung an, die ja in den ersten Jahren ein ziemlich bunter Haufen war und von Mitgliedern linker K-Gruppen über bekennende Christen bis zu nationalistischen Blut-und-Boden-Ideologen reichte. Eine große Rolle allerdings spielten in der frühen Phase politikerfahrene junge einstige Sozialdemokraten, die wussten, wie man eine Partei und wie man Wahlkämpfe organisiert.

In dieser Zeit kam es zu neuen Konflikten zwischen Erhard Eppler und Helmut Schmidt. Eppler war der Überzeugung, dass Ökologie das entscheidende Thema der nächsten Jahrzehnte sein würde. Und er wollte dieses Thema, hier übrigens völlig einig mit Willy Brandt, nicht bei den Grünen, sondern bei der SPD angesiedelt sehen, »weil es für mich zu groß, zu wichtig war für eine kleine Partei.«

Helmut Schmidt hielt das alles nach Epplers Erinnerungen »für dummes Zeug« und war überzeugt davon, »dass die Grünen niemals in den Bundestag kommen würden.« 1980 aber zogen sie mit 5,6 Prozent in den baden-württembergischen Landtag ein. Damit war damals vielen Beobachtern klar, dass sie es über kurz oder lang auch in den Bundestag schaffen würden.

Vielleicht haben jene recht, die sagen, ohne Erhard Epplers Reden, ohne seine Bücher, ohne sein beharrliches Eintreten für eine globale ökologische Verantwortung, hätte es die Grünen nie gegeben. Er habe während seiner Jahre im Bundesministerium für wirtschaftliche Zusammenarbeit diese Fundamente gelegt. Als Minister, unterwegs in den ärmsten Ländern der Welt, hatte er gelernt, dass Lebensqualität und Lebensstandard nicht unbedingt etwas miteinander zu tun haben müssen. Er hat in Reden und Aufsätzen Zweifel gesät am Sinn ewigen Wirtschaftswachstums. Und die politisch engagierten linken jungen Menschen, der Grabenkämpfe innerhalb der APO, der SPD und bei den Jusos müde, griffen auf, was Eppler seit vielen Jahren sagte und schrieb. Und das klang schon Anfang 1971 so wie in diesem Aufsatz, der in der »Süddeutschen Zeitung« erschien: »Ideologie und Pragmatismus« hatte er den Text überschrieben, der genau erfasste, was die Achtundsechzigerrebellen umtrieb und später auch die Grünen:

»Ihr Grunderlebnis, von dem unseren grundverschieden, ist die selbstzufriedene, immobil gewordene Gesellschaft der sechziger Jahre, eine Konsumgesellschaft, die sich selbst für der Weisheit letzten Schluss zu halten schien, sich um gründliches Nachdenken drückte und erst gegen Ende der Dekade anfing, sich den Themen und Aufgaben der Zukunft zu stellen. [...] Allen, nicht nur denen, die einem neuen Dogmatismus verfielen, erschien Pragmatismus jetzt selbst als Ideologie, als besonders dürftige Form konservativer Ideologie: Wer sich nur ›pragmatisch‹ von Tag zu Tag durchzuwursteln versucht, kann das Bestehende nicht mehr in Frage stellen. Wie uns ›Ideologie‹, so wurde ihnen ›Pragmatismus‹ zum Schimpfwort.«

KAPITEL 8

Der Bundesminister für wirtschaftliche Zusammenarbeit: Entwicklungspolitik ohne Arroganz

Gespräch über Afrika, seine Liebe

Wenn Sie über Afrika reden, wird Ihr Gesicht ganz weich. Was lösen die Gedanken an diesen Kontinent bis heute in Ihnen aus?
E.E.: Ich weiß es selbst nicht so genau. Am meisten haben mich immer die Kinder fasziniert. Kinder sind ja immer etwas Großartiges, etwas Aufmunterndes und Lebenspendendes. Aber die afrikanischen Kinder sind eben noch ein bisschen charmanter als andere. Wenn die einen anstrahlen, ja, da habe ich keine Widerstandskräfte. Und ich habe mich immer gefragt, wenn ich die Kinder sah: Was soll denn aus ihnen werden? Sie hatten ja eigentlich keine erkennbare Zukunft. Afrika hat ja eine ungeheuere Geburtenzahl. In manchen Ländern verdoppelt sich die Einwohnerzahl innerhalb von zwanzig Jahren.

Afrika ist für viele Menschen ein anderes Wort für Bürgerkriege, Massaker, Versagen, Korruption, Krankheiten wie Aids. Sie haben mehr gesehen?
E.E.: Das alles ist Afrika auch. Seit einigen Jahren beschäftige ich mich mit dem Staatszerfall in Afrika. Wo die Gewalt sich privatisiert und dann die verschiedensten Gruppierungen unter den verschiedensten Namen mit Waffen aufeinander losgehen, da gibt es natürlich keine Entwicklung.

Was sind die Gründe?

E.E.: Als ich mit Afrika zu tun hatte, waren die Staaten noch nicht lange unabhängig. Das war Ende der sechziger, Anfang der siebziger Jahre. Die meisten Länder waren gerade mal zehn Jahre unabhängig und wurden noch regiert von den alten Kolonialverwaltungen, die natürlich neue Führungsspitzen hatten. Das funktionierte im Großen und Ganzen gut. Inzwischen wissen wir, dass diese Staaten sehr künstlich sind, dass die Kolonialherren mit dem Lineal ihre Grenzen gezogen haben – ohne Rücksicht darauf, wer auf welcher Seite der Grenze lebt. Meistens haben sie die Stämme und die Völker, die sich zusammengehörig fühlten, auseinander gerissen. Eigentlich müsste man die afrikanische Karte völlig neu zeichnen. Aber das ginge nicht ohne Chaos ab, also rüttelt niemand an diesen Grenzen und die Staaten zerfallen, vor allem seit dem Ende des Kalten Krieges. Und es breitet sich das aus, was ich die privatisierte, kommerzialisierte Gewalt nenne. Das ist zweifellos eine neue und ernsthafte Gefahr für diesen Kontinent.

Viele Länder und viele Organisationen versuchen seit Jahrzehnten zu helfen – und scheitern. Warum?

E.E.: Mir ging es immer darum: Wie kann man diese sympathischen Völker dazu bringen, sich in dieser modernen Welt selbst eine Zukunft zu schaffen? Und das wurde schon zu meiner Zeit dadurch erschwert, dass die Leute, die diese Völker regieren, oft mehr an sich gedacht haben als an die Menschen, für die sie verantwortlich waren. Jetzt habe ich die große Angst, dass diese Länder in einer globalisierten Ökonomie einfach abgehängt werden: Man investiert dort nicht, weil es an innerer Sicherheit fehlt, und weil man nicht investiert, bleiben sie arm, und weil sie arm bleiben, haben sie keinen funktionierenden Staat. In jenen Ländern, die reich an Rohstoffen sind, entsteht ein Wettlauf zwischen

China und dem Westen, und die Afrikaner bleiben wieder nur Objekte. Ich war immer der Meinung: Wenn wir Europäer für irgend jemanden in besonderer Weise Verantwortung tragen, dann für Afrika und die Afrikaner. Denn wir haben sie aus ihren doch ganz lebenswerten Verhältnissen herausgerissen, ohne ihnen dafür etwas Adäquates anzubieten. Und diese Aufgabe ist genauso unerledigt wie zu der Zeit, als ich Minister war.

Galt damals schon: Wer sich um Afrika kümmert, muss auch mit Scheitern leben können?

E.E.: Aber natürlich. Es ist manches dort schief gegangen. Auf der anderen Seite konnte man mit relativ geringen Mitteln – anders als etwa in Indien oder Indonesien – viel bewirken. Wenn man es mit einem armen Sahel-Staat wie Niger oder Burkina Faso zu tun hat, läßt sich die Lebenssituation der Menschen etwa durch Budgethilfen deutlich verbessern. Wenn man es mit einer tüchtigen, nicht korrupten Regierung zu tun hat, dann kann Budgethilfe etwa für das Erziehungs- oder das Gesundheitswesen die beste Entwicklungshilfe sein, weil die Entscheidungen dann im Land fallen und Verantwortlichkeit gegenüber den Menschen und dem Geld geradezu trainiert wird.

Gerade in Afrika gibt es eine Diskussion, die sich etwa so zusammenfassen lässt: Entwicklungshilfe schadet eher als sie nützt, behaltet euer Geld.

E.E.: Dem habe ich nie zugestimmt. Natürlich kann man Entwicklungshilfe auch so machen, dass sie die Leute verwöhnt und die Initiative hemmt. Aber da das die beteiligten Ministerien inzwischen wissen, legen sie ihre Projekte so an, dass sie die Eigeninitiative stärken. Nehmen Sie die Mikrokredite, die hauptsächlich an Frauen vergeben werden, weil die zuverlässiger sind und besser mit dem Geld umgehen. Die sind kein Allheilmittel, aber

Eigeninitiative wird dadurch in Gang gesetzt, geradezu kreiert, wird belohnt. Ich glaube, dass es ohne die Hilfe von außen, die es in den letzten fünfzig Jahren gab, in Afrika noch sehr viel schlimmer aussehen würde.

Was wünschen Sie den Afrikanern? Was sollten sie sich bewahren?
E.E.: Sie sollten sich nicht in das Rattenrennen westlicher Industriegesellschaften einordnen. Sie sollten ihren eigenen Lebensstil und vielleicht auch ihre eigene Form von Demokratie und, wenn man so will, von Kapitalismus schaffen. Aber ohne gewisse Tugenden wie zum Beispiel Pünktlichkeit, Nichtkorrumpierbarkeit, funktioniert kein Gemeinwesen. Deshalb gehört für mich zur Entwicklungszusammenarbeit etwa die Stützung von Verwaltungen. Wir haben ja in Deutschland seit mindestens vierzig Jahren die Ausbildung von Verwaltungsbeamten übernommen. Damals gab es auch Polizeiprojekte. Ich war skeptisch, war der Meinung, das gehe uns nichts an. Heute denke ich darüber anders. Man muss Polizisten ausbilden, weil ohne eine verlässliche Polizei kein Staat und keine Gesellschaft funktionieren können. Das heißt, wir haben den Afrikanern schon etwas zu geben. Wir müssen nur sehen, dass das nicht auf arrogante Weise geschieht.

Wenn Sie sich auf den schwarzen Kontinent beamen könnten, wo wären Sie jetzt gerne?
E.E.: Vielleicht in Ghana. Ghana ist ja ein Land, in dem es ein demokratisches Leben, ein demokratisches Kräftespiel gibt. Das Land hat im Laufe der letzten Jahrzehnte viele Fortschritte gemacht. Was mich auch locken könnte, das wäre Botswana. Das galt ja ursprünglich als eine Art Protektorat von Südafrika und hat sich in den letzten Jahrzehnten auf eine Art und Weise gemausert, die man nur bewundern kann. Es gibt in Afrika eben alles: Es gibt bewundernswerte Leistungen und es gibt ausgeprägten Staats-

zerfall und Gesellschaftszerfall. Europäer, die etwas ändern wollen, müssen sich zuerst einmal von naiven amerikanischen Vorstellungen verabschieden. Zum Beispiel von der Vorstellung, man könne im Kongo in dem Augenblick Demokratie einführen, in dem es freie Wahlen gibt. Die jetzige Regierung des Kongo ist genauso wenig eine Regierung des Landes wie die Regierungen vorher seit dem Kleptokraten Mobutu. Sie ist praktisch nur eine Regierung der Hauptstadt. Natürlich müssen wir helfen, humane und auf irgendeine Weise auch demokratische Staatswesen aufzubauen, aber die müssen nicht den unseren gleichen.

Entwicklungspolitik ohne Arroganz

Wenn Epplers Büroleiter im Bundesministerium für wirtschaftliche Zusammenarbeit, Gunter Huonker, sich zurückerinnert an jene Zeit, dann fallen ihm vor allem zwei Dinge spontan ein: die immense Arbeitsleistung des Ministers und sein hoher Anspruch an die Mitarbeiter. »Niemand im Haus konnte ihm Redenentwürfe liefern, die seinen Vorstellungen auch nur annähernd entsprachen. Das gab nur Ärger. Große Reden hat er gleich selbst geschrieben.«

Nun hatte der neue Minister keine Verwaltungserfahrung, das Ministerium war relativ neu, musste um Kompetenzen noch kämpfen. Die erste Zeit muss also schwierig gewesen sein. Huonker schüttelt den Kopf: »Überhaupt nicht. Er zog ein in sein Büro, ließ sich die Akten kommen und fing an zu arbeiten. Aktenstudium betrieb er in all den Jahren am Abend bei Musik, seinem geliebten Bach.« Huonker, später Staatsminister unter Helmut Schmidt im Kanzleramt, erinnert sich noch gut daran, wie das war, wenn Eppler aus den Wochenenden im Schwarzwald zurückkam. »Er brachte immer handgeschriebene Zettel zu allem

Das erste sozialliberale Kabinett im Herbst 1969.

möglichen mit, die die Sekretärin dann abschreiben musste. Nach Dornstetten fuhr er immer mit dicken Mappen, die er am Wochenende durchackerte und kam dann mit neuen Ideen.« Huonker hat ihn als »außerordentlich beratungsfähig« in Erinnerung. »Andere Meinungen hat er geradezu aufgesogen. Bei Widerspruch konnte er sagen: ›Vielen Dank, das leuchtet mir ein‹.«

Wie Eppler damals noch die Zeit fand, Aufsätze zu schreiben, ein viel gelesenes Buch, eine Steuerreformkommission der SPD zu leiten, dabei seine Arbeit innerhalb der Evangelischen Kirche nicht zu vernachlässigen, blieb seiner Umgebung ein Rätsel.

Im Jahre 1971 erschien »Wenig Zeit für die Dritte Welt«, das Buch, das junge Menschen elektrisierte, in der kirchlichen Arbeit eine große Rolle spielte, den Blick auf die armen Länder veränderte: Es ging nicht mehr um Almosen für die Habenichtse, sondern um Respekt, um gleiche Augenhöhe, um die Erkenntnis,

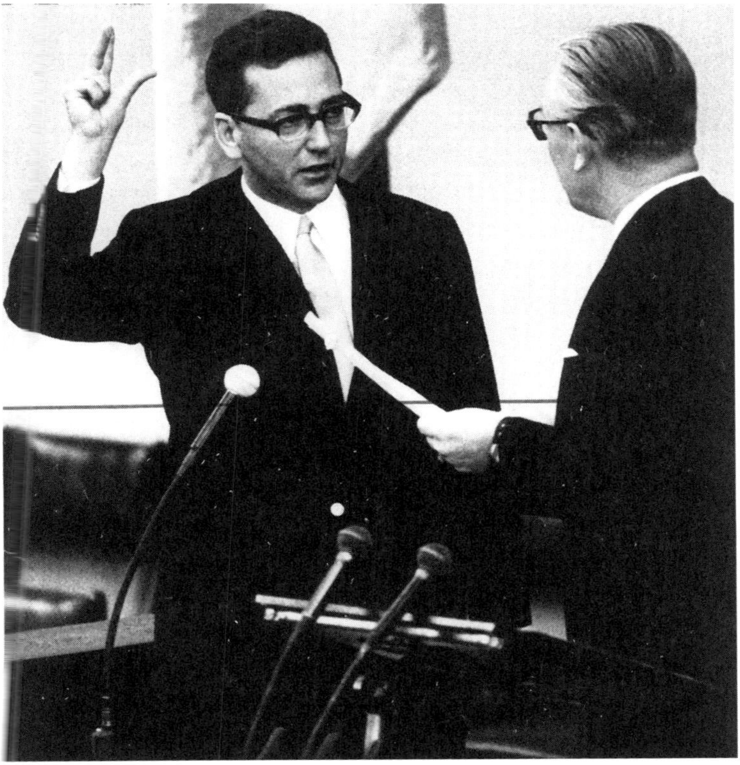

Der neue Bundesminister für Wirtschaftliche Zusammenarbeit bei der Vereidigung durch den Bundestagspräsidenten Kai-Uwe von Hassel.

dass die Erste Welt, die Jahrhunderte lang die sogenannte Dritte Welt ausplünderte, nun eine Bringschuld abzutragen hatte. Herta Däubler-Gmelin erzählt heute noch, wie sie dieses Buch verschlungen und viele Male verschenkt hat. »Politisch habe ich darin ein Stück Heimat gefunden, weil Eppler vieles auf den Punkt

Herbert Wehner und Erhard Eppler repräsentierten damals unterschiedliche Flügel der SPD. Willy Brandt, der SPD-Vorsitzende, »hielt den Laden zusammen.« Wie hier, beim außerordentlichen Parteitag in Bonn 1971.

brachte, was ich während meiner Studienzeit mit heißem Herzen erarbeitet hatte, etwa über die Konflikte Kubas mit den USA oder zum Thema Entkolonialisierung, zum Vietnam-Krieg, aber auch zu den Apartheidverbrechen. Ich fühlte mich wohl und bestätigt und wollte politisch mitarbeiten.«

Eppler war, als das Buch erschien, drei Jahre Bundesminister für wirtschaftliche Zusammenarbeit. Er beschreibt, wie die Erfahrungen dieser Jahre sein eigenes Denken verändert haben. Die letzten Zeilen in dem Buch lauten:

»Hilfe für die Dritte Welt ist nicht ein Hobby für ein paar versponnene Idealisten, kein Ablasspfennig zur Beruhigung sensibler Gewissen, keine Pflichtübung für gelangweilte Politiker und keine Exportversicherung für Industrielle. [...] Hilfe für die Dritte Welt ist der ehrgeizige Versuch, das Leben für alle auf dem Raumschiff Erde einigermaßen erträglich zu machen, damit es nicht für alle unerträglich wird, eine Investition in eine gemeinsame Zukunft, weil es nur eine gemeinsame oder gar keine Zukunft geben wird.«

Eigentlich wollte Erhard Eppler Parlamentarischer Staatssekretär bei Außenminister Willy Brandt werden. Doch es kam anders. Als Bundesminister für wirtschaftliche Zusammenarbeit bekam er ein Ministerium, das damals wenig Kompetenzen hatte und fast unter Ausschluss der Öffentlichkeit agierte. Das sei 1968 gar kein richtiges Ministerium gewesen, sagt er. Es gab nur interministerielle Ausschüsse, die die Entscheidungen trafen, und diese Ausschüsse wurden meist nicht von Mitarbeitern seines Ministeriums geleitet, sondern vom Wirtschaftsministerium. Vier Jahre lang hat er um mehr Kompetenzen gekämpft, zuletzt erfolgreich, aber er hat damit seine Nerven und die so manch anderer verschlissen. Sein Pech war, dass für wichtig Bereiche wie etwa die Kapitalhilfen der zuständige Minister Karl Schiller hieß. Die beiden konnten nicht miteinander, und Schiller zeigte zu Epplers Bedauern und Zorn keinerlei Bereitschaft, sich um die Dritte Welt zu kümmern.

Das aber war nicht das einzige Problem zwischen ihm und dem mit großer Machtfülle ausgestatteten eitlen Wirtschafts- und Finanzminister. Die beiden krachten zusammen, weil Eppler als Vorsitzender der SPD-Steuerreformkommission grundsätzlich andere Vorstellungen hatte als der zuständige Minister. Die Kommission hatte für einen SPD-Sonderparteitag im Herbst 1971 in Bonn Vorschläge erarbeitet, die quer zu denen des Ministers lagen. Lohn- und Einkommensteuertarife sollten zur Entlastung von Kleinverdienern umgebaut, der Grundfreibetrag sollte erhöht werden. Um mehr Geld in die öffentlichen Kassen zu spülen, wollte Eppler dreißig Steuerprivilegien streichen und Schlupflöcher etwa bei der Erbschaftssteuer stopfen. Damals schon war das heute noch viel drängendere Problem: hoher privater Wohlstand bei öffentlicher Armut. Vor allem die Finanznot der Gemeinden war und ist ein Dauerthema. Epplers Forderung, formuliert als Hoffnung und geschrieben vor dem Parteitag 1971, ist deshalb aktueller denn je: »Der Primat der Wirtschaft vor der Politik wird in allen westlichen Industrienationen abgelöst werden von dem Primat der Politik vor der Wirtschaft.« Darauf warten die Europäer allerdings heute noch.

Gunter Huonker, einst Schüler Erhard Epplers am Gymnasium in Schwenningen, erinnert sich an jenen spektakulären Parteitag, als sei er gestern gewesen: »Es gab einen Dia-Vortrag. Erhard Eppler hatte Grafiken anfertigen lassen. So etwas hatte es nie zuvor auf einem Parteitag gegeben. Da begriffen auch Laien, wie ein Einkommensteuertarif aufgebaut sein muss. Was ein Grundfreibetrag ist. Was geltendes Recht ist und was wir stattdessen wollten. Es ging um die Grundstruktur des Lohn- und Einkommensteuerrechts, und Willy Brandt hat damals gesagt, jetzt habe er das endlich verstanden. Da kam der alte Pädagoge Eppler wieder durch. Seine Rede von damals kann man heute noch lesen.«

Für den Vorsitzenden der Steuerreformkommission wurde der Parteitag ein Riesenerfolg, für Karl Schiller eine Niederlage, und bald danach verließ er dann ja die SPD. Für Huonker, selbst ein ausgewiesener Steuerexperte, war er »ein rechthaberischer Professor. Der hat gedacht, alle sind ziemlich blöd, und ein Schulmeister hat sowieso keine Ahnung von Wirtschaft und Steuern.«

Heute noch erinnert Eppler sich mit großem Vergnügen daran, wie Willy Brandt Schillers Abschied während des Dortmunder Parteitags 1972 genüsslich so kommentierte: »Sein Ausscheiden aus Regierung und Partei ist der Sieg der Eitelkeit über die Intelligenz gewesen.« Der einstige Kabinettskollege Eppler, der die Schiller-

Sie sind Freunde geworden im Laufe der Jahrzehnte: 1972 war das, schätzte Erhard Eppler, damals Bundesminister für Wirtschaftliche Zusammenarbeit mit Hans-Jochen Vogel, Bundesminister für Raumordnung, Bauwesen und Städtebau.

schen Querschüsse nicht vergessen hat, hält das für eine sehr präzise Formulierung.

Wie ein einzelner Mensch das Arbeitspensum bewältigen konnte, das Eppler sich zwischen 1968 und 1974 auferlegt hatte, ist kaum zu begreifen. Das Problem dabei war: Er neigte dazu, von seinen Mitarbeitern ähnlich viel zu erwarten wie von sich selbst. Und das konnten und wollten viele nicht leisten. Gunter Huonker ringt um nicht verletzende Formulierungen: »Er hat kein ausgeprägt gutes Gespür gehabt für gute Leute. Da das BMZ ein ziemlich neues, nicht klassisches Ministerium war, haben sich da eben auch Leute hingemeldet, die es ruhig angehen lassen wollten, die kein großes Interesse am Thema hatten. Und das hat ihn sehr geärgert. Er ist so intelligent, dass ihm nur wenige Leute Paroli bieten können. Und wenn etwas unter seinem intellektuellen Niveau war, dann konnte er unduldsam werden. Das hat auch Leute demotiviert.«

Im Alter sieht Erhard Eppler das auch so: »Ich war von dieser Aufgabe Entwicklungshilfe so gepackt, dass ich immer meinte, das müsse bei allen Mitarbeitern auch so sein.« Er bedauert, sich zu wenig persönlich gekümmert zu haben, nennt als eine seiner Schwächen, dass er nicht nur sachbezogen, sondern geradezu sachbesessen gewesen sei von der Entwicklungspolitik. Heute wünscht er, er hätte mal mit einem Abteilungsleiter ein Glas Wein getrunken, sich nach den Kindern erkundigt. »Da habe ich damals offensichtlich zu wenig getan.«

Wie sehr der bei Amtsantritt Zweiundvierzigjährige dieses Ministerium – und das Ministerium ihn – verändern würde, war ihm zunächst nicht klar. Er sei in den sechziger Jahren ein ziemlich normaler Abgeordneter gewesen, sein Bewusstsein habe sich wenig von dem anderer Fraktionskollegen unterschieden. Er war, so seine Selbsteinschätzung, ehrgeizig, fleißig, aber alles in allem zufrieden mit seinem Land und seiner politischen Rolle, ohne das Gefühl, grundsätzlich etwas ändern zu müssen. Er schwamm mit in diesem technokratischen Jahrzehnt, glaubte beispielsweise bis Ende der sechziger Jahre, Atomkraft könne den Entwicklungsländern aus ihrer Armut heraushelfen.

Erst ab 1969 begann er, die Welt und in der Folge auch das eigene Land mit anderen Augen zu sehen. Das hatte vor allem mit seinen Erfahrungen in Afrika zu tun, die sich natürlich übertragen ließen auf Lateinamerika oder Asien. Auch andere politische Weltreisende sahen, was bei Erhard Eppler zu einem ökologischen Bewusstsein führte. Sie haben nur keine Schlüsse für ein verändertes politisches Handeln daraus gezogen.

Durch seine Beobachtungen in den Entwicklungsländern wurde er aus seinem technokratischen Denken herausgerissen, was dann wieder zu Konflikten mit all jenen führte, die diese Erkenntnisse nicht hatten. »Ich habe das den Kollegen gar nicht übel genommen. Helmut Schmidt beispielsweise hatte gar kein Organ dafür, aber ich wusste ja, dass ich wenige Jahre zuvor genauso gedacht hatte. Insofern konnte ich ihn besser verstehen als er mich.«

Als Erhard Eppler in den Bundestag kam, gab es zum Beispiel einen einzigen Abgeordneten, der Zweifel an der friedlichen Nutzung der Atomenergie hatte. Das war Karl Bechert, ein Professor für Atomphysik. Und der wurde, daran erinnert sich Eppler noch heute gut und mit Unbehagen, auch in seiner eigenen SPD-Fraktion als Spinner behandelt.

Sein Bewusstseinswandel nach diesem Technokratenjahrzehnt der sechziger Jahre hin zum ökologischen Denken in den siebziger Jahren, das »musste also krachen«. Er sagt mit Understatement, einige dieser Kräche habe er persönlich miterlebt. Richtiger wäre wohl: Er hat sie initiiert. Etwa durch seinen erstmals 1975 erschienenen Bestseller »Ende oder Wende«, in dem er die Gründe für seinen eigenen Positionswechsel beschreibt. Das Buch war entstanden aus Verzweiflung darüber, »dass die Regierung Schmidt/Genscher die Notwendigkeit einer neuen nachhaltigen Politik einfach nicht verstand und das alles für Spinnerei und dummes Zeug hielt.« Beim Lesen fast vierzig Jahre später hat man das Gefühl, manche Sätze hätten sich direkt an jene Technokraten in der Regierung gerichtet, deren Denken in den sechziger Jahren stecken geblieben war: »Dass ein endlicher Erdball kein unendliches materielles Wachstum zulässt, ist eine Binsenwahrheit. Dass diese Binsenwahrheit erst zur Kenntnis genommen wurde, als Computer sie errechnet hatten, ist eine Parodie auf die Expertengläubigkeit unserer Zeit.«

Dabei war damals von Klimawandel und Erderwärmung durch Treibhausgase noch lange nicht die Rede. Eppler hat einfach aus dem, was er sah, logisch nachvollziehbare Schlüsse gezogen, und das rüttelte viele Menschen auf.

Beispiel Sahelzone: »Ich bin mehrfach durch die Sahel-Länder gereist, mit dem Jeep durch den Sand gefahren durch die vordrängende Wüste, wo am Rande der Pisten die Skelette von toten Schafen und Kühen lagen und wo der Wind den Sand immer weiter nach Süden in das bisher bebaute Land getrieben hat.« Natürlich fragte der Minister, warum die Trockenheit plötzlich so viel schrecklichere Folgen hatte als in früheren Jahrzehnten. »Da wurde mir erzählt, die Franzosen haben in bester Absicht die Brunnen mit Dieselmotoren versorgt, damit die Hirten wesentlich mehr Wasser schöpfen konnten für ihre Tiere.« Die Folge war: Die Herden wurden ordentlich vergrößert, denn sowohl die Nomaden als auch die sesshaften Bauern leiteten ihr Prestige von der Größe ihrer Viehherden ab. Als dann die nächste Trockenperiode kam, haben die Rinderherden alles kahl gefressen. Die Ziegen haben den Rest erledigt. Der Wind hat den Sand auf fruchtbares Land geweht, auf dem vorher Hirse angebaut worden war. So wanderte die Wüste immer weiter nach Süden. Eppler wurde klar, dass die angeblichen Naturkatastrophen von Menschen gemachte Katastrophen waren.

Ein ähnliches Aha-Erlebnis hatte er in Marokko. »Die Bauern hatten meistens viele Kinder, und damit die Familie überleben konnte, haben sie die Berghänge immer höher hinauf gerodet und Mais gepflanzt. Aus jedem kleinen Stückchen Boden haben sie noch etwas herausgeholt. Und dann kamen die großen Regengüsse und haben da, wo früher Wald war, die ganze Erde mitgerissen.« Auf dem Heimflug über das Mittelmeer sah er an den Flussmündungen riesige rote Kreise. »Das war die Erde, die da weggespült worden war. Was übrig blieb, waren Schluchten, in denen gar nichts mehr gedieh, auch kein Wald mehr.« Auch dort also eine von Menschen gemachte vermeidbare Katastrophe, die der Bevölkerung ihre Lebensgrundlage entzog.

Und so wurden die Fragen immer drängender, die er bald auch auf das eigene Land übertrug. Nämlich: Wie gehen wir mit unserer Erde so um, dass wir sie nicht zerstören? Bei Hubschrauberflügen über den Ballungsraum Stuttgart sah er die Zersiedelung des Landes. »Zwischen 1950 und 1970 ist dort beinahe so viel Land verbaut oder verbraucht worden wie in den tausend Jahren zuvor.« Ihm wurde klar, dass Luftverschmutzung, Wasserverschmutzung, die Zubetonierung der Landschaft, die Kanalisierung der Flüsse, das Zerstückeln der Wälder auch im klimatisch gesegneten Mitteleuropa irgendwann dramatische Folgen haben würde.

»So ist mein ökologisches Bewusstsein in Afrika entstanden. Als ich die Erfahrungen dann auf Europa und auf Deutschland übertragen habe, da haben ganz viele Leute natürlich wieder einmal gesagt, der spinnt.«

Wer heute über Entwicklungspolitik diskutiert, spricht vor allem über Bildung. Der Dreiklang lautet immer: Ohne Bildung keine Armutsbekämpfung. Ohne Armutsbekämpfung keine ökologischen Fortschritte. Ja und nein, sagt Eppler und rührt damit fast an ein Tabuthema. Er erzählt von einem afrikanischen Präsidenten, der vom Minister für wirtschaftliche Zusammenarbeit

Geld haben wollte für sein Bildungswesen, das nach französischem Vorbild aufgebaut war. »Da konnte man sein Abitur machen, und wenn man das gemacht hatte, dann musste man Zeit seines Lebens keine Schaufel und keine Hacke mehr in die Hand nehmen.« Eppler lehnte ab. Er schlug stattdessen vor, Geld zu geben für Technikerschulen, etwa für die Ausbildung von Auto- und Landmaschinenmechanikern statt für ein europäisches Bildungswesen, das nach seiner Meinung keine Hilfe für das Land war. Der Präsident war beleidigt.

Demonstrativ nahm Eppler bei all seinen Reisen, wann immer er Projekte besichtigte, eine Schaufel oder ein Werkzeug in die Hand und arbeitete mit, »einfach, um klar zu machen, man kann Minister sein und trotzdem mit Hand anlegen.« Warum ist ihm diese Geschichte so wichtig, dass er sie noch vierzig Jahre später im Kopf hat? Weil, durch europäischen Einfluss, die afrikanische Elite mit Abitur und Studium damals – und teilweise heute noch – oft weltenfern von den Problemen des eigenen Landes lebte. Nicht anders als die Kolonialherren früherer Zeiten, die der neuen afrikanischen Oberklasse zum Vorbild wurden.

Die Vorwürfe, die Entwicklungspolitikern gemacht werden, seit dieses Thema überhaupt auf der politischen Agenda steht, sind heute nicht anders als vor vierzig Jahren: Man gibt mit einer Hand und nimmt mit beiden Händen, klagen die politischen und wirtschaftlichen Eliten in der Dritten Welt. »Das ist so und das gilt nicht nur für das BMZ, sondern für die Gesamthaltung gegenüber diesen Ländern«, sagt Eppler mit Resignation in der Stimme. »Also das BMZ macht Landwirtschaftsprojekte und Pläne für ländliche Entwicklung, um Ländern wie etwa Sambia die Ernährung der eigenen Bevölkerung zu erleichtern und sie unabhängiger von Importen zu machen. Und die EU subventioniert Nahrungsmittel, Getreide, Milchprodukte und Fleisch, schickt diese Produkte mit Exportsubventionen nach Afrika.« Das heißt, eine

Minister Erhard Eppler 1971 in Kamerun. Eine schon im Kaiserreich gebaute Eisenbahnlinie wurde mit Geld aus dem BMZ restauriert. Der Gartenprofi schwingt die Schippe und zeigt damit, dass auch ein Minister zupacken kann.

moderne Landwirtschaft, angepasst an die Bedürfnisse der Menschen und die ökologischen Gegebenheiten, kann sich gar nicht entfalten, weil die einheimischen Bauern mit den Preisen der subventionierten Lebensmittel nicht konkurrieren können. Diesen Kampf, sagt Eppler, habe er schon vor Jahrzehnten in seinem Ministerium vergeblich geführt. Er sah schon damals Entwicklungspolitik als Ressort übergreifende Aufgabe, forderte ein gemeinsames Konzept. Daran aber fehle es bis zum heutigen Tag, kritisiert er.

Schon in den frühen siebziger Jahren wurde vor kommenden »Nord-Süd-Konflikten« gewarnt. Erhard Eppler, Willy Brandt und einige Mitstreiter haben sich dieses Themas engagiert angenommen. Aufgegriffen wurde es von vielen Dritte-Welt-Gruppen, die damals wie Pilze aus dem Boden schossen, und besonders von den Kirchen. Doch eine veränderte praktische Politik ist daraus bestenfalls in Ansätzen entstanden. Wie unter einem Brennglas zeigen sich die Probleme heute bei den »boat people«, meist junge afrikanische Männer, oft auch ganze Familien mit kleinen Kindern, die wieder und wieder gegen die Festung Europa anrennen. Sie setzen ihr Leben aufs Spiel, liefern sich verbrecherischen Schleusern aus, in der vagen und fast immer enttäuschten Hoffnung auf ein besseres Leben in Europa.

Es war absehbar, sagt Eppler, dass es zu diesen Tragödien kommen musste. Und es stimmt ja, er ist schon vor Jahrzehnten wie ein Missionar durch das Land getourt und hat versucht, den Menschen ins Deutschland klar zu machen, dass die Menschen aus Afrika nach Europa kommen werden, wenn wir ihnen nicht zu einer lebenswerten Zukunft zu Hause verhelfen werden. »Ich habe damals gesagt, um die Jahrtausendwende werden wir vor der Gefahr stehen, ein Polizeistaat zu werden, weil wir die Immigration abwehren müssen. Jetzt sind wir an diesem Punkt.«

Die Ursachen für die Misere liegen für Eppler »in der marktradikalen Welle, die etwa seit Mitte der achtziger Jahre über alle Kontinente hinwegschwappte.« Die neue (aber eigentlich uralte, aus dem neunzehnten Jahrhundert stammende) Ideologie lautet: Es ist in jedem Fall schädlich, mit politischen Mitteln in die Märkte einzugreifen. Und eine Politik, die das für das eigene Land postuliert, verhält sich Ländern gegenüber, die auf Hilfe angewiesen sind, nicht anders. So wurden die Haushaltsmittel für Entwicklungshilfe, gemessen am Bruttosozialprodukt der Industrieländer, immer geringer. »Eine marktradikale Ideologie, die sagt, jeder solle für sich selber sorgen, dann sei für alle gesorgt, schließt eigentlich so etwas wie Teilen und damit wie Entwicklungshilfe aus.«

Auch deshalb ist Eppler misstrauisch, wenn er die relativ neue Diskussion verfolgt, nach der Entwicklungshilfe nutzlos, ja sogar schädlich sein soll.

Erreicht hat er viel in den sechs, für ihn und seine Mitarbeiter anstrengenden Jahren: Es wurden fachliche Schwerpunkte und Ziele bestimmt: Die Arbeitslosigkeit sollte durch arbeitsintensive Landwirtschafts-, Infrastruktur- und Industrievorhaben bekämpft werden. Bildungssysteme sollten sich an den Bedürfnissen der Länder orientieren, also in Berufe münden, statt der Eliteförderung zu dienen. Strukturverbesserungen im ländlichen Raum sollten die Landflucht stoppen, Gesundheits- und Ernährungshilfe die Situation der Bevölkerung verbessern. Und die Planungs- und Organisationsfähigkeit in den Ländern der Dritten Welt (das, was man heute »good Government« nennt) sollte gestärkt werden.

Als Erhard Eppler am 4. Juli 1974 zurücktrat, war der Schock bei all jenen, die engagiert in der Entwicklungshilfe arbeiteten, groß. Viele seiner Mitstreiter im Ministerium und außerhalb verstanden ihn nicht, fühlten sich im Stich gelassen, sprachen gar enttäuscht von Fahnenflucht.

Damals, Anfang 1974, war die Welt zwischen Helmut Schmidt und Erhard Eppler noch in Ordnung. Wenige Monate später war Willy Brandt zurückgetreten, Eppler ein Bundesminister a.D. und Helmut Schmidt Bundeskanzler.

Es war sieben Wochen nach dem Rücktritt von Willy Brandt. Der neue Bundeskanzler Helmut Schmidt hatte Eppler in seine Regierung übernommen. In der Vergangenheit hatten die beiden sich gut verstanden, auch während Schmidts Zeit als Finanzminister reibungslos zusammengearbeitet. Zum Bruch kam es, als der Bundeskanzler dem Ministerium für wirtschaftliche Zusammenarbeit eine massive Budgetkürzung aufdrückte. Eppler hat die dramatischen Tage so in Erinnerung:

»Ich stellte ganz rasch fest, dass vom Kanzleramt keinerlei Unterstützung kam, ja sogar massiver Gegenwind.« Noch kurz vor Brandts Rücktritt hatten Schmidt und Eppler die für das BMZ erfreuliche Finanzplanung für die siebziger Jahre ausgehandelt. Der damalige Finanzminister Schmidt hatte diese selbst in Nairobi verkündet und sich dafür feiern lassen. Eppler überlegte nach den kurz danach vorgenommenen Budgetkürzungen nicht lange und trat zurück. Seine Gründe damals: Die Kürzungen, so fürchtete er, würden Signalwirkung auch für andere Geberländer haben. Die Bundesrepublik galt als ein prosperierendes Land, vielleicht sogar als das reichste aller Industrieländer, und ausgerechnet von Westdeutschland ging nun dieses negative Signal an die Entwicklungsländer aus. »Ich fand, das sollte man nun ohne mich machen.«

In seiner Rücktrittserklärung zitierte er Gustav Heinemann mit dem Satz: »Wer heute nur für sich selbst sorgen will, verspielt mit der Zukunft anderer auch seine eigene.«

Ein paar Jahre später erschien das Buch »Das Schwerste ist Glaubwürdigkeit – Gespräche über ein Politikerleben mit Freimut Duve«. Dort sagt Eppler über seinen Rücktritt: »Ich wusste, dass ein Ausscheiden aus dem Kabinett für mich das politische Ende bedeuten konnte. Ich spürte aber, dass auch ein Verbleiben im Kabinett das politische Ende unausweichlich machte. Ich wäre im Kabinett Schmidt immer aufs Neue vor der Entscheidung gestanden, entweder meine Identität aufzugeben oder zu gehen. Und das hätte mich nicht nur politisch, sondern auch psychisch und vielleicht auch physisch ruiniert.«

Jahrzehnte später dann urteilt er selbstkritisch über den Mann, der er damals war: »Ich habe auch innerhalb des Kabinetts die Interessen dieses Gebiets mit einer Härte vertreten, über die ich heute anders denke. Ich habe mich so stark mit der Aufgabe identifiziert, dass ich vieles andere aus den Augen verlor. Man kann die Sachbezogenheit auch überziehen und dient dann nicht unbedingt der Sache.« Es habe Jahre gedauert, so sagt er heute, bis er wieder eine innere Distanz zu dieser Aufgabe fand, sie einreihen konnte in andere Aufgaben.

Andere Gründe mögen ihn 1974 in seinem Rücktrittsbeschluss bestärkt haben, zumindest drängt sich der Eindruck auf, wenn man in den Zeitungen aus jener Zeit blättert. Von politisch konservativer Seite und aus der konservativen Presse blies dem Minister der Wind beständig hart ins Gesicht. Vorgeworfen wurde ihm zum Beispiel eine zu wohlwollende Einstellung zu Befreiungsbewegungen vor allem in Afrika. Obwohl das Ministerium Entscheidungen zur Entwicklungshilfe ganz bewusst aus dem Ost-West-Konflikt, dem Kalten Krieg, heraushalten wollte, der sich auch in den Entwicklungsländern austobte, warf man ihm eine Ideologisierung der Entwicklungspolitik vor. Die FAZ etwa klagte, er habe »Entwicklungspolitik unter missionarischen, futurologischen und ideologischen Vorzeichen« betrieben.

Vielleicht kamen auch private Gründe dazu. Die Epplers hatten vier Kinder, die Familie lebte in Baden-Württemberg. Es war die Zeit der RAF. Die Kinder litten nicht nur unter der Abwesenheit des Vaters, sondern auch darunter, dass die Familie ständig von Sicherheitsbeamten bewacht wurde. Möglich, dass Eppler auch an diese für die Familie fast unerträglichen Einschränkungen im Privaten denkt, wenn er sagt, dass er »vieles andere aus den Augen verlor.«

Die »Frankfurter Rundschau« schrieb nach seinem Rücktritt bedauernd: »Mit dem Ausscheiden Erhard Epplers [...] hat die sozialliberale Bundesregierung einen weiteren Politiker verloren, dessen Ansehen im Ausland größer war als in der Bundesrepublik, der – obwohl stark befehdet – für moralische Glaubwürdigkeit und politisches Engagement stand. In dieser Ehrlichkeit ist vor allem der Grund für die Demission des Ministers für wirtschaftliche Zusammenarbeit zu sehen.«

Gunter Huonker, der bis 1972 für ihn gearbeitet hat und als Staatsminister beim Bundeskanzler dann auch Helmut Schmidt sehr gut kennengelernt hat, sagt heute noch mit einem tiefen Seufzer: »Die beiden so extrem unterschiedlichen Persönlichkeiten hätten ein therapeutisches Gespräch gebraucht. Sie hätten lernen müssen, damit zu leben, dass man auch unterschiedlicher Meinung sein kann, dass man nicht in allen Punkten einer Meinung sein muss. Stellen Sie sich vor, Schmidt und Eppler in einem Team! Sie wären unschlagbar gewesen. Hier wurde eine einmalige Chance vernichtet. Zwei Menschen mit so viel Verstand und politischem Instinkt!«

Erhard Eppler zog sich zurück nach Baden-Württemberg. Dort war er seit einem Jahr Landesvorsitzender der SPD, dort wollte er künftig Politik machen. Statt Afrika, Indien oder die Anden-Staaten nun also schwäbische und badische Provinz. Und damit begannen seine vielleicht unglücklichsten politischen Jahre.

KAPITEL 9

Im Filbingerland

Gespräch über »Verändern, um zu bewahren«

Wertkonservativ. Das ist ein von Ihnen geprägter Begriff. Wie kamen Sie darauf?

E.E.: Wie bei vielen meiner Überlegungen kam der Anstoß von Willy Brandt. Brandt hatte in einer Vorstandssitzung gesagt, für ihn sei »konservativ« kein Schimpfwort. Darüber habe ich nachgedacht. Zu jener Zeit beschäftigte mich der Plan der Landes- und der Bundesregierung, durch den Südschwarzwald eine Autobahn zu bauen. Für diese Autobahn waren Filbinger, die CDU, die FDP und die Industrie- und Handelskammer Freiburg. Sie dachten an die wirtschaftlichen Interessen, an die bessere Anbindung des südbadischen Raums an das Ballungszentrum Stuttgart und die Region um München. Dagegen waren die Bergbauern, der Schwarzwaldverein, die von dieser einzigartigen Landschaft lebten und die Jusos aus der Region, die damals noch zahlreich und sehr aktiv waren. Ich als Oppositionsführer habe mich auch gegen die Autobahn entschieden, habe gesagt, das sei eine mittlere Barbarei. Die Bergbauern waren in jeder Beziehung konservative Leute, und sie wollten ihren herrlichen Südschwarzwald erhalten. Ich kam ins Grübeln: Der Filbinger ist konservativ und die Bergbauern sind konservativ und die fechten jetzt miteinander einen erbitterten Kampf aus. Also bedeutet das Wort »konservativ« für die Politik nicht sehr viel. Wo aber liegt der Unterschied zwischen

Filbingers konservativer Haltung und der der Bergbauern? Ich kam zu dem Schluss, dass es dem Filbinger darum geht, Gesellschaftsstrukturen zu erhalten, dafür braucht er Wachstum, und was dem im Wege steht, das muss fallen. Und für diese Bergbauern ist der Hochschwarzwald ein Wert, auf den sie nicht verzichten wollen und können. Und so kam ich auf diesen Unterschied zwischen wertkonservativ und strukturkonservativ. Und habe hinzugefügt: Wer heute strukturkonservativ handelt, muss Werte zerstören. Wer Werte konservieren will, muss heute manchmal handeln wie ein Revolutionär. Und das habe ich dann eben auch auf andere Werte angewandt, etwa auf den Wert der Solidarität. Für die Strukturkonservativen ist dieser Wert eigentlich keiner, der ist nur dem wirtschaftlichen Fortschritt und Wachstum im Wege. Und die Menschen, die glauben, dass wir eine solidarische Gesellschaft brauchen, kommen, ob sie wollen oder nicht, in eine Position, die ziemlich weit links ist.

So ist dieses Begriffspaar entstanden. Daraus ergab sich auch die Feststellung, wer heute Werte bewahren will, muss verändern, und wer nicht verändern will, der zerstört Werte. Das war natürlich ein Angriff auf konservative Bastionen. Gerade in Südbaden, in der Nähe von Wyhl, wo Bauern und Städter gemeinsam erfolgreich gegen den Bau eines Atomkraftwerks kämpften, ist diese Unterscheidung aufgenommen worden. Anderswo ist sie verballhornt worden.

Warum hat die CDU in Baden-Württemberg so gereizt auf dieses Denkmodell reagiert?

E.E.: Die CDU hatte guten Grund. Zwar war keine taktische Absicht dahinter, als ich auf diese Begriffe kam, aber ich habe dann schnell gemerkt, dass das auch eine taktische Bedeutung hatte. Es war der Versuch, die Leute, die ich für wertkonservativ hielt, der CDU abspenstig zu machen, also auf meine Seite zu holen. Das ist damals im Ansatz durchaus gelungen, kam aber später den Grünen zugute.

Den sogenannten kleinen Leuten hat dieses »verändern um zu bewahren« recht wenig gebracht, wenn man beispielsweise an den Sozialstaat damals und heute denkt. Sie haben Veränderungen über Veränderungen geschluckt, ohne dafür ein Stück mehr Sicherheit einzutauschen oder auch nur bewahren zu können, was sie einmal hatten.

E.E.: Das ist zweifellos richtig. Nur kam ja nach den siebziger Jahren, in denen ich in dem Buch »Ende oder Wende« die Unterschiede zwischen wert- und strukturkonservativ dargestellt habe, diese marktradikale Welle in Deutschland an. Das war etwa Mitte der achtziger Jahre, in den angelsächsischen Ländern deutlich früher. Die hat ja dieses Denken erst einmal weggewischt. Ich glaube schon, dass man den Sozialstaat auch verändern muss, wenn man ihn wetterfest machen will für das 21. Jahrhundert. Aber die Reformen, die seither entwickelt wurden, etwa bei der Steuer oder im Gesundheitswesen, die haben natürlich mit meinem Ansatz nichts mehr zu tun.

Wozu müsste ein Wertkonservativer heute aufrufen?

E.E.: Er müsste dazu aufrufen, dass das, was in diesem Europa in 3000 Jahren von den Griechen über das Neue Testament bis zum Humanismus und der Aufklärung, dass das, was dort an Ethik entstanden ist, wieder ernst genommen wird. Der Apostel Paulus hat ja nicht gesagt: »Einer stelle dem Anderen ein Bein«, sondern: »Einer trage des Anderen Last«. Die Beziehung zum Nächsten oder zur Gemeinschaft, das war etwas, was Griechen, Römer, Christen gemeinsam hatten. Dass das Ego nicht nur geduldet, sondern gefeiert und besonders in seinem Erwerbstrieb angestachelt wird, das widerspricht der ganzen ethischen europäischen

Tradition. Ich glaube, die Mehrheit der Menschen hätte heute wieder Verständnis für einen wertkonservativen Ansatz.

Sehen Sie eine Gewerkschaft, eine Partei oder sonst eine mitgliederstarke Organisation, die diese Gedanken wieder aufnehmen könnte?

E.E.: Ich habe ja während des Dresdner Parteitags im November 2009 einen kleinen Versuch dazu gemacht am Ende meiner Rede. Und das Echo darauf war so stark, und zwar nicht nur aus meiner Partei, dass ich sehr wohl glaube, dass viele Menschen darauf warten.

Im Filbingerland

Lange hält der das nicht aus, sorgten sich Freunde, freuten sich Gegner Erhard Epplers, als er als Oppositionsführer in den Stuttgarter Landtag einzog. 1973 hatte er den Landesvorsitz übernommen, 1974 war er von seinem Ministeramt in Bonn zurückgetreten, hatte noch vor dem Ende der Legislaturperiode sein Bundestagsmandat aufgegeben, um 1976 als Spitzenkandidat in den baden-württembergischen Landtagswahlkampf zu ziehen. Wie bitter die nun folgenden Jahre werden würden, hat er sicherlich nicht voraussehen können. Oft wird er sich gefragt haben, warum er, bekannt und geschätzt auf internationalem Parkett, ein auf ihn zugeschnittenes Angebot ausgeschlagen hatte: Er hätte Chef des Kinderhilfswerks UNICEF werden können. Die Aufgabe wäre ihm auf den Leib geschneidert gewesen. Doch er hat sich stattdessen für die baden-württembergische Provinz entschieden und musste in den folgenden Jahren eine Niederlage nach der anderen einstecken.

Als Erhard Eppler zum Landesvorsitzenden gewählt wurde, regierte Hans Karl Filbingers CDU mit einer absoluten Mehrheit von

53 Prozent. Bei den Wahlen 1976 konnte die Union auf knappe 57 Prozent zulegen, das Ergebnis eines Schmutzwahlkampfes, wie er im biederen und provinziellen Baden-Württemberg nie zuvor stattgefunden hatte. Seit diesem Wahldebakel hatte Eppler nicht nur gegen die rabenschwarze Politik im Filbingerland zu kämpfen, sondern immer wieder auch gegen Nörgler und Heckenschützen aus der SPD, vor allem aus der Landtagsfraktion. Besonders heftig traf ihn die stets in ein Kompliment gekleidete Sorge, er sei eben doch »zu groß« für Baden-Württemberg.

Die SPD hatte sich im »Musterländle« längst eingerichtet in der Opposition. Viele Abgeordnete waren frustriert oder kumpelten mit den CDU-Kollegen. Im Landesverband sah es besser aus, doch auch dort zog sich ein Riss quer durch die Partei. Da waren die Newcomer, die sich um Erhard Eppler scharten: Volker Hauff, Gunter Huonker, Herta Däubler-Gmelin, Harald B. Schäfer oder Wolfgang Roth, um nur einige Namen von vielen zu nennen. Sie waren begeistert von seinem neuen Stil, der da lautete: Respekt vor den mündigen Wählern, keine leeren Versprechungen, sagen, was ist statt landesväterlicher Gemütlichkeit. Sie folgten seinen Gedanken zur globalen Verantwortung, zu ökologischer Nachhaltigkeit, zu einer neuen Energiepolitik. Doch da sie alle rasch in Bonn Karriere machten, ließen sie ihren Landesvorsitzenden bald einsam zurück. Herta Däubler-Gmelin war damals sowohl im Landes- als auch im Bundesvorstand der SPD. Sie fühlte sich von ihm gefördert, arbeitete gern mit ihm zusammen. »Er hat mich machen lassen, hat sich aber schwer damit getan, Frauen ernst zu nehmen. Unter der ASF (Arbeitsgemeinschaft sozialdemokratischer Frauen) hat er wohl eher gelitten, obwohl ich die doch ganz lieb und munter angeführt habe.«

Viele Sozialdemokraten, die Landespolitik machten oder als Funktionäre innerhalb der Partei rackerten, taten sich dagegen schwer mit ihm – und schwer damit, seine politischen Ideen und

Gedanken gegen die konservative Mehrheit im Lande zu verteidigen. Zum Beispiel seine Rede während eines Parteitags in Freiburg, wo er die Erdölkrise so kommentierte: »Es ist einfach nicht wahr, dass wir erst seit einem Jahr einen politischen Ölpreis haben. Wir hatten immer einen politischen Preis. Bisher haben die Mächtigen im Norden die Ohnmächtigen im Süden ausgepowert. Wir haben einen Teil unseres Reichtums auf Kosten anderer erworben. Jetzt läuft das Spiel eben einmal andersrum.«

Und wenn er von sozialer Verantwortung sprach, dann dachte er an Europa, an die Dritte und die Vierte Welt und nicht nur an die Textilindustrie auf der Schwäbischen Alb oder die Uhrenindustrie im Süden des Bundeslandes, die sich damals in einer schweren Krise befanden. Und manchmal stieß er die Genossen vor den Kopf, etwa wenn er in einem Gespräch mit Journalisten über die Bonner und die Stuttgarter Politik zu dem Befund kam: »Die Leute laufen der CDU zu, weil sie sehen, die SPD weiß sichtlich nicht weiter. Dies hat zu einer Hoffnungs- und Solidaritätskrise geführt.« Sein Rezept dagegen hieß nicht landesväterliches Besänftigen, sondern »eine erkennbare Richtung in der Politik«.

Als der Bundesminister a. D. den Job antrat, war ihm absolut klar, dass der nicht vergnügungssteuerpflichtig war. Nach seinem Rücktritt aus der Regierung – der ja kein Nein zur Partei war – suchte er nach Möglichkeiten, sinnvoll für die SPD weiter zu arbeiten. Ja, es sei ihm bewusst gewesen, sagt er, dass sein Rücktritt vom Ministeramt ihm die Arbeit in Baden-Württemberg nicht erleichtern würde, dass er mit Gegenwind zu rechnen hatte, auch wegen seiner Konflikte mit Bundeskanzler Helmut Schmidt. Hilfreich war sicherlich auch nicht, dass er sich keine Illusionen machte über das intellektuelle Niveau im Landtag und dass ihm das all zu häufig schon am Gesicht abzulesen war. Seine eigene Fraktion war, sagt er beim Blick zurück, demoralisiert durch die Übermacht der Union. »Es gab Abgeordnete, die haben ihr Selbstbewusstsein daraus gezogen, dass die CDU sagte: ›Das ist zwar ein Sozialdemokrat, aber ein ganz netter Kerl.‹« In diesem Zustand der freundlichen Machtlosigkeit hatten sich so einige Abgeordnete ganz gut eingerichtet. Und dann kam da einer, der ihnen immer wieder einhämmerte: »Wenn wir schon die Mehrheit nicht haben, dann wollen wir wenigstens die Themen bestimmen. Wir wollen die Meinungsführerschaft und dann sehen, wie sich das auf die Wählergunst auswirkt.«

Viele Jahre später sagte er über diese Jahre, vor allem über die Debatten im Landtag, er wünschte sich, ein junger Politologe würde einmal zum Thema politische Kultur während Filbingers Regierungszeit eine Doktorarbeit schreiben. Dazu müsste man beispielsweise die Protokolle der Landtagssitzungen zwischen 1976 und 1980 durchsehen und die Zwischenrufe untersuchen, die während Epplers Reden gemacht wurden. Heute lacht er über den sprachlichen und intellektuellen Müll, mit dem seine Gegner ihn mundtot machen wollten. »Die haben schon geschrieen, ehe ich überhaupt angefangen habe zu reden. Ich passte da nicht hinein. Ich habe auch in einer Weise argumentiert, die manche gar nicht verstanden. Und es ist ja so, wenn ein Konservativer was nicht versteht, dann ist das linke Ideologie. Und insofern war ich ein linker Ideologe.«

Schon während des Landtagswahlkampfes vor den Wahlen im Frühjahr 1976 war absehbar, was auf Erhard Eppler zukommen würde. Inszeniert weniger von der CDU-Wahlkampfleitung als in Filbingers Staatskanzlei, fand ein Wahlkampf der besonderen Art statt: Persönliche Beschimpfungen, Verdächtigungen, Unwahrheiten über den politischen Gegner Eppler sorgten für ein Klima, das viele Wähler in ihrer Meinung bestätigte, Politik sei ein schmutziges Geschäft. Eppler verweigerte sich einem solchen Wahlkampf unter der Gürtellinie. »Leider«, seufzten viele Genossen.

Linksaußen beim Fußball, wie hier in Baden-Württemberg 1976, was sonst? Ein paar Jahre zuvor hatte Erhard Eppler in der Mannschaft des Bundestags gespielt. Es gab 1964, zehn Jahre nach dem »Wunder von Bern«, ein Spiel gegen jenes Weltmeisterteam. Das Spiel endete 7:2 für die Profis. Eines der beiden Tore schoss Erhard Eppler!

Damals testete die CDU den unanständigen Slogan »Freiheit statt Sozialismus«, was auch bundesweit für Empörung sorgte und nicht nur vielen liberalen Christdemokraten mehr als unangenehm war. Aus dem Staatsministerium in der Stuttgarter Villa Reitzenstein wurde die Wahlkampagne gesteuert, in der die SPD auf eine Stufe gestellt wurde mit Kommunisten, Extremisten, Alt- und Neomarxisten. Noch der letzte Bürger im Lande sollte sich fürchten: Wenn er die SPD wählt, nehmen die bösen Sozialisten ihm demnächst sein Häusle weg. Natürlich reagierte Eppler zornig, aber eben auch ratlos auf diese Art der politischen Auseinandersetzung: »Freiheit statt Sozialismus.« Wie setzt man sich intellektuell mit solch gehässiger Dumpfheit auseinander? »Es hat mich verletzt und bis heute empfinde ich das als Kündigung des Grundkonsenses, auf dem diese Republik aufgebaut ist. Vor allem Christdemokraten und Sozialdemokraten haben eine gemeinsame Verfassung formuliert und gesagt: Wie stehen dafür ein, dass dies ein freies Land wird. Und dass da plötzlich einer kommt und sagt, ich muss die Freiheit gegen euch verteidigen, das empfand ich als Kündigung des Grundkonsenses und damit auch als einen Skandal erster Ordnung.«

Die »Büchsenspanner aus der Staatskanzlei«, wie Eppler sie nannte, schossen in diesem Wahlkampf aus allen Rohren. Per Gerichtsurteil musste die SPD der CDU falsche Tatsachenbehauptungen untersagen lassen, die in einem landesweit verbreiteten CDU-Rednerdienst aufgetaucht waren. Ein Skandal – auch ein juristischer: Die CDU verbreitete die Behauptung, Erhard Eppler habe im Wahlkampf erklärt, man müsse die Belastbarkeit der Wirtschaft prüfen. Nachweisbar stammte dieser so dumme wie unglückliche Satz von Jochen Steffen aus Schleswig-Holstein. Dies war auch unstrittig, und so untersagten zwei Gerichte der CDU, diese Behauptung weiter aufrecht zu erhalten. In dritter Instanz, vor dem Oberlandesgericht in Stuttgart, aber kam es zu einem erstaunlichen Urteil: »Die ihm in den Mund gelegte Äußerung entspricht dem Persönlichkeitsbild Epplers.« Das Urteil gipfelt in den Sätzen: »Es ist auch publikations- und persönlichkeitsrechtlich zulässig, über jemanden zu behaupten, er habe eine bestimmte Äußerung getan, wenn zwar feststeht, dass der Betreffende die Äußerung nicht getan hat, wenn er aber nach Auffassung des Gerichts eine entsprechende Äußerung getan haben könnte.«

Es war das einzige Mal, dass Eppler die Gerichte bemüht hat, in diesem Fall sogar mit einer Verfassungsbeschwerde vor dem Bundesverfassungsgericht. Und erstaunlicherweise kamen die höchsten Richter zu dem Schluss: Da er nicht beweisen könne, dass er das nie und nirgends gesagt hat – was kein Mensch beweisen kann! – könne er der CDU die Behauptung nicht verbieten. Bis heute wird dieses Urteil in juristischen Zeitschriften analysiert und diskutiert.

In diesem Stil ging es weiter. Er, der lustfeindliche Pietist, wolle den Bürgern vorschreiben, wie viele Sorten Wurst sie künftig kaufen dürfen, wolle seinen Schwaben und Badenern die Einheitswurst verpassen, tönte es aus der Staatskanzlei in den Landtag. Wie wehrt man sich gegen solch lächerliche Vorwürfe, die gleichwohl im Gedächtnis der Menschen hängen bleiben? Gar nicht, denn das richtig zu stellen, ist so kompliziert, dass niemand mehr zuhört. Die »Einheitswurst«, die ihm so zu schaffen machen sollte im Wahlkampf, geht auf eine so simple wie nachvollziehbare Geschichte zurück. 1973 hielt Eppler in Berlin einen Vortrag zum Thema »Technologie für Entwicklungsländer.« Und da hat er gesagt, ein hochmoderner Mercedes werde in der Sahelzone nicht lange funktionieren. Da brauche man ein Auto, das eine Art »mechanisierter Esel« sei. Und dann hat Eppler noch gesagt, dass Länder, in denen der Hunger bekämpft werden muss, nicht unbedingt dreihundert Wurst- und zweihundertfünfzig Käsesorten brauchen. Daraus wurde dann die »Einheitswurst.«

Mit ohnmächtiger Wut mussten die Sozialdemokraten zuschauen, wie aus der baden-württembergischen Regierungszentrale 1976 die wirkliche Wahlkampfzentrale wurde. Niemand halte die SPD für undemokratisch, versicherte der CDU-Generalsekretär und wiegelte ab, als die Empörung über den Wahlkampfslogan »Freiheit statt Sozialismus« hohe Wellen schlug. Doch in Zeitungsanzeigen mit der Unterschrift »Ihr Hans Filbinger« hieß es: »Wir stehen vor der Entscheidung Freiheit oder Sozialismus. Viele haben mir gesagt: endlich ein klares Wort. SPD und FDP haben sich schrecklich aufgeregt. In der Tat, nichts ist so aufregend wie die Wahrheit.«

Noch machten Erhard Eppler und seine SPD sich Mut: Die CDU sei so stark, dass manchem wachen Bürger dabei unheimlich werde, hofften die Sozialdemokraten. Doch bei den Bauern auf der Schwäbischen Alb, am Bodensee und im Hohenloher Land, im Kleinbürgermilieu der reich gewordenen Industriedörfer und Kleinstädte, kam Filbinger mit seiner Landesvatermasche an. Er verteilte Orden, trat auf wie der letzte König von Württemberg, verteufelte unbescholtene Bürger, die sich in Bürgerinitiativen gegen die Politik der Landesregierung wehrten, als Kommunisten. Obwohl es bei vielen im Lande gärte, bekam die CDU dafür bei Wahlen nicht die Quittung. Im Gegenteil: Selbst stramme IG Metaller, die bei jedem Streik dabei waren, wählten CDU, weil sie ja gleichzeitig Häusle-Besitzer und selbstzufriedene Kleinbürger waren und keine Veränderungen wollten.

Gegen solche Gegner anzutreten, war schwierig für Erhard Eppler, der den Leuten intellektuell etwas zumutete, der als nachdenklicher Grübler ein Feind aller billigen Vereinfachungen war. Wenn er, bedrängt von seinem Umfeld, in Rottweil oder anderswo auf einer Tribüne saß und endlose Umzüge während der »Fasnet« absaß, dann wirkte er wie ein Fremdkörper und man sah ihm an, dass er sich meilenweit wegwünschte. Jedes leutselige Gehabe lehnte er ab, den händeschüttelnden Schwätzer mochte er nicht geben, das war für ihn »pseudodemokratisches Gehabe«, das – so seine Illusion – der mündige Bürger schon durchschauen würde. Es müsse sich doch auszahlen, so hoffte er, dass er aus Respekt vor den Wählern opportunistisches Anbiedern ablehne, dass er mit Wahrheit und Klarheit überzeugen wolle. Schließlich rede er vor vollen Sälen, die Menschen hörten ihm zu. So machte er sich damals selbst immer wieder Mut. Ja, sie hörten ihm zu. Aber sie wählten ihn nicht. Der Sieg der CDU 1976 glich einem Erdrutsch:

Sie konnte sich von 53 auf knappe 57 Prozent verbessern. Es sei eben ein Fehler gewesen, murrten viele Genossen am Wahlabend im Stuttgarter Landtag leise, dass man auf Schlammschlachten verzichtet habe. Der faire Wahlkampf habe sich nicht ausgezahlt.

Mit dieser Hypothek zog Erhard Eppler also in den Stuttgarter Landtag ein, musste eine neue Rolle finden in einem Parlament, das oft genug eher einem jovialen, manchmal auch einem johlenden Stammtisch glich, wo man sich am Tresen im Landtagsrestaurant bei Trollinger oder Riesling traf und nach Feierabend parteiübergreifend Politik Politik sein ließ.

Die Genossen reagierten ambivalent auf den Chef. Einerseits waren sie stolz darauf, dass nun bundesweit beobachtet wurde, was sich in der baden-württembergischen Landespolitik tat, andererseits riss Eppler sie aus ihrer Bequemlichkeit. Einerseits bewunderten sie den begabten Rhetor, der bei Debatten die CDU herausforderte und ihre Denkfaulheit vorführte. Andererseits mussten sie sich das Maulen der konservativen Genossen in ihren Wahlkreisen anhören, die sich längst daran gewöhnt hatten, aus einer Minderheitenposition heraus mit der regierenden CDU in friedlicher Koexistenz zu leben.

Mehr Feuer war im Landesverband. Eines der beherrschenden Themen in jenen Jahren war die Energiepolitik. Baden-Württemberg setzte ganz auf den Bau von Atomkraftwerken, drohte, ohne Kernenergie würden im Industrieländle noch vor Ende des Jahrzehnts die Lichter ausgehen. Hier erzwang die baden-württembergische SPD ein Umdenken, weit über die Landesgrenzen hinaus. Erhard Eppler stellte die Art und Weise, wie Prognosen zustande kamen, wie also Energiepolitik gemacht wurde, als einer der ersten in Frage: »Bis in die frühen siebziger Jahre hinein lautete die Frage: Welche Prognosen des Zuwachses an Energieverbrauch machen die Wirtschaftsministerien des Bundes und der Länder? Abgefragt wurden die Zahlen bei den Energieunter-

Zwei, die sich mochten: Willy Brandt kam 1976 zum 50. Geburtstag Erhard Epplers nach Stuttgart.

nehmen, und es interessierte dann nur noch: Wie schaffen wir so viel Energie, dass die Prognosen erfüllt werden können?«

Und niemand diskutierte damals dieses »Wie«. Ob Kohle oder Wasser oder Atomkraft, das war erstaunlicherweise kein politisches Thema. Mit der ersten Energiekonferenz der baden-württembergischen SPD 1975 in Reutlingen änderte sich das. Hauptredner war Carl Friedrich von Weizsäcker, Atomforscher und Philosoph, Berater der Bundesregierung unter Helmut Schmidt. Zur Überraschung Erhard Epplers und der Konferenzteilnehmer teilte er seine Rede in zwei Teile: »In seiner Rolle als Ratgeber der Bundesregierung kam ein nicht enthusiastisches, aber klares Bekenntnis zur Atomenergie. Und dann kam ein zweiter Teil mit sozusagen privaten Überlegungen, Bedenken, und einer Menge

Fragezeichen. Wir haben das mit all den Gegensätzen so stehen lassen und haben gesagt, auf dieser Basis wollen wir weiter diskutieren.«

Es war völlig neu, dass eine Partei sich überhaupt mit diesem Thema beschäftigte. Bald wurde in der ganzen Republik diskutiert über die Frage, wie riskant Atomenergie wirklich ist und ob nicht durch Energiesparmaßnahmen der Bau neuer Kraftwerke verhindert werden könnte. Selbst über alternative Energien wie Sonnenenergie wurde schon in den siebziger Jahren in Baden-Württemberg diskutiert. Und der Landesvorsitzende Eppler hatte selbstverständlich schon eine Solaranlage auf dem Dach seines Hauses in Dornstetten im Schwarzwald.

Um Erhard Eppler scharte sich damals eine Gruppe junger Politiker, »die Rotkehlchen« genannt. »Wir haben uns ausgetauscht und ich habe mich auf sie verlassen. Und dann ging einer nach dem anderen und eine nach der anderen nach Bonn, sie wurden zum Teil von Helmut Schmidt systematisch geholt. Der hatte ihnen was zu bieten, ich nicht. Der Volker Hauff wurde Minister, der Gunter Huonker kam ins Kanzleramt usw. Ich habe das mit einem lachenden ein einen weinenden Auge gesehen.«

Bald musste er nicht nur gegen die übermächtige CDU kämpfen, sondern auch gegen Heckenschützen aus den eigenen Reihen. »Vor den Wahlen 1980, jeden Morgen wenn ich die Landespresse aufschlug, wusste ich, es kommt irgendeine Schweinerei, die irgendjemand aus der Fraktion der Presse gesteckt hatte. Ich wurde schon vor den Wahlen systematisch demontiert von den eigenen Leuten. Ich konnte natürlich nie beweisen, wer dahinter steckte, ich hatte eine bestimmte Gruppe im Visier, nur, das half ja nichts. Das schlimmste war, dass die ihre abweichenden Meinungen nicht etwa in der Fraktion laut werden ließen, dann hätte man das diskutieren können, sondern dass sie mich offenbar guten Gewissens hinterrücks demontierten.«

Es begann relativ harmlos. Immer häufiger hörten die landespolitischen Journalisten von SPD-Abgeordneten mit einem Seufzer, der Erhard sei eben doch zu groß für die Landespolitik. Dann wurde mit härteren Bandagen gekämpft. Der SPD-Landtagsabgeordnete Gerhard Noller, promovierter Theologe, gab eine Broschüre heraus, die sein Landesvorsitzender erst Tage nach den Journalisten zu sehen bekam, und forderte darin, die Partei müsse zurück auf den Weg zur Volkspartei. Er schlug auf die Jusos ein, verlangte »innerparteiliche Aktionen gegen Ideologie und Systemüberwindung«. Die Kritik richtete sich natürlich gegen Eppler. Die Vorsitzenden von elf Stuttgarter Ortsvereinen schrieben einen Brief an den »lieben Genossen Eppler«, der allerdings zuerst die Lokalpresse und dann den Landeschef erreichte. Sie belehrten ihn, »man sollte nicht nur Recht haben, sondern auch Recht bekommen«.

Dazu kam Protest von außerhalb des Landes. Die skeptischen Bemerkungen aus der Provinz, die auch durch Interviews Erhard Epplers mit dem »Spiegel« montags auf den Schreibtischen der Bonn Macher landeten, sorgten für Unmut. Besonders heftig war die Kritik eines seiner Nachfolger im Bundesministerium für wirtschaftliche Zusammenarbeit, Rainer Offergeld. Es ging um Epplers Gedanken zu einer möglichen Koalitionsfähigkeit der Grünen. Offergeld aber hielt jede Stimme für die sich gerade formierende Partei »für den Papierkorb«. Volkstümlicher und verständlicher müsste das SPD-Programm werden, maulten mal laut und mal leise die Gegner.

Vor allem aber ging es um Epplers schlechtes Verhältnis zum Bundeskanzler. Er strapaziere stark die Solidarität vieler Parteimitglieder, wenn er diese Kritik ständig wiederhole. Da es aber zum Landesvorsitzenden Eppler damals keine Alternative gab, schlugen sich zumindest nach außen hin auch jene SPD-Politiker im Lande auf seine Seite, die insgeheim Offergeld Beifall klatschten. Die Stimmung ließ sich etwa so beschreiben: Der Offergeld muss eine aufs Dach kriegen. Aber der Eppler soll sich endlich mit dem Helmut Schmidt vertragen.

Der Landesverband und mehr noch die Fraktion wirkten zerrissen, und Erhard Eppler weigerte sich, auf die lauten und leisen Nörgeleien einzugehen. Er wies auch nicht darauf hin, wie viel er erreicht hatte: Die Landespartei diskutierte lebhaft, inspirierte auch die Bundespartei, die interessiert auf Baden-Württemberg blickte. Das Zusammenspiel mit den Gewerkschaften klappte gut. Epplers Skepsis gegen den Radikalenerlass zahlte sich aus, es gab wenig Konflikte mit jungen Parteimitgliedern. Und vor allem bewunderten viele Sozialdemokraten, mit welcher Konsequenz Eppler sich abrackerte in seinem Land, trotz ausbleibender Erfolgserlebnisse.

Doch er selbst wurde darüber müde und resigniert. Immer häufiger meldete sich seine Migräne, machte ihm das Leben zusätzlich zur Qual. Er wirkte verschlossener und einsamer als jemals zuvor oder danach. Es kam sogar vor, dass der disziplinierte Schwabe bei einem Besuch in seinem Landtagsbüro fragte, ob man ein Kirschwasser mit ihm trinken wolle!

Nur noch selten erlebte man den selbstironischen Mann, der stundenlang Witze und Anekdoten erzählen konnte und glücklich war, wenn eine lachende Tischrunde nicht genug bekommen konnte von seinen Geschichten.

Einmal gab es so eine glückliche Woche im August 1977 bei einer Wanderung mit Willy Brandt durch den Schwarzwald. Die Runde war klein, es wurde unfrisiert geredet und gelacht bei den Tagesetappen zwischen 20 und 30 Kilometern. Mitten in jener SPD-Diaspora entstand an einem rieslingreichen Abend unter prustendem Gelächter ein heiter-ironischer Text, genannt das Hundsbacher Manifest, unterschrieben von Willy Brandt und Erhard Eppler:

»Der Zustand der Partei erfordert unverzügliches Handeln. Wir betrachten mit Sorge die Führer der Partei, die die Widersprüche unserer Zeit nicht aufzulösen vermögen. Um diesem Missstand abzuhelfen, haben sich entschlossene Mitglieder der Partei zusammengefunden, um der Partei in dieser ihrer verzweifelten Lage zu helfen und so hier und heute Schaden von diesem unserem Lande abzuwenden. Aus dieser unserer tief gefühlten Verantwortung für dieses unser Land haben wir uns nunmehr entschlossen, den Hundsbacher Kreis ins Leben zu rufen. Mit dem glühenden Bekenntnis zur freiheitlich-demokratischen Grundordnung verbinden wir deshalb die Forderung an die Partei, künftig wie folgt zu verfahren:

1. Fast jeder Sozialdemokrat darf tun und lassen was er will. 2. Auch dazu ist er nicht verpflichtet. 3. Angriffe auf Vorsitzende sind keine absolute Garantie für Dreispalter in der gegnerischen und uns nahe stehenden Presse.«

Wenige Wochen nach der heiteren Schwarzwaldwanderung schlug wie eine Bombe die Nachricht von den Selbstmorden der in Stammheim einsitzenden Terroristen Gudrun Ensslin, Andreas Baader und Jan Carl Raspe ein. Um von Schlampereien und Versäumnissen im Strafvollzug abzulenken, starteten Filbingers Büchsenspanner eine gnadenlose Kampagne gegen Andersdenkende. Wieder einmal rechnete Eppler während einer Landtagsdebatte mit dem Regierungschef ab:

»Die Energie, mit der Sie nun aus Ihrem Glashaus heraus die Steinschleuder betätigen, kann nur zu einem Haufen von Scherben führen. [...] Unsere Universitäten sind kein Sympathisantensumpf, den es auszutrocknen gilt. Dass Sie nun die Abschaffung der verfassten Studentenschaften als Beitrag zur Terrorismusbekämpfung anbieten, ist das letzte Salz in die offenen Wunden der Hochschulen. Sie schaffen damit eine Verbitterung, die aus manchem jungem Demokraten einen Gegner dieses Staates machen könnte. Dass ein Verbot der K-Gruppen den Terrorismus nur stärken kann, hat Ihnen fast die gesamte Presse vorgerechnet. Sie kümmern sich nicht darum, weil wahrscheinlich die Demoskopen die Popularität einer solchen Maßnahme festgestellt haben. Es ist gesicherte Erkenntnis, dass sogar diese Gruppen, deren Ziele sich wirklich nicht mit unserer Verfassung vertragen, Distanz zum Terrorismus wahren. Ob sie das noch tun, wenn sie in den Untergrund gedrängt werden, ist zumindest offen.«

Kurze Zeit später – die Skandale um die Stammheim-Selbstmorde waren noch längst nicht aufgearbeitet – dann der nächste Skandal, der den wie ein regierender Fürst agierenden Hans Filbinger das Amt kosten sollte. Es war herausgekommen, dass er als Marinerichter in den letzten Kriegsmonaten noch Todesurteile verhängt hatte. Ein Gericht in Stuttgart hatte geurteilt, man dürfe ihn »einen furchtbaren Juristen« nennen. Dass er dies tatsächlich war, hat er kurz vor seinem erzwungenen Rücktritt mit dem Satz bewiesen: »Was damals Rechtens war, kann heute nicht Unrecht sein.«

Es zeigte sich in jener quälenden Zeit, dass Filbinger keine Freunde hatte, nur Untertanen, Untergebene und Karrieristen. Keine Hand rührte sich für ihn, dessen Macht noch kurz zuvor absolut gewesen war. Erst als er am Boden lag, kam Kritik aus den eigenen Reihen, Kritik, die niemand vorher gewagt hatte. Zwölf Jahre lang hatte sich Filbinger zur obersten moralischen Instanz im Ländle gemacht, zum Richter über andere. Er wollte entscheiden, wie seine Landeskinder zu leben hatten. Er versuchte, das Industrieland Baden-Württemberg zu einer Spießbürger-Idylle zu machen mit glücklichen Landeskindern unter einem wohlwollenden Landesvater. Verblüffend lange war ihm das gelungen.

Erhard Eppler nennt ihn heute wie damals einen »Mann mit einem pathologisch guten Gewissen«. »Er hat ja dann den Rest seines Lebens damit zugebracht, dieses pathologisch gute Gewissen urbi et orbi zu zeigen.« Zu ihm ein menschliches Verhältnis zu finden, sei unmöglich gewesen. Eppler hatte sich damals, in den Monaten vor Filbingers von vielen ersehnten Rücktritt extrem zurückgehalten. Er hätte lieber gegen einen angeschlagenen Filbinger kandidiert als gegen Lothar Späth, der Filbingers Nachfolger wurde. Über Späth hatte er im Landtag einmal gespottet, der lasse Luftballons laut steigen und ganz leise knallen.

Der Rest ist rasch erzählt. Bei den Wahlen 1980 erhielt die SPD 32,5 Prozent der Stimmen, ein knappes Prozent weniger als bei den Wahlen 1976. Allerdings hatten die Grünen es mit 5,6 Prozent in den Landtag geschafft, nahmen der SPD also Stimmen weg.

Eppler war immer an den 37,6 Prozent SPD-Stimmen bei den Wahlen von 1972 gemessen worden. Doch das war damals eine absolute Ausnahmesituation, denn es war das Jahr der euphorischen »Willy-wählen-Stimmung« in der ganzen Republik. Bei den vorgezogenen Bundestagswahlen nach dem gescheiterten Misstrauensvotum gegen den Kanzler war die SPD bundesweit erstmals stärkste Partei geworden.

Direkt nach dem für ihn deprimierenden Ausgang der Landtagswahl von 1980 trat Erhard Eppler zurück vom Fraktionsvorsitz. 1981 gab er den Landesvorsitz ab, 1982 auch sein Landtagsmandat. Noch heute denkt er mit Unbehagen an diese letzten beiden Jahre zurück, die er sich – und auch seiner Partei in Baden-Württemberg – besser nicht mehr angetan hätte. »Ich fühlte mich im Landtag völlig deplaziert. Mein Seelenzustand war ziemlich nahe an dem, was man eine Depression nennt.«

Immer noch saß Eppler in jener Zeit im SPD-Bundesvorstand. Im Präsidium wurde er einmal abgewählt, dann wieder hineingewählt. Trotz Willy Brandt, trotz politischer und privater Freunde im Bonner Politikumfeld war auch die Bundespolitik kein Vergnügen. Der Helmut-Schmidt-Flügel der Partei verstand Eppler nicht, schnitt ihn. Viele Sozialdemokraten, unabhängig von ihrem politischen Standort, waren einfach die Streitereien leid, fürchteten um den Wahlerfolg 1980. In der sozialliberalen Koalition herrschte gereizte Endzeitstimmung, die noch einmal durch den gemeinsamen Wahlerfolg gegen den Unions-Kanzlerkandidaten Franz-Josef Strauß überdeckt werden konnte. Niemand hatte Lust und Energie, sich mit dem Zustand der baden-württembergischen SPD auseinanderzusetzen, gar über neue politische Inhalte nachzudenken. Erhard Eppler resignierte.

Herta Däubler-Gmelin hat Epplers Rückzug aus der Landespolitik als Schock erlebt. Sie erinnert sich an die gemeinsame Fahrt nach Bonn am Tag nach der verlorenen Landtagswahl. »Er hat gelitten wie ein Hund, aber geredet hat er nicht. Er hat das wohl als persönliches Scheitern gesehen, und das hat ihn sprachlos gemacht. Wahrscheinlich hat ihn auch die elende Heuchelei einiger Spitzengenossen im Land sehr verletzt. Die haben ihn richtig gemeuchelt. Wir wollten nicht, dass er die Flinte ins Korn wirft. Leute wie Huonker, Schäfer, ich und viele andere hätten so gerne geholfen und für ihn gekämpft.«

Da sich keine natürlichen Nachfolger für ihn anboten, Epplers begabte Ziehkinder hatten längst in Bonn Karriere gemacht, reagierte die Landespartei verschnupft auf seinen Rückzug in Etappen. Das galt auch für diejenigen in der baden-württembergischen SPD, die ihm jahrelang das Leben schwer gemacht hatten. »Ja«, sagt er, »ich war froh, als ich mein Mandat los war und dann in Ruhe nachdenken konnte. Ich hatte keine Karrierepläne mehr. Ich war gesundheitlich ziemlich angeschlagen, war auch mal ernsthaft krank in der Zeit.« Sechsundfünfzig Jahre war er erst, hatte aber mit dem Leben als Berufspolitiker ziemlich abgeschlossen.

Es kam ganz anders. Es begann eine neue Karriere, als Vordenker der SPD, als ihr moralisches Gewissen. Bis heute liest und spricht Erhard Eppler vor vollen Sälen, und bei SPD-Parteitagen kehrt konzentrierte Ruhe ein, wenn er das Rednerpult betritt.

KAPITEL 10

Der Vordenker

Gespräch über Einfluss ohne Amt

Sie haben die Grünen inspiriert. Was war das für ein Gefühl, Kronzeuge für meist junge Menschen zu sein, die der SPD damals davongelaufen sind?

E.E.: In der SPD war meine Schwierigkeit die, dass meine Vorstellungen eben doch ziemlich weit entfernt waren von denen eines sozialdemokratischen Bundeskanzlers. Und es machte mir keinerlei Spaß, Streit in die Partei hineinzutragen. Aber ich war auf der anderen Seite auch der Überzeugung, dass, wenn die SPD nichts dazulernt, gerade auf dem Gebiet der Ökologie, dass sie dann keine Zukunft haben wird. Insofern war ich hin- und hergerissen und habe mich dann ziemlich eng an Willy Brandt angelehnt, habe häufig mit ihm gesprochen, habe ihn gefragt, was ich machen kann, ohne einen Eklat hervorzurufen. Ich wollte ja der Partei nützen und nicht schaden.

Hatten Sie als Minister für Entwicklungshilfe gelernt, dass man global denken und dann lokal handeln muss?

E.E.: Globalisierung wurde ja erst in den neunziger Jahren des letzten Jahrhunderts zu einem Hauptschlagwort, aber es gab schon vorher Literatur dazu. Bei mir haben sich damals zwei Themen verbunden. Das eine war: Wie verhindern wir einen Dritten Weltkrieg? Das war damals wirklich ein Thema, zumal die Reagan-

Regierung offen darüber diskutierte, ob man nicht den Atomkrieg durch kleinere, präzisere Atomwaffen wieder führbar machen könnte. Und das andere war die Zerstörung durch die Vernichtung unserer natürlichen Lebensgrundlagen. Da musste ich wohl mit denen zusammenprallen, die in anderen Kategorien gedacht haben. Aber in dieser ganzen Zeit war ich, was die Ökologie angeht, der Meinung, in zehn, zwanzig Jahren versteht sich von selbst, was ich jetzt sage.

Neben der ökologischen und der Friedensbewegung gab es damals eine sehr aufmüpfige und langfristig auch erfolgreiche Frauenbewegung. Die scheint an Ihnen damals ziemlich vorübergegangen zu sein?

E.E.: Ich hatte durch meine Erfahrungen nicht das Gefühl, dass ich da so schrecklich viel nachzuholen hatte. Das hing damit zusammen, dass in unserer Familie jedenfalls unter den Kindern, die älteste Schwester die dominierende war. Und wir haben das ohne weiteres akzeptiert. Ich hatte nicht das Gefühl, dass bei uns in der Familie die Frauen unterdrückt sind. Das hat mich geprägt. Auf der anderen Seite war ich immer der Meinung, dass die Frauen in unserer Gesellschaft eine stärkere Rolle spielen müssen. Ich war von Anfang an dafür, dass Frauen Pfarrerinnen werden können. Und ich stelle heute fest, dass die evangelische Kirche sehr viel reicher geworden ist durch die Frauen auf den Kanzeln. Ganz einfach, weil sie manche Texte anders, adäquater, besser verstehen und interpretieren können als Männer. Und ich fand es auch richtig, dass mehr Frauen in der Politik gehört werden und Karriere machen. Bei der Vorbereitung des Berliner Programms in den achtziger Jahren kam ja dann diese feministische Strömung ganz stark zur Geltung. Um Streit zu schlichten, habe ich vorgeschlagen, folgenden Satz ins Programm zu bringen: »Wer die menschliche Gesellschaft will, muss die männliche überwinden.« Der Satz ist dann ja ziemlich berühmt geworden und als etwas rabiate Feministerei kommentiert worden. Aber das zeigt, dass ich das Grundanliegen des Feminismus durchaus begriffen habe. Nur habe ich es lange Zeit für nicht so dringlich gehalten wie es tatsächlich war.

Haben Sie durch Ihre drei Töchter dazugelernt?

E.E.: Ja. Was man noch nicht durch vier Schwestern gelernt hat, kann man dann durch die Kinder dazulernen. Ich war immer in einer überwiegend weiblichen Gesellschaft und habe eigentlich nie das Gefühl gehabt, ich hätte da Vorrechte. Und auch mein Vater, der ja durchaus seine autoritären Seiten hatte, hat die Töchter genauso ernst genommen wie die Söhne.

Der Vordenker

Die SPD war in den späten siebziger und den frühen achtziger Jahren eine tief gespaltene Partei. Da war einmal der klassisch-sozialdemokratische Flügel um Helmut Schmidt, der im Einklang mit den Gewerkschaften auch in wirtschaftlich schwierigen Zeiten erhalten wollte, was die so genannten »kleinen Leute« sich erkämpft hatten. Sie wollten weiter steigende Löhne und den Schutz des Sozialstaates in allen Krisen des Lebens. Nur mit stetig steigenden Wachstumsraten war das zu erreichen. Da war der andere Flügel, der sich auf Erhard Eppler berief, Zweifel äußerte und fragte: Wachstum wohin und auf wessen Kosten?

Die Skepsis am Wachstum auf Kosten der heimischen Umwelt und der Dritten Welt wuchs, ebenso die Zweifel am Segen der Atomkraft. Flügel übergreifend wurde auch die Logik der Sicherheitspolitik nicht mehr verstanden. Wie sollte mit Hilfe von Auf- und Nachrüstung die Welt friedlicher und sicherer werden können? Es waren hoch politische Jahre mit leidenschaftlichen Diskussionen, ähnlich wie in den Anfangszeiten der Regierung Willy Brandt. Nur mit einem großen Unterschied: Zu Beginn der sozialliberalen Koalition herrschte Aufbruchsstimmung, Zukunftshoffnung, gegen Ende eher Beklemmung und Zukunftsangst. Die Menschen begannen zu verstehen, dass Hungersnöte in Afrika, das Abholzen des Regenwaldes in Südamerika und die Zukunft in Europa etwas miteinander zu tun haben. Man begann zu ahnen, dass der Preis des ewigen Wachstums in den reichen Industrieländern hoch werden könnte, zu hoch.

Gleichzeitig setzten viele Menschen Nachhaltigkeit mit Verzicht und Askese gleich. Die veränderten Zeiten machten Angst. Vermutlich flüchteten auch deshalb 1982/1983 so viele Wähler zu Helmut Kohl. Er versprach ihnen ein ruhiges »weiter so«, und das war sehr viel weniger anstrengend als die Zukunftsdiskussionen, die in der SPD geführt wurden und die Partei vor ständige Zerreißproben stellte.

Erhard Eppler hat die Grenzen des Wachstums damals mit einfachen, begreifbaren Sätzen benannt. Etwa so: Jeder kann eine menschenwürdige Wohnung, einen Kühlschrank, eine Waschmaschine haben. Aber nicht jeder ein Einfamilienhaus, denn dann ist die Landschaft irgendwann zubetoniert und nicht jeder regelmäßige Fernreisen, denn das hält die Atmosphäre nicht aus.

Erhard Eppler stand nach dem Rücktritt von Ämtern und Mandaten vor der Frage, wie es mit ihm selbst weitergehen sollte. Er überlegte lange, sich ganz aus der Politik zurückzuziehen, etwa eine der Professuren anzunehmen, die ihm angeboten worden waren. Stattdessen fasste er einen kühnen Entschluss: »Du versuchst Politik zu machen ohne Amt.«

In dem Buch »Komplettes Stückwerk« hat er über diese Phase in seinem Leben geschrieben: »Mein Einfluss war nun genau so groß oder so klein wie meine Überzeugungskraft. Ich war auf das einzige Werkzeug angewiesen, das mir blieb: die Sprache. Kein Wunder, dass ich sie ernster nahm als andere. Die Leute spürten, dass ich ausbrechen wollte aus dem Jargon, dessen sie längst überdrüssig waren. Und manchmal feilte ich tagelang an ein paar Sätzen, zumal dann, wenn man mir eine Zeit vorgegeben hatte. [...] Da sollte keine Luftblase bleiben, kein überflüssiges Wort, keines, für das sich ein präziseres, stärkeres finden ließ, kein Bild, das nicht als Bild wahrzunehmen war.«

Erhard Eppler zitiert gerne den Soziologen Max Weber. Zum Beispiel dessen Satz: Wer nicht nach dem Unmöglichen greift, verfehlt das Mögliche. Er hat das für sich und seine Politik so übersetzt, dass man zwei Dinge gleich ernst nehmen müsse, »das was ist und das was sein soll.« Nicht immer hat das geklappt in seinen aktiven politischen Jahren in Baden-Württemberg. Da hat er wohl »das was ist« zeitweise unterschätzt, nämlich die Angst der Menschen vor Veränderungen. Und seine Ungeduld hat ihn dazu verführt, zu vieles zu schnell zu wollen. Später hat er das – im Sinne von Max Weber – für sich in Einklang gebracht: »Wenn man nur das ernst nimmt, was sein soll, verliert man sehr schnell die Bodenhaftung. Und wenn man nur ernst nimmt, was ist, dann bleibt man eben hocken und wagt nichts Neues mehr.« In dieser Spannung habe er stets gelebt, sagt er. Wenn man zurückblickt auf seine jungen Jahre, auf seine Zeit als Lehrer oder dann als junger Feierabend-Politiker in der Gesamtdeutschen Volkspartei, dann war diese Lust am Risiko schon sehr früh angelegt. »Eine Politik, die gar nichts anderes will als das Bestehende zu verwalten, so dass es einigermaßen funktioniert, das hat mich nie gelockt. In keiner Position hätte es mich gelockt.«

Solche Gedanken waren es, die zur Politik ohne Amt führten. Nicht ganz ohne Netz natürlich, immerhin hatte er Verantwortung für eine Familie mit vier wenn auch weitgehend erwachsenen Kindern. Leichtsinnig war die Entscheidung nicht, denn er war als Abgeordneter und Minister pensionsberechtigt. In seiner Partei war er in den achtziger Jahren intensiv eingebunden durch seinen Vorsitz in der Grundwertekommission und die Mitgliedschaft im Parteivorstand bis 1991.

In der SPD versank nach dem Rücktritt Willy Brandts (und dem bitter nötigen, die Partei disziplinierenden Regime Hans-Jochen Vogels) eine politische Hoffnung nach der anderen. Die sogenannten Enkel Willy Brandts hielten nicht, was man sich von ihnen versprochen hatte. Auch Eppler und diese Politikergeneration blieben sich fremd, obwohl doch gerade Eppler für ein neues Denken stand, für eine zukunftsorientierte Politik. »Ich glaube, die entscheidende Orientierungsmarke für diese Generation war erstmal Willy Brandt. Und die zweite Orientierungsmarke war eben die Achtundsechziger-Bewegung, daher kamen sie ja alle irgendwie.« Manchmal hätten sie ihn unterstützt, »mehr oder weniger«. Groß sei sein Einfluss auf sie nicht gewesen, vermutet er, denn diese Generation sei doch sehr anders gewesen als seine, die der Flakhelfer. Die Achtundsechziger und die Flakhelfer trennten höchstens zwanzig Jahre – und dennoch Welten. Gerhard Schröder hat das in den frühen neunziger Jahren einmal etwa so formuliert: »Man kann uns nicht vorwerfen, dass wir anders sind, weil wir Nazizeit und Krieg nicht erlebt haben.«

Um Vorwürfe ging es nicht, aber es lagen eben Erfahrungswelten zwischen diesen beiden Generationen. Und das zeigte sich auch im politischen Handeln, in den politischen Zielen der ganz treffend sogenannten »Toskana-Fraktion«.

Die Achtundsechziger, soweit sie später in der Politik geblieben sind, hatten – so sieht es Erhard Eppler – eine schwere Enttäuschung hinter sich. »Alles was sie als Studenten postuliert hatten, ist nicht eingetreten.« Sie mussten sich in die Institutionen begeben, die sie verändern wollten. Die Frage, »Wer verändert wen? Die jungen Leute die Institutionen? Oder die Institutionen die jungen Leute?«, sie ist zu Gunsten der Institutionen entschieden worden. Aus Erhard Epplers Sicht hatte das Folgen für die Politik, denn auch bei den Begabtesten, auf die er einst gesetzt hatte, stellte er später fest: »Für mich hatte diese Generation vor allem zwei gefährliche Züge, die sich natürlich nicht bei allen gezeigt haben. Das erste war, dass sie nach dieser großen Enttäuschung keinen wirklich eigenen politischen Standort gefunden haben und deshalb für alle möglichen politischen Einflüsse offen waren. Das zweite hängt vielleicht mit dem ersten zusammen. Nicht ganz wenige unter ihnen hatten einen narzisstischen Zug, kreisten sehr um sich selbst. Bei vielen hat beides zusammen karrieristische Züge hervorgebracht.«

Sicherlich hatte die streckenweise deutlich spürbare Sprachlosigkeit zwischen diesen beiden Generationen auch mit den völlig unterschiedlichen Lebensstilen zu tun. Alles in allem ist Epplers Fazit über die inzwischen auch weißhaarig gewordenen Enkel Willy Brandts: »Ich habe mit dieser Generation gerne zusammengearbeitet, natürlich. Aber ich habe auch immer eine unüberwindbare Distanz gespürt.«

In jenen Jahren, in denen Erhard Eppler eine neue Karriere ohne Amt aufbaute, in denen er für viele zum moralischen Gewissen der SPD mutierte – was auch mit seiner erfolgreichen Kirchentagsarbeit zu tun hatte – wurde das Land insgesamt immer unpolitischer. Helmut Kohl regierte zusammen mit einer bis zur Unkenntlichkeit veränderten FDP, selbstzufrieden, möglichst ohne irgendeiner politischen oder gesellschaftlichen Strömung allzu weh zu tun. Während Helmut Schmidt die Bürger noch strapaziert hatte durch den Nato-Doppelbeschluss und eine veränderte Sozialpolitik mit – von heute her gesehen – äußerst behutsamen Sparvorschlägen, wurde den Wählern in den ersten Kohl-Jahren wenig abverlangt. Das ganze Land versank nach den politisch-intellektuell anstrengenden siebziger Jahren in einen

Dornröschenschlaf, und eine Mehrheit (wie sich an Wahlergebnissen zeigte) war damit durchaus einverstanden.

Gegen diese geistigen Lähmungserscheinungen versuchte Erhard Eppler anzuschreiben und anzureden, bei einer deutlichen Minderheit durchaus mit Erfolg. Seine Bücher wie »Wege aus der Gefahr«, »Wiederkehr der Politik« und später »Auslaufmodell Staat«, um nur einige zu nennen, wurden gelesen und diskutiert. »Ich habe immer wieder den Versuch unternommen, klarzumachen, dass man sich nicht einfach auf die Kräfte des Marktes verlassen darf.«

Seine Gegner nannten ihn einen Untergangspropheten, wenn er immer wieder schrieb und sagte, dass der Markt die natürlichen Lebensgrundlagen ganz gewiss nicht erhalten, sondern zerstören werde. Politik, so sein Credo bis heute, müsse dem Markt Grenzen setzen, müsse mit staatlichen Mitteln gegensteuern und dazu finanziell auch in die Lage versetzt werden.

Eines seiner großen, fast philosophischen Themen war die Frage, wie man einen Bewusstseinswandel durch Überzeugung statt durch Zwang so steuern könnte, dass am Ende eine andere Politik dabei herauskommt, die von einer Mehrheit akzeptiert werden kann. Man könne als Politiker ein langsam erwachendes neues Bewusstsein nur nutzen, nicht herbeiführen, hat er gelernt. Und das geht, so die Erfahrungen eines langen Lebens in der Politik, immer nur mit kleinen Schritten, mit begrenzten Entscheidungen, die dann wiederum im günstigen Fall zu neuen kleinen Schritten führen können. So, sagt Eppler, ist Willy Brandts neue Ostpolitik entstanden, als eine Politik der kleinen Schritte. »Aber niemand kann Bewusstseinswandel bewirken, kein Philosoph, kein Publizist, kein Politiker. Das kann nur eine veränderte Wirklichkeit, das können nur die Erfahrungen des Alltags.«

In seinem Buch »Komplettes Stückwerk«, einer sehr persönlichen Lebensbilanz, hat er mit einleuchtenden Bildern beschrieben, wie Realität das Bewusstsein verändert: »Es hat sich gebildet, weil man junge Mütter mit der Frage konfrontieren musste, ob es verantwortbar sei, dass sie ihre Säuglinge – trotz giftiger Rückstände in der Muttermilch – stillten, ob eine Hautallergie des Dreijährigen durch Spritzmittel ausgelöst sei, woher der Pseudokrupp eines Fünfjährigen komme und was der Asbest im Kindergarten bewirken könne.« Und weil sich das Bewusstsein durch solche alltäglichen Erfahrungen und Ängste wandelte, wurden dann auch die Bücher gekauft, die diese Sorgen aufnahmen. »Damit sind wir an dem Punkt, wo wirklich Geist und Macht sich begegnen, wo geistige Leistung auf Machtverhältnisse einwirken kann.«

Die politische Neuorientierung in einem Alter, in dem viele Menschen dazu neigen, sich in den bestehenden Verhältnissen einzurichten, wurde Erhard Eppler vermutlich erleichtert durch das Vorbild Willy Brandts. Nicht immer fühlte er sich ihm so tief verbunden wie später. Dem Regierenden Bürgermeister von Berlin stand Eppler sehr skeptisch gegenüber. »Ich hatte das Gefühl, er spielt Rollen, die andere für ihn aufgeschrieben haben. Das hat sich erst 1965 fundamental geändert, als Willy Brandt selbst beschlossen hat, nur noch Willy Brandt zu sein.« Vor allem das Engagement des Außenministers, des Kanzlers und dann vor allem des Parteivorsitzenden für die Dritte Welt schweißte die beiden so unterschiedlichen Männer zusammen. Außenpolitisch waren sie sich so nahe, dass Eppler während der Großen Koalition gerne Brandts Staatssekretär im Auswärtigen Amt geworden wäre. Stattdessen wurde er Minister in einem anfangs lächerlich machtlosen Ministerium.

Später, in den Jahren des Raketenstreits, verstand Eppler gut, dass Brandt fürchtete, die Auseinandersetzungen über Nachrüstung, Doppelbeschluss und die unterstellte Gefährlichkeit des Ostblocks, könnte sein Lebenswerk zerstören, also die Entspannung zwischen Ost und West. Es waren aber nicht nur diese politischen Übereinstimmungen, die Brandt und Eppler verbanden. Der christliche Schwabe aus dem geordneten Bildungsbürgerhaushalt bewunderte den Mann, der als politischer Flüchtling von Norwegen aus die Nazis aktiv bekämpft hatte und der seiner Herkunft wegen von der Union diffamiert wurde. Heute noch ist spürbar, wie tief er den Verlust empfindet: »Diese Großzügigkeit, diese Souveränität, der Humor, der nachsichtige Humor, mit dem er Menschen eingeschätzt und behandelt hat, seine außerordentliche Zurückhaltung bei der Beurteilung von Menschen, im Gegensatz zu Helmut Schmidt, der immer sehr klare Urteile hatte.«

Willy Brandt war für Eppler besonders in den achtziger Jahren, als er erprobte, ob das möglich sei, Einfluss zu gewinnen ohne formale Macht zu haben, die entscheidende Leitfigur. Warum, das hat er in »Komplettes Stückwerk« so beschrieben: »Brandt war Brandt, mit oder ohne Amt. Diese Gelassenheit schaffte Vertrauen. Man brauchte ihn. Die Macht kam zu ihm. Und niemand übte seine Macht behutsamer aus als er.«

KAPITEL 11

Als die Pershings kamen

Gespräch über Helmut Schmidt oder:
Wie aus Respekt Feindschaft werden kann

Wenige Wochen nach Willy Brandts Rücktritt haben Sie das Kabinett Schmidt verlassen. Herrschte von Anfang an Feindseligkeit zwischen Ihnen beiden?

E. E.: Nein, das war am Anfang sogar Zuneigung und ein sehr großer Respekt. Ich hielt Helmut Schmidt für einen exzellenten Chef der Bundestagsfraktion und er hat mich zu einem der außenpolitischen Sprecher gemacht. Er war gar nicht erbaut davon, als Willy Brandt mich in die Regierung holte, weil er glaubte, er brauche mich in der Fraktion. Und ich habe seine vielen Begabungen bewundert. Er hatte eine ungeheuer schnelle Auffassungsgabe, ein sehr ausgedehntes Fachwissen auf verschiedenen Gebieten, vom Militär über die Ökonomie bis zu den Staatsfinanzen. Und er hatte ein unglaubliches Maß an Detailkenntnis. Natürlich habe ich seine rhetorischen Fähigkeiten und seine Souveränität als Redner bewundert. Noch in der Regierung Brandt, wo wir ja beide Minister waren, haben wir uns eigentlich immer gut verstanden und gelegentlich auch zusammengearbeitet. Vor allem, wenn es um Karl Schiller ging, der uns beiden gelegentlich in die Suppe spuckte.

Aber dann wurde es schwierig zwischen Ihnen. Lange schon vor der Nachrüstungsdebatte. Es ging damals wohl um Staatsschulden und Steuerpolitik?

E.E.: Ja, aber das war die Folge einer anderen Differenz. Ich habe ja schon dargestellt, wie ich mich verändert habe, zu einem ökologischen Bewusstsein gekommen bin. In den sechziger Jahren gab es das nicht und da stand das auch nicht zwischen Helmut Schmidt und mir. Dass unser Verhältnis sich geändert hat, und da hat der Helmut Schmidt sicher recht, hängt nicht damit zusammen, dass er sich verändert hat, sondern ich. Ich kam da plötzlich mit Gedanken an, die weder er noch ich Jahre zuvor hatten. Und er fand das sehr befremdlich und hat das in Kategorien eingestuft, die ein Gespräch sehr schwierig machten. Er kam auf die Idee, ich sei im Sinne von Max Weber ein Gesinnungsethiker und er ein Verantwortungsethiker. Dabei habe ich nur meine Verantwortung räumlich und zeitlich anders definiert, räumlich war durch die Entwicklungsländer ein anderer Horizont entstanden und zeitlich durch die Ökologie: Was wird in zehn Jahren mit diesem Land, wenn wir nicht... usw. Das war die erste Barriere, die entstand und die wir nie überwinden konnten. Die zweite Barriere war: Er verachtete, man kann fast sagen, hasste diese aufbegehrenden Studenten. 1968 war für ihn der Ausbruch mittelständischer Langeweile und politischen Unverstands. Und er brachte meinen Bewusstseinswandel, den es ja wirklich gab, in diesen Zusammenhang und sagte: Jetzt ist der denen auch auf den Leim gegangen. Und das war für ihn ganz schlimm.

Wie konnte es passieren, dass Sie sich in der Nachrüstungsdebatte als Gegner gegenüberstanden, obwohl Sie sich als ehemalige Kriegsteilnehmer in der Bewertung von Krieg und Frieden doch nahe waren?

E.E.: Ja und wir waren beide keine Pazifisten im grundsätzlichen Sinne. Und beide wollten wir den Frieden erhalten. Das habe ich nie bezweifelt, dass Schmidt seine Politik als Friedenspolitik verstanden hat. Ich glaube, die entscheidende Differenz lag in der

Einschätzung der sowjetischen Macht. Schon seit den frühen sechziger Jahren, spätestens seit der Kuba-Krise, war ich der Meinung, die Sowjetunion ist dem Westen auch militärisch unterlegen und wird einen Krieg deshalb auch nicht wagen. Das heißt, ich dachte aus einer Position der Stärke heraus, wenn man so will, wir sind denen ökonomisch und technologisch überlegen. Ich hatte da keine Angst. Und als nun diese sogenannten SS 20 stationiert wurden, die ja der Anlass dieser ganzen Debatte waren, als die Sowjetunion ihre uralten Mittelstreckenraketen verschrottete und neue, sehr viel stärkere, modernere mit drei Sprengköpfen stationierte, da hat Schmidt anders reagiert als ich.

Schmidt hat, das hat er immer wieder gesagt, gefürchtet, die Sowjetunion würde ein Erpressungspotenzial aufbauen. Er hat nie gesagt, die wollen schießen, aber er war der Meinung, die wollten die Möglichkeit haben, Europa zu erpressen. Und ich habe gesagt, die wissen ganz genau, dass sie das nicht können. Die überdrehen. Darin waren wir sogar einer Meinung. Beim Spekulieren über die sowjetischen Motive und militärischen Möglichkeiten waren wir dann wieder uneinig. Ich glaubte und glaube bis heute, die hatten Angst, ihren Weltmachtstatus zu verlieren. Sie wollten wenigstens im Bereich der Rüstung Parität haben. Und wenn sie schon solche Raketen haben, dann stationieren sie so viele wie möglich, um deutlich zu machen: Wir sind auch eine Weltmacht. Das war eine unterschiedliche Einschätzung, die beruhte auf einer verschiedenen Einschätzung der Gesamtkräfte zwischen Ost und West.

War der Nato-Doppelbeschluss dann nicht eine sinnvolle Methode, auszuloten, wie weit die Sowjetunion gehen würde?

E.E.: Der Gedanke des Doppelbeschlusses, nämlich zu sagen, wir stationieren nur, wenn bei Verhandlungen nichts herauskommt, war gar nicht schlecht. Ich hielt diesen Gedanken zunächst sogar für bestechend. Leider konnte das nicht funktionieren, weil sich Amerika inzwischen verändert hatte. Der Jimmy Carter wollte eigentlich keine Nachrüstung. Er war der Meinung, die sowjetischen Mittelstreckenraketen seien alle von seinen Langstreckenraketen abgedeckt. Aber dann kam Reagan. Für ihn und seinen Verteidigungsminister Weinberger war die Stationierung der Pershings in Deutschland viel wichtiger als der Abbau der SS 20. Mit den Pershings waren sie sehr viel näher an der Sowjetunion, konnten mit sehr kurzer Vorwarnzeit die Zentren der Sowjetunion zerstören.

Jedenfalls, als die Reagan-Regierung mit dieser ganz anderen Strategie verhandelte, war mir klar, dass dabei nichts herauskommen wird. Es ist ja auch nichts dabei herausgekommen. Ich sage das so ausführlich, um klar zu machen: Hier stand nicht auf der einen Seite der Pazifist und auf der anderen Seite der Bellizist, sondern hier waren zwei Leute, die politisch denken gelernt hatten, aber zu unterschiedlichen Einschätzungen kamen.

Wer hat also gewonnen, wer hat verloren in dieser Auseinandersetzung?

E.E.: Wer mich so fragt, dem würde ich erst einmal antworten, dass Weltgeschichte nicht stattfindet, damit nachher jemand sagen kann, ich habe recht gehabt. Heute denke ich, diese Nachrüstung war a) nicht so gefährlich, wie ich gemeint habe, und b) sicher nicht so notwendig, wie Helmut Schmidt gemeint hat.

Damals eskalierte der Konflikt zwischen Ihnen beiden. Helmut Schmidt wollte Sie sogar aus der Partei ausschließen lassen. Da muss wohl schon vorher einiges an Unmut gewesen sein?

E.E.: Das persönliche Verhältnis zu Helmut Schmidt ist dadurch getrübt worden, dass er am 4. Juli 1974, also an dem Tag, an dem ich ihm im Kabinett meine Rücktrittserklärung übergeben hatte, Journalisten einlud und denen sagte: »Jetzt habe ich ihn rausgeworden.« Das empfand ich als einen Versuch, auch noch meine Biografie zu schreiben.

Die sachliche Auseinandersetzung lief zuerst einmal bei Fragen der Ökologie. Und dann kam die Auseinandersetzung über die Raketen dazu. Ich habe mich auf die Seite der Friedensbewegung geschlagen und habe an der berühmten Kundgebung am 10. Oktober 1981 im Bonner Hofgarten teilgenommen. Ich habe dort gesprochen und betont, dass auch Helmut Schmidt nichts anderes als den Frieden will. Aber Schmidt empfand meinen Auftritt als Illoyalität. Das war wohl der Anlass für seine Forderung, mich aus der Partei zu entfernen, die übrigens nie bis zu mir gelangte, sondern die von Willy Brandt abgefangen wurde. Ich habe mit Brandt, ehrlich gesagt, nie darüber geredet. Es lag ja in der Luft bei dieser Polarisierung der Partei, dass der Ausschluss des Sprechers von manchmal vierzig Prozent der Parteimitglieder (ohne die Loyalität zum Kanzler wären es wohl noch mehr gewesen) Folgen gehabt hätte. Ein beträchtlicher Teil der Partei, und gerade der Aktiven in der Partei, wäre dann wohl mitgegangen.

Der linke Flügel der SPD unter Erhard Eppler habe den Kanzler demontiert, sagen konservative Sozialdemokraten. Und diese Leute hätten deshalb sechzehn Jahre Kohl zu verantworten. Was antworten Sie auf solche Vorwürfe?

E.E.: Na ja, ich habe das auch gehört. Was die Demontage des Kanzlers angeht: Ich habe in diesen acht Jahren zwischen meinem Rücktritt und dem Ende der Regierung Schmidt niemals Helmut Schmidt persönlich angegriffen. Alle meine Äußerungen gingen durch einen Filter: Ist das für die Opposition brauchbar? Der Filter hat immer funktioniert. Für mich zeichnete sich das Ende der sozialliberalen Koalition im Juni 1982 nach den Wahlen zur Bürgerschaft in Hamburg ab. Damals sind die Grün-Alternativen mit über 7 Prozent in die Bürgerschaft gewählt worden. Die SPD hatte gewaltig abgenommen und konnte in Hamburg, wo sie oft die absolute Mehrheit gehabt hatte, auch mit der FDP zusammen keine Regierung mehr bilden. Von da an habe ich Genscher beobachtet. Bis heute bin ich überzeugt davon, dass Genscher sich damals gesagt hat, wenn das in Hamburg nicht mehr geht, dann geht es im Bund ganz sicher nicht mehr. Und bald danach gab es diesen berühmten Brief des Grafen Lambsdorff, in dem er praktisch eine marktradikale, neoliberale Wirtschafts- und Sozialpolitik forderte. Ganz sicher wusste er, dass Schmidt auf diese Forderungen nicht eingehen konnte. Für mich gibt es zwei Gründe für das Ende der sozialliberalen Koalition. Sie hat in der Rüstungsauseinandersetzung an Zustimmung bei den Wählern verloren. Und dann war es das erste Aufflackern marktradikaler Ideen, das von Genscher genutzt wurde, um den Absprung plausibel zu machen.

Was wäre wohl passiert, wenn Helmut Schmidt und Sie nicht gegeneinander, sondern miteinander gearbeitet hätten?
E.E.: Das ist natürlich eine sehr irreale Frage. Ich fürchte, hier sind zwei Denkschulen aufeinander geprallt. Helmut Schmidt fand immer die sechziger Jahre fast ideal. Geordnete Verhältnisse, ich meine bis 1968, hohes Wirtschaftswachstum, starke Gewerkschaften. Der Laden lief, und er lief gut. Und deshalb musste er für Hirngespinste halten, was mich umtrieb, nämlich die Frage nach Erhalt oder Zerstörung unserer natürlichen Lebensgrundlagen. Einen Widerstand gegen die Nachrüstung hätte es in Deutschland selbstverständlich auch ohne mich gegeben. Heute denke ich, unsere Auseinandersetzungen hatten etwas Zwangsläufiges.

Haben Sie nach Ihrem Rücktritt aus dem Kabinett noch einmal miteinander gesprochen?
E.E.: Ich habe mit Helmut Schmidt nach meinem Rücktritt zwei Mal und zwar immer vor Parteitagen jeweils vier Stunden gespro-

chen. Beide Male im Kanzleramt. Er hinter seinem Schreibtisch und ich auf einem Stühlchen davor. Auch in vier Stunden war es einfach nicht möglich für mich, verständlich zu machen, was ich meinte. Das mag jetzt arrogant klingen, aber ich habe umgekehrt Helmut Schmidt immer verstanden, und zwar einfach deshalb, weil seine Denkweise bis etwa 1970 auch meine Denkweise war. Es ist mir nie gelungen, ihm klar zu machen, dass ich nie in meinem Leben ein prinzipieller oder religiöser Pazifist gewesen bin. Richtig ist, dass da, wo wir zusammen aufgetreten sind, dies erfolgreich war. Im baden-württembergischen Wahlkampf 1980 gab es nur zwei große Veranstaltungen mit Helmut Schmidt, die eine war in Mannheim, die andere in Crailsheim. Und in beiden Orten, das gilt vor allem für das kleinere Crailsheim mit seinem bäuerlichen Umland, hat die Partei deutlich besser abgeschnitten als im Durchschnitt.

Können Sie sich vorstellen, heute, beide altersweise, noch einmal miteinander zu reden?
E.E.: Wenn Helmut Schmidt mich einladen würde, dann würde ich selbstverständlich kommen. Aber ich kann ihn nicht einladen.

Als die Pershings kamen

Es ist von heute her gesehen schwer verständlich, wie besorgt, geradezu hysterisch die Stimmung in Deutschland während der Nachrüstungsdebatte war. Hunderttausende demonstrierten im Bonner Hofgarten oder bildeten Menschenketten quer durch die Republik, um ihre Angst vor den russischen SS 20 und den amerikanischen Pershings auszudrücken. Bei abendlichen Diskussionen im Freundeskreis spielten Begriffe wie »Vorwarnzeiten« oder »der begrenzt führbare Atomkrieg« eine Rolle. Die einen

Ein Bild wie aus dem »Who is Who« der deutschen linken Intellektuellen jener Zeit: Auf der Bonner Hofgartenwiese von links nach rechts: Erhard Eppler, Uta Ranke-Heinemann, die Tochter Gustav Heinemanns, William Borm, FDP, Heinrich Albertz, Heinrich Böll, Robert Jungk

fürchteten den »Atomkrieg aus Versehen«, andere die »Russen am Rhein«. Die Mehrheit aber wehrte sich grundsätzlich gegen die Stationierung der amerikanischen Pershing II-Mittelstreckenraketen in Süddeutschland, wollte Ab- statt Aufrüstung. »Mutlangen«, der Name eines schwäbischen Dorfes in der Nähe von Stuttgart, wurde zum Symbolbegriff für alles, was man nicht mehr wollte: die Atomraketen auf deutschem Boden, die Chemiewaffen und all die anderen Waffen, die zur Theorie des »Gleichgewichts des Schreckens« gehörten.

Eine ganze Generation ist inzwischen herangewachsen, die Begriffe wie Kalter Krieg, Ost-West-Konflikt, Warschauer Pakt nur noch aus Büchern zur Zeitgeschichte kennt oder durch Fernsehdokumentationen zu bestimmten Schlüsseldaten.

Erhard Eppler in einer Diskussion mit Robert Jungk zu dessen Buch »Menschenbeben« in den Zeiten der Friedensbewegung.

Es ist schwierig, heute zu erklären, warum der Aufruhr gerade über den Nato-Doppelbeschluss so groß war. Immerhin hatten die Deutschen bei anderen großen Bedrohungen in den Jahren und Jahrzehnten zuvor Ruhe bewahrt: Bei der Kuba-Krise, beim Einmarsch der Russen in Prag. Auch diese Krisen waren ja brandgefährlich gewesen. Dass Anfang der achtziger Jahre ältere Professoren, brave Pastoren, bürgerlich lebende Politiker zusammen mit jungen Leuten Straßen blockierten, um den Raketentransport zu behindern, veränderte die Republik. Es waren Menschen, die an Willy Brandts Ostpolitik glaubten, an friedliche Koexistenz, an Konferenzen und Verträge statt an Drohgebärden durch immer gefährlichere Waffen. Umringt von Fernsehkameras saßen sie auf dem Asphalt, bis Polizisten sie von der Straße trugen. In Bonn, in

Stuttgart, in Mutlangen und anderswo nahmen Menschen, die noch nicht einmal bei Rot über eine Straße gegangen wären, Gerichtsverfahren in Kauf, um gegen die Raketenstationierung zu demonstrieren. Wie war das alles zu erklären? Was war anders als bei all den Ost-West-Konflikten zuvor?

Erhard Eppler, zusammen mit seiner Frau selbst mitten im Getümmel, hat eine nüchterne Erklärung für die hochemotionale Stimmung von damals: Die Vorwarnzeit für einen Atomschlag hatte sich radikal verkürzt. Eppler hatte zwar keine Angst davor, dass eine der beiden Weltmächte bewusst einen Atomkrieg provozieren würde, fürchtete aber die Folgen von Schlamperei, technischem Versagen, der Verkettung unglücklicher Umstände. »Bis eine Interkontinentalrakete von den Vereinigten Staaten in Moskau einschlug, das dauerte beinahe eine halbe Stunde. Und in dieser halben Stunde konnte man herausfinden, ob da wirklich etwas im Gang war oder ob da ein Apparat verrückt gespielt hat. Während das bei den Pershings nur noch sechs oder sieben Minuten dauerte zwischen Abschuss und Einschlag.«

Viele Menschen schliefen schlecht in jenen Jahren, weil sie die Gefahr einer Vernichtung Europas aus Versehen für möglich hielten. Es waren Menschen jeden Alters und Milieus, die sich an den Massenprotesten beteiligten. Ihre Symbolfiguren waren Willy Brandt, der um seine Ostpolitik fürchtete, und Erhard Eppler. Führende Rollen bei der Organisation des Widerstands spielten kirchlich geprägte Friedensgruppen, linke politische Gruppierungen, Gewerkschaftsmitglieder, also Menschen aus sehr unterschiedlichen gesellschaftlichen Bereichen, die kampagnenerfahren waren, die zuvor schon gegen Umweltzerstörung, Apartheid-Politik oder den Bau von Atomkraftwerken rebelliert hatten. Was neu war, das war das Engagement so vieler prominenter Wissenschaftler, Künstler, Intellektueller und Politiker. An den Sitzblockaden beteiligten sich besonders viele Ältere, die noch selbst erlebt hatten,

Heiß waren in Mutlangen nicht nur die Diskussionen. Erhard Eppler im Kreis junger Nachrüstungsgegner.

was Krieg bedeutet, und bei den Menschenketten hielten Großeltern ihre kleinen Enkel an der Hand.

Willy Brandt hat sich erst nach der Abwahl Helmut Schmidts 1982 offen an den Protesten beteiligt. »So lange Schmidt Kanzler war, hat er immer die offizielle Linie des Kanzlers unterstützt. Vielleicht nicht mit letzter Leidenschaft, aber er war da wirklich ein Parteisoldat.«

Noch dreißig Jahre später grollte Helmut Schmidt in einem Interview in der »Zeit« über die Friedensbewegung, die ihm das Regieren vor allem in den letzten beiden Jahren so schwer gemacht hat: »Die haben nicht gut hingehört und waren komplizierten Gedankengängen nicht sonderlich zugetan. Sie waren emotional.«

Der Theologe Volkmar Deile war in jener Zeit Geschäftsführer der Aktion Sühnezeichen, von 1990 bis 1999 dann Generalsekretär der deutschen Sektion von Amnesty International. Er hat später über diese Ausnahmezeiten geschrieben – und darüber, wie viel Feindseligkeit Erhard Eppler teilweise aus der eigenen Partei entgegenschlug. Horst Ehmke zum Beispiel las aus der Rede im Oktober 1981 im Bonner Hofgarten »eindeutig neutralistische, linksnationalistische und antiamerikanische Untertöne«. »Ziemlicher Unsinn«, schrieb Deile, einer der Organisatoren jener Kundgebung, Jahre später. Nach seiner Einschätzung hatte Eppler die schwierigste Rede zu halten, »und er hat die Aufgabe brillant gelöst. Er hat ein Selbstverständnis sozialer Bewegungen formuliert, das gültig geblieben ist«. Die entscheidenden Sätze der Hofgarten-Rede lauteten:

»Daher muss das eine Bewegung sein der Mutigen, nicht der Ängstlichen. Der Diskutierenden, nicht der Schreienden. Der Selbstkritischen, nicht der Arroganten. Der einfallsreich Agierenden, nicht der stumpf Parierenden. Der Friedlichen, nicht der Gewalttätigen. Der Fröhlichen, nicht der Fanatischen. Der Liebenden, nicht der Hassenden.«

Nun war das in jenen Monaten der Pershing-Stationierungen so erinnern sich viele derer, die dabei waren, nicht eine von der »German Angst« getriebene Bewegung. Es war im Gegenteil ein trotziger Aufstand der Bürger, die nicht Untertanen sein, sondern über ihr Schicksal mitentscheiden wollten. Wer sich alte Fotos anschaut von den Sitzblockaden, hat nicht nur ein Who is Who der linken und linksliberalen Intellektuellen Deutschlands vor sich, sondern er sieht in fröhliche Gesichter. Lächelnd lassen sich grauhaarige, im normalen Leben ernsthafte und angesehene Männer und Frauen von der Straße tragen. So ein bisschen Räuber-und-Gendarm-Stimmung lässt sich aus den Bildern ebenfalls herauslesen.

Auch Erhard Eppler lacht, wenn er zurückdenkt an diese Zeit, als Anzugträger in dicken Pullovern und Parkas vor Zelten saßen.

Der 10. Oktober 1981. Erhard Eppler redet auf der Bonner Hofgartenwiese vor weit über hunderttausend Gegnern der Raketenstationierung. Er wurde damals endgültig zur Symbolfigur der Friedensbewegung.

»Ja, ja, es war auch für mich nicht die gewohnte Atmosphäre. Es gab ja in diesen einzelnen Zelten das sogenannte Konsens-Prinzip. Es wurde so lange diskutiert, bis alle einig waren. Und wenn man nicht einig war, dann passierte eben nichts. Mir war schon klar, dass ein solches Prinzip für die Regierung einer Demokratie nicht ganz geeignet war, aber ich habe mitgespielt. Das war eine spannende und fröhliche Truppe.« Für ihn zeigte sich bei den Sitzblockaden eine funktionierende Demokratie – auf beiden Seiten. »Die Friedensbewegung hat das staatliche Gewaltmonopol voll respektiert. Das heißt, wenn man weggetragen wurde, dann wurde man eben weggetragen und hat sich nicht gewehrt. Die Polizei hatte das Recht, den Platz zu räumen. Umgekehrt wusste die Polizei, wir dürfen die Leute wegtragen, aber wir dürfen sie auf keinen Fall verletzen.«

Anders war das bei den juristischen Folgen, die viel Empörung im Lande auslösten. 2999 Mutlangen-Blockierer wurden festgenommen und wegen Nötigung angezeigt. In Fließbandverfahren vor dem zuständigen Amtsgericht Schwäbisch Gmünd wurden sie zu Geldstrafen von zwanzig Tagessätzen verurteilt. »Meine Frau wurde angeklagt und verurteilt, weil sie mit dem Hinterteil, mit dem sie auf der Straße saß, Gewalt ausgeübt haben soll«, spottet Eppler. Warum er nicht angeklagt wurde, ist ihm ein Rätsel geblieben. Erst Jahre später wurde der Rechtsfrieden wieder hergestellt: Das Bundesverfassungsgericht hat alle Urteile als verfassungswidrig kassiert.

In Mutlangen erinnert nichts mehr an die Zeit, als dort die Pershings aufgestellt und 1990 wieder abgebaut wurden, als in den Friedenscamps Heinrich Böll und Uta Ranke-Heinemann, Otto Schily und Walter Jens, Dorothee Sölle und Norbert Greinacher die Staatsmacht herausforderten. Heute ist dort, wo einst das Atomwaffenlager streng bewacht wurde, ein Neubaugebiet.

Was bleibt für Eppler beim Blick zurück auf jene hoch emotionalisierten Monate und Jahre? »Mir hat sich die keineswegs fanatische Stimmung eingeprägt. Es herrschte sogar fröhliche Dankbarkeit dafür, dass man in einem Staat lebte, in dem man auf diese Weise seine Meinung kundtun konnte. Es war eine erfreuliche Manifestation von gelebter Demokratie.«

KAPITEL 12

Orientierung über den Tag hinaus

Gespräch über Grundwerte und Programme

Wie schreibt man ein Parteiprogramm?

E.E.: Die Sozialdemokratie ist eine Partei der demokratischen Linken, die etwas verändern will. Wenn eine Partei aber etwas verändern will, dann muss sie sagen, was sie verändern will, warum sie es verändern will, in wessen Interesse sie es verändern will, zu welchem Zweck sie es verändern will, mit welchen Mitteln und welchen Verbündeten sie es verändern will. Und wenn man darüber sauber Rechenschaft ablegt, dann schreibt man ganz aus Versehen ein Grundsatzprogramm.

Wo sind die Fallen, was kann man falsch machen?

E.E.: Man muss erst einmal wissen, was man erreichen will und was man vermeiden will. Ein Grundsatzprogramm kann so abstrakt und so im schlechten Sinne idealistisch werden, dass die Grundsätze, die darin stehen, so hoch angesetzt sind, dass jeder bequem unten durch kommt. Dass also dieses Programm von vornherein nicht als Handlungsanleitung, sondern als Dekoration verstanden wird. Und ein Programm kann natürlich auch so realitätsnah sein, dass es rasch veraltet, weil die Realität sich rasch ändert und weil es dann nicht mehr zum Handeln anspornt. Das heißt, ein Programm ist dann gut, wenn eine wirkliche Spannung entsteht zwischen dem, was ist und dem, was sein soll.

Welches Programm der SPD kommt diesen Ansprüchen am nächsten?

E.E.: Das war wohl das Godesberger Programm, wo der Abstand zwischen Realität und Soll stark reduziert worden ist gegenüber dem Heidelberger Programm von 1925, weil man wirklich etwas anfangen konnte mit dem Satz: »Sozialismus ist eine dauernde Aufgabe, Freiheit und Gerechtigkeit zu erkämpfen, sie zu bewahren und sich in ihnen zu bewähren.« Das war auf der einen Seite grundsätzlich genug, es war werthaltig, aber es war auch praktizierbar.

Seit ihrer Gründung ist die SPD – anders als andere Parteien – eine Programmpartei. Wie kam das?

E.E.: Die SPD war ja die erste Partei in Deutschland, die nicht begann mit Parlamentsfraktionen, die sich dann nachträglich eine Organisation geschaffen haben. So war das bei den Liberalen zum Beispiel. Die SPD entstand aus Gruppierungen, die sich in den großen Städten gebildet haben, vor allem in den Industriestädten. Diese Gruppierungen wurden schließlich so stark, dass sie Abgeordnete ins Parlament durchbrachten. Und das zweite ist: Die SPD wollte ja sehr vieles verändern. Sehr viel mehr als die Liberalen, auch mehr als die Linksliberalen und mehr als das katholische Zentrum. Und deshalb brauchte sie ein Programm.

Wurde von Anfang an heftig gestritten um die Programme?

E.E.: Es gab harte Auseinandersetzungen um das Erfurter Programm, bis es endlich stand. Und in diesem Erfurter Programm von 1891 gab es auch einen ganz eigentümlichen Kompromiss. Da gab es einen ersten Teil mit marxistischer Analyse, der klar machte, dass der Kapitalismus zum Untergang verdammt war, und dann gab es einen zweiten Teil, in dem beschrieben wurde, was man alles verbessern musste und wollte im Kapitalismus –

und da ließe sich hinzufügen: um ihn überleben zu lassen. Diese Spannung ist ja erst durch Godesberg wieder aufgelöst worden.

Waren diese Programme Leitplanken für eine Partei, die ja vom Sozialistengesetz Bismarcks bis zur Verfolgung in der Nazizeit erstaunlich viele dramatische Zeiten überlebt hat?

E.E.: Ich weiß natürlich nicht, ob die Sozialdemokraten zu Beginn des zwanzigsten Jahrhunderts das Erfurter Programm besser im Kopf hatten als die Sozialdemokraten 1970 das Godesberger Programm. Ich glaube, da muss man vorsichtig sein. Aber Programm hin oder her: Es gab programmatische Vorstellungen. Es gab Ziele, Hoffnungen, auch Träume, die vielleicht so gar nicht im Programm standen, die die Genossen aber aus dem Programm abgeleitet haben und die sie in der frühen Zeit motiviert haben. Dazu kam noch der Glauben, dass es nach Marx ein Geschichtsgesetz ist, dass der Kapitalismus irgendwann abgelöst wird durch eine ganz neue Ordnung. Das hat viele Sozialdemokraten, etwa während der Zeit der Sozialistengesetze Bismarcks, aber auch während der Verfolgung im NS-Staat dazu gebracht, stolz zu sagen: Ihr könnt machen, was ihr wollt, aber auf Dauer sind wir es, die Geschichte bestimmen.

Die SPD hat immer wieder die Kraft gefunden, sich zu verändern. Weil sie über die Gegenwart und die Zukunft diskutiert hat? Und damit, vielleicht indirekt, Programmschwerpunkte formuliert hat?

E.E.: Ja natürlich. Ich meine, die Sozialdemokraten hatten ihre Maßstäbe und haben die Wirklichkeit an diesen Maßstäben gemessen und wollten sie nach diesen Maßstäben umgestalten. Das wollen sie im Grunde heute noch. Und diese Maßstäbe haben sich in den hundertfünfzig Jahren SPD-Geschichte gar nicht so sehr geändert.

Orientierung über den Tag hinaus

Im Herbst 2009 hielt Erhard Eppler auf dem Dresdner Parteitag der SPD eine bemerkenswerte Rede. Das zu diesem Zeitpunkt genau fünfzig Jahre alte Godesberger Programm, für ihn das wichtigste der SPD im zwanzigsten Jahrhundert, und seine Wirkung bis in die Gegenwart war eines seiner Themen. Einer der zentralen Sätze in diesem Programm lautet für ihn: »Freiheit und Gerechtigkeit bedingen einander.« Damals, als junger Delegierter in der Godesberger Stadthalle, hielt er diesen Satz für etwas deplatziert. Das war seiner Meinung nach kein Programmsatz, sondern Philosophie. Heute aber leben zahllose Menschen in einer Arbeitswelt, aus der die Gerechtigkeit verschwunden ist, und die Folge ist Freiheitsverlust. Oder das Thema Chancengerechtigkeit in der Bildung: Sie schwindet, und damit auch die Freiheit, sich später nach den eigenen Fähigkeiten und Wünschen in einem Beruf verwirklichen zu können. Oder Gerechtigkeit gegenüber Paaren, die Kinder haben oder Kinder haben möchten. Sie fühlen sich ungerecht behandelt gegenüber den Kinderlosen, und damit wird ihre Freiheit, mit oder ohne Kinder zu leben, stark eingeschränkt. Sie bezahlen die Freiheit der Entscheidung für Kinder mit finanzieller Ungerechtigkeit. Also ist dieser Satz aus dem Godesberger Programm, obwohl nun mehr als fünfzig Jahre alt, politisch aktueller denn je. Das zeigt, wie langlebig ein durchdachtes, mutiges, sorgfältig formuliertes Parteiprogramm sein kann.

In diesem kleinen Sätzchen »Freiheit und Gerechtigkeit bedingen einander« steckt für Eppler die ganze sozialdemokratische Philosophie: »Wir sind der Überzeugung, dass mehr Gerechtigkeit auch mehr Freiheit bedeutet. [...] Und umgekehrt: Weniger Gerechtigkeit bedeutet – das hat die Arbeiterbewegung am eigenen Leibe erfahren – weniger praktizierbare Freiheit. Der Kündigungsschutz mag die Dispositionsfreiheit des einen oder anderen Unternehmers, der gerne ›Hire and Fire‹ machen möchte, einschränken. Aber er erhöht die Freiheit des jungen Paares, das sich überlegt, ob es Kinder haben und eine Familien gründen soll.«

Im Hamburger Programm von 2007, fast ein halbes Jahrhundert nach Godesberg, wird dieser Gedanke fortgeführt und konkretisiert: »Unser Verständnis der Grundwerte bewahrt uns davor, Freiheit auf die Freiheit des Marktes, Gerechtigkeit auf den Rechtsstaat und Solidarität auf Armenfürsorge zu reduzieren.« »Merkt ihr«, so Eppler an die Delegierten in Dresden, »so wird aus Grundwerten praktische Politik.«

Es war Willy Brandt, der begriffen hatte, dass es für seine SPD notwendig ist, Grundsatzfragen kontinuierlich zu behandeln, dass es in komplizierten, immer schnelllebiger werdenden Zeiten nicht genügt, alle paar Jahrzehnte kluge Menschen ein neues Parteiprogramm schreiben zu lassen. Er wollte einen Prozess in Gang setzen, Politiker, kreative Denker und Wissenschaftler aller Parteiflügel zusammen bringen, um die wichtigen Fragen der Zeit kontinuierlich zu diskutieren. Ein neues Programm, veränderten Zeiten angepasst, hatte für Willy Brandt, da war er sich völlig einig mit Erhard Eppler, nicht am Anfang, sondern am Ende eines solchen Diskussionsprozesses zu stehen. Und so wurde in den siebziger Jahren die Grundwertekommission unter dem Vorsitz von Erhard Eppler eingerichtet. Keine andere Partei leistete sich etwas Vergleichbares.

Man muss sich zurück erinnern an die siebziger Jahre. Die SPD war eine tief gespaltene Partei, für Eppler »in einer Weise polarisiert wie selten vorher und wie ich glaube nie mehr später«. Die eine Gruppierung um Bundeskanzler Helmut Schmidt war stark gewerkschaftlich und wirtschaftspolitisch geprägt und verstand ihre Rolle in erster Linie als Unterstützung für die Regierung Helmut Schmidts. Auf der anderen Seite gab es einen stark ökologisch, friedenspolitisch, feministisch geprägten Parteiflügel, zu dem sich besonders aufmüpfige (und durch den Radikalenerlass frustrierte) Mitglieder zählten, von den Jusos bis zu Kirchenleuten. Die jungen Politiker dieses Flügels drängten ungeduldig auf eine andere Politik in Kommunen, Ländern und im Bund und beriefen sich dabei auf Willy Brandt und Erhard Eppler. Es dürfte kein Zufall gewesen sein, dass viele Protagonisten dieses linken Flügels in den siebziger Jahren aus Baden-Württemberg kamen, wo Erhard Eppler SPD-Landesvorsitzender war. Diese beiden Flügel strebten immer stärker auseinander, Beobachter von außen hatten wirklich oft das Gefühl, es mit (mindestens) zwei Parteien zu tun zu haben.

In dieser Situation war die neue Grundwertekommission geradezu überfrachtet von Erwartungen: Sie sollte integrierend wirken, sie sollte nach vorne denken, völlig tabulos diskutieren und dennoch genug Disziplin haben, um nicht aus den Augen zu verlieren, dass die Ergebnisse der Debatten irgendwann in ein neues Parteiprogramm einfließen sollten.

Für Erhard Eppler, gerade zurückgetreten als Bundesminister, war es eine wunderbare Arbeit mit Menschen, die teilweise völlig andere Ansichten hatten als er, ihm aber intellektuell ebenbürtig waren. Heute noch gerät er bei der Erinnerung an diese Jahre für seine Verhältnisse geradezu ins Schwärmen. Zum Beispiel über Rix (Richard) Löwenthal, seinen Stellvertreter im Vorsitz der Kommission. Der hoch angesehene Politikwissenschaftler, Professor in Berlin, war als Flüchtling in London der Exil-SPD beigetreten und galt als einer der bedeutenden Theoretiker der deutschen Linken. Für Erhard Eppler war er »der intellektuelle Sprecher der SPD-Rechten, vielleicht sogar der einzige intellektuelle Sprecher dieser Gruppierung.« Eppler hatte vor der Kommission erklärt: Es gibt keine Veröffentlichung aus der Grundwertekommission ohne Zustimmung von Rix Löwenthal. »Er war nicht nur ein kluger Mann, sondern auch ein höchst anständiger. Er fühlte sich herausgefordert, das zu diskutieren und ernst zu nehmen, was aus seiner Sicht von links kam, also zum Beispiel die neuen ökologischen Gedanken, denen er ursprünglich verständnislos gegenüber stand.«

Weder vorher noch nachher in seinem Leben habe er so faszinierende Diskussionen erlebt wie in der Grundwertekommission. »Das war ein Traumteam«. Iring Fetscher, der exzellente Marxismuskenner, war dabei, Susanne Miller, die kluge Historikerin, von allen geliebt in der SPD, die schon an der Formulierung des Godesberger Programms mitgewirkt hatte. »Mit großer Bescheidenheit aber erstaunlicher Autorität hat sie historische Kontinuität garantiert.« Im Gedächtnis geblieben ist Eppler neben vielen anderen der Kirchenhistoriker Günther Brakelmann, in der Kommission zuständig für die protestantische Ethik, »aber auch für das Denken des Ruhrkumpels. Er kam ja aus Bochum.« Und dessen Freund von der anderen christlichen Fraktion, Heinz Rapp vom Zentralkomitee der deutschen Katholiken. Zeitweise dabei war auch Gesine Schwan. »Die mochte ich sehr, obwohl sie Hans-Jochen Vogel und mich so attackiert hat in der Öffentlichkeit, dass wir wie kommunistische Mitläufer dastanden.«

Ein herrschaftsfreier Diskurs sei das gewesen. Jeder habe auf jeden geachtet und jeder sei auf jeden eingegangen. Niemand wollte einfach nur Recht haben, alle wollten der Wahrheit näher kommen und fanden trotz unterschiedlichster Standpunkte schließlich gemeinsame Formulierungen.

Heinz Rapp hat später einmal aufgeschrieben, mit welchen Themen, die heute aktueller sind denn je, sich die Grundwertekommission schon in den Siebzigern und den frühen Achtzigern beschäftigte:

»Arbeit-Technik/Produktivität – Arbeitslosigkeit. Nachhaltigkeit in Ökonomie und Ökologie. Wachstum und Lebensqualität. Individualisierung – Solidarität – Gemeinwohl. Soziale Gerechtigkeit und wirtschaftliche Effizienz. Globalisierung der Wirtschaft und Reichweite nationaler Politik. Aufgaben und Grenzen des Staates. Frieden, Menschenrechte und Entwicklung. Sinnkrise und Zukunftsorientierung. Kultur im Umgang der Menschen mit Menschen und der Menschen mit der Natur und den Sachen.«

»Sauerteig« seien sie gewesen, hat Heinz Rapp geschrieben: »Und manches von dem, was von der Grundwertekommission in den öffentlichen Diskurs geriet, fand sich dann – mitunter nach einer Phase herabsetzender Polemik – sogar in den Texten gegnerischer Parteien wieder. Die Gedanken sind frei.«

Johano Strasser hat zwei Jahrzehnte mit Eppler in der Grundwertekommission zusammengearbeitet: »Er hat das Kunststück fertig gebracht, sehr unterschiedliche Temperamente und Positionen zusammenzuführen, ohne dabei die eigenen entschiedenen Auffassungen zu politischen Streitfragen unter den Tisch fallen zu lassen.« Die beiden werden sich öfter aneinander gerieben haben, und dennoch schreibt Strasser in Erinnerung an die Zeit in der Kommission: »Erhard Eppler war ein provozierender, manchmal lästiger, aber immer anregender Gesprächspartner, hartnäckig argumentierend, auf genauer Sachkenntnis bestehend, immun gegen den damals herrschenden neomarxistischen Jargon, mit überraschenden Blickwendungen und prägnanten Thesen uns oft mehr als einen Schritt voraus.«

Die Grundwertekommission hatte, so sieht Erhard Eppler das heute wie damals, »einen programmatischen Integrationsauftrag« von Willy Brandt, denn die SPD war eine durch Flügelkämpfe zerrissene, sprachlos gewordene Partei. »Weil das gelang, wurden wir programmfähig.« Als dann der Entwurf für ein neues Parteiprogramm vorlag – stellvertretender Vorsitzender beider Programmkommissionen war Erhard Eppler –, da war Willy Brandt schon zurückgetreten vom Parteivorsitz und Hans-Jochen Vogel sein Nachfolger.

Programmkommissionen werden ad hoc zusammengestellt. Die Arbeit war dadurch völlig anders als in dem über viele Jahre zusammengewachsenen »Traumteam« der Grundwertekommission. »Die Leute müssen sich zuerst beriechen und kennen lernen, das kann nicht so funktionieren wie in der Grundwertekommission.« Dennoch ist Eppler überzeugt davon, dass die Arbeit am so genannten »Berliner Programm« (dem der Irrseer Entwurf vorangegangen war) ganz entscheidend zur Reintegration der Partei beigetragen hat. Von 1984 bis 1989 wurde konzentriert am neuen Programm gearbeitet. Nach Brandts Ausscheiden im Jahre 1987 hatte zu Epplers Bedauern nicht, wie das eigentlich üblich war, der SPD-Parteivorsitzende Hans-Jochen Vogel den Vorsitz, sondern Oskar Lafontaine. »Der wollte das machen, und dann hat Vogel gesagt, gut, dann wirst du geschäftsführender Vorsitzender.« Zunächst fand Erhard Eppler das gar nicht übel, denn programmatisch war er in manchen wichtigen Punkten einig mit Lafontaine. Um so größer war seine Enttäuschung, als ihm schon nach wenigen Sitzungen dämmerte, dass die Diskussionsinhalte Lafontaine ziemlich egal waren. »Papiere, die als Diskussionsgrundlage dienen sollten, waren von allen gelesen worden, von Lafontaine offenkundig nicht. Der hat einfach nur das Wort erteilt und zum Schluss gesagt, so, jetzt haben wir genug. Er hat gar nicht den Versuch unternommen, etwas von dem in die Scheune zu fahren, wie wir das in der Grundwertekommission gelernt hatten.«

In seinem Buch »Komplettes Stückwerk« wird Eppler noch deutlicher. Die meisten Mitglieder der Programmkommission wollten unter Lafontaines Vorsitz nur partikulare Interessen durchsetzen, schreibt er: »Die Gewerkschafter, die Frauen, die Sozialpolitiker, die Europa-Abgeordneten, die Jungen, die Alten, die Linken, die Rechten.« Eppler hat immer wieder für Ordnung, vielleicht sogar in den Köpfen, gesorgt. Er hat darauf geachtet, dass am Ende eines oft quälenden Prozesses, der sich fünf Jahre lang hinzog, dann doch ein stringentes, knappes, lesbares Programm stand, fragte sich später allerdings: »Ob es der Mühe wert war, so viel an Nerven in diesen Sitzungen zu ruinieren, steht auf einem anderen Blatt der jüngsten Parteigeschichte. Ich hatte, vielleicht naiv, geglaubt, ein neues Grundsatzprogramm werde für die Sozialdemokratie sein, was früher Programme für die Partei bedeutet hatten. Darin sollte ich mich täuschen.«

Vielleicht war die SPD in diesen achtziger Jahren noch zu verstört über den Machtverlust, zu sehr damit beschäftigt, die Wunden zu heilen, die sich die unterschiedlichen Flügel gegenseitig geschlagen hatten. Vielleicht fehlte es vor allem durch den Rücktritt Willy Brandts an der nötigen Debattendisziplin. Dazu kam, dass sich ein ganz entscheidender Generationenwechsel abzeichnete: Von der Kriegs- und Vorkriegsgeneration hin zu den nach dem Krieg geborenen, die eher von 1968 geprägt waren als von Diktatur, Exil, Krieg und einem Land in Trümmern. Erhard Eppler sagt heute beim Blick zurück, sicher habe es der Partei in jenen späten achtziger Jahren an Debattierlust gefehlt. »Man kann nicht sagen, dass die ganze Partei scharf darauf gewesen wäre, nun ein Grundsatzprogramm zu diskutieren. Die Partei besteht eben doch aus Menschen – und das ist unvermeidlich und vielleicht auch gut so – für die zum Beispiel ganz konkrete Kommunalpolitik viel wichtiger ist als Bundespolitik.«

Für das neue Parteiprogramm hatte es einen klaren Parteitagsauftrag an die Grundwertekommission gegeben. Sie sollte prüfen, was am Godesberger Programm von 1959 nach wie vor Gültigkeit hatte und auflisten, wo sich Lücken aufgetan oder Positionen sich verändert hatten. Das geschah sehr gründlich und gewissenhaft. Und der Kommission, allen voran Erhard Eppler, fiel schnell auf, dass die ökologische Dimension völlig fehlte. Das Thema gab es 1959 noch gar nicht. Epplers Ziel in der Programmarbeit wurde nun, die alte Arbeiterbewegung und die neue Ökologiebewegung zusammenzuführen und das Programm und damit die Partei mehrheitsfähig zu machen.

Doch innerhalb der SPD hat das Berliner Programm nie eine große Rolle gespielt und das hat verschiedene Gründe: Einmal war in jenem Dezember 1989, als es in Berlin auf einem Programmparteitag diskutiert und verabschiedet wurde, anderes wichtiger. Wenige Wochen vorher war die Mauer zusammengestürzt und vieles war nun spannender als die inhaltliche Auseinandersetzung mit einem neuen Programm. Zum zweiten war es, obwohl in Teilen exzellent, nicht aus einem Guss. Man spürte die vielen Köche, die bekanntlich jeden Brei verderben können. Zum dritten waren viele Politiker in diesen Umbruchzeiten der Meinung, alles was vor dem Mauerfall verfasst worden war, sei nun zwangsläufig Makulatur. Niemand könne Aussagen treffen über die gesellschaftspolitischen Entwicklungen der kommenden Jahre. »Die Geschichte ist wieder offen«, lautete ja ein viel zitierter Slogan jener Zeit. Und dann kam als vierter Punkt noch eine neue Politikergeneration dazu, die sich um Programmarbeit wenig scherte. Manche von ihnen verkündeten geradezu stolz, das Berliner Programm gar nicht gelesen zu haben. All dies zusammengenommen führte dazu, dass sich auch die Mitglieder mit dem gerade beschlossenen Programm kaum beschäftigten. Eppler hat das im Buch »Komplettes Stückwerk« etwas bitter so beschrieben:

»Beim Tanz um das vergoldete Ego sind Programme nur lästig. Ob sich so allerdings eine Volkspartei zusammenhalten lässt, habe ich schon zu bezweifeln begonnen, als Oskar Lafontaine auf dem Berliner Programmparteitag im Dezember 1989 in seiner Einführungsrede das zu beschließende Programm mit keinen Wort erwähnte.«

Anderthalb Stunden habe er damals nur über seine eigenen programmatischen Vorstellungen geredet. »Und keine Zeitung in Deutschland hat das gemerkt«, sagt Eppler und staunt darüber bis heute. »Von da an war dieses Programm eine Art Geheimdokument. Es wurde nie von der Führung erwähnt oder zitiert.« Ganz ist es allerdings nicht verschwunden. Die Grünen erinnerten während der rot-grünen Koalition ab 1998 Bundeskanzler Gerhard Schröder immer mal wieder hartnäckig daran, dass diese oder jene von ihnen erhobene und vom SPD-Regierungspartner zunächst abgelehnte Forderung im Berliner Programm der SPD zu finden sei!

Eppler bedauert, dass es – anders als in den Jahren nach Verabschiedung des Godesberger Programms – heute keine Politiker mehr gibt, die sich auf das gerade aktuelle Parteiprogramm beziehen, es zitieren, ihren Forderungen sogar Nachdruck verleihen, indem sie sagen: Das steht so in unserem gemeinsamen Programm. »Das ist heute nicht mehr üblich. Ein Politiker will sich heute profilieren. Und er profiliert sich nicht, indem er das eigene Programm zitiert, sondern indem er es kritisiert. Oder indem er deutlich macht, dass er sich um ein Programm wenig schert.«

Ein ähnliches Schicksal scheint dem neuesten, dem »Hamburger Programm« beschieden zu sein. Das mag an den rasanten Veränderungen seit den neunziger Jahren liegen. Ende der achtziger Jahre sprach man noch nicht vom Klimawandel, vom Ende der Privatheit durch das Internet, von den Gefahren und Chancen durch die Gentechnik, von religiös motiviertem Terrorismus, von weltweiten Wirtschaftskrisen durch zynisches Handeln der Finanzwelt oder vom dramatischen Zerfall von Staaten. Auch ein Programm, das versucht, anstehende Veränderungen einzubeziehen, wird nicht fünfzig Jahre halten können wie beispielsweise das Godesberger Programm.

Am nun gültigen »Hamburger Programm« hat Erhard Eppler noch einmal, wie er das nennt »ein bisschen mitgebastelt«. Er hat das Programm verstanden als eine Alternative zu den immer noch modischen marktradikalen Positionen. »Also: Nur reiche

Bürger verkraften einen armen Staat. So etwa. Das ist ja für Sozialdemokraten eine relativ alte Position, die hatten wir schon vor vierzig Jahren, haben sie nur zeitweise vergessen.«

Für die Zukunft setzt Eppler eher auf sektorale Programme, wie sie ja in der SPD jetzt auch diskutiert werden. Er plädiert als dringlichstes Vorhaben für eine Steuerreform-Kommission. Auch mit der Sozialpolitik und den Folgen der demografischen Entwicklung müsste sich seiner Meinung nach eine Kommission kreativ beschäftigen. Ein neues Grundsatzprogramm aber, an dem in den nächsten zehn Jahren gearbeitet werden sollte? Da winkt er ab und sagt: »Da würde auch nicht viel anderes herauskommen als in Hamburg.«

KAPITEL 13

Das heiß umstrittene SPD-SED-Papier

Gespräch über Ideologien im 20. Jahrhundert

Was machte die Menschen im zwanzigsten Jahrhundert so anfällig für Ideologien von ganz rechts bis ganz links?

E.E.: Ich glaube, das war zumindest auch die abnehmende Kraft der Kirchen. Da entstand ein freier Raum, in den dann die Ideologien eingedrungen sind oder in dem sie überhaupt erst entstehen konnten. Alle diese Ideologien weisen ja Spuren auf, die auf einen christlich geprägten Kontinent verweisen. Das gilt sogar für den Kommunismus. Die Vorstellung von der klassenlosen Gesellschaft als dem eigentlichen Beginn der Geschichte hat sicherlich zu tun mit der Vision von dem neuen Himmel und der neuen Erde, die in der Apokalypse dargestellt wird. Da wurde etwas in die Sphäre der Politik übertragen, was dort ursprünglich nicht zu Hause war.

Ideologien leben von der Abgrenzung zu anderen und der Ausgrenzung der anderen. Ist solcher Absolutheitsanspruch grundsätzlich gefährlich?

E.E.: Natürlich ist er immer brandgefährlich. Und im neunzehnten und zwanzigsten Jahrhundert wurde dieser Anspruch auf Wahrheit und Ausschließlichkeit damit begründet, dass man die Ideologie als Wissenschaft verkaufte. Der Marxismus-Leninismus galt ja in den kommunistischen Ländern nicht als Ideologie, sondern als Wissenschaft, die man wie andere wissenschaftliche Fächer in Schule und Universität lernen musste. Und beide Jahrhunderte waren ja wohl von der Wissenschaft, einer heute fast naiv anmutenden Wissenschaftsgläubigkeit, geprägt. Den Anspruch, ihre Ideologie sei Wissenschaft, haben sowohl die Kommunisten als auch die frühen Sozialisten erhoben. Das war natürlich gleichzeitig der Anspruch auf eine unerschütterliche Wahrheit.

Wird heute umgekehrt die Religion zur Ideologie, wenn ich zum Beispiel an den politischen Islam denke?

E.E.: Das ist sicherlich der Fall, und das kann eine prägende Wirkung auf das einundzwanzigste Jahrhundert haben. Aber im Augenblick haben wir es noch mit einer ganz anderen Ideologie zu tun, die sich als Wissenschaft dargestellt hat und teilweise immer noch darstellt. Das ist der Marktradikalismus. Der hat mit dem Marxismus-Leninismus wirklich gemein, dass er von den Kathedern als Wissenschaft verkündet wird. Jemand, der nicht von Haus aus Ökonom ist, wird ja bis heute abgekanzelt, wenn er marktradikale Theorien in Zweifel zieht. Man macht ihn mundtot, indem man erklärt, er verstehe eben zu wenig von der Wissenschaft der Ökonomie. Ich glaube, die international wirksamen und geschichtlich über Jahrzehnte bestimmenden Ideologien waren wirklich diejenigen, die sich als Wissenschaft ausgegeben haben.

Wie war das mit dem Nationalsozialismus und dem Faschismus?

E.E.: Beide haben sich nicht als Wissenschaft ausgegeben und zwar aus gutem Grund: Sie waren keine in sich geschlossene Ideologie, sondern ein Konglomerat von Ideologiefetzen: Antisemitismus, Antiliberalismus, Antisozialismus, dann die Rassentheorie. Das war am ehesten der Teil der NS-Ideologie, der einen wissenschaftlichen Anspruch erhob. Es gab während der NS-Zeit zwar einen Weltanschauungsunterricht, aber es gab keinen Unterricht über Nationalsozialismus als Wissenschaft.

Man sollte meinen, nach Hitler und Stalin hätten die Menschen dazugelernt, seien misstrauisch gegenüber allen »Ismen« geworden. Sind sie aber nicht?

E.E.: Das hat wohl zwei Gründe. Der erste ist ein ganz elementarer. Ohne ein System von Wertungen können Menschen kaum leben. Sie müssen ja jeden Tag Entscheidungen treffen, und sie müssen Prioritäten setzen. Das können sie nur, wenn sie etwas in bestimmter Weise werten. Und Ideologien erleichtern dieses Werten. Insofern sind wir wohl nie ganz ideologiefrei. Und das zweite ist, dass Menschen auch in einer Epoche, in der die Religionen dies nicht mehr schaffen, das Bedürfnis nach einer in sich geschlossenen Weltsicht haben, die ihnen hilft, all das einzuordnen, was sie jeden Tag erleben. Man kann jetzt darüber streiten, wo die Ideologie anfängt und wo sie aufhört, aber Menschen, die gar kein System von Wertungen haben, sind natürlich auch orientierungslos.

Hat die marktradikale Ideologie auch deshalb vorläufig gesiegt, weil ihr keine andere Ideologie mehr entgegengesetzt wird? Fehlt da die Balance?

E.E.: Ja, der Zusammenbruch oder die Implosion des Kommunismus hat die marktradikale Welle, die ja schon aus den achtziger Jahren des letzten Jahrhunderts stammt, gewaltig verstärkt. Wahrscheinlich auch deshalb, weil Menschen dazu neigen, das Gegenteil des Falschen für richtig zu halten. Wenn es eben total falsch war, den Markt durch Bürokratie und politische Beschlüsse zu ersetzen, also durch den Staat, dann musste es wohl richtig sein, den Staat durch den Markt zu ersetzen. Und das wurde ja nun in den letzten zwanzig Jahren systematisch versucht, übrigens in Deutschland ganz besonders in den Kommunen.

Nach dem Zusammenbruch des Kommunismus sind auch viele Kommunisten mit fliegenden Fahnen zu der für sie neuen Ideologie übergelaufen?

E.E.: Ich glaube, dass der Marktradikalismus in Osteuropa mit ungeheurer Gewalt in ein ideologisches Vakuum eingedrungen ist. Es stimmt, die alten Kommunisten haben dabei geholfen. Sie hatten über Jahrzehnte gepredigt, es gelten die Gesetze des Sozialismus, weil der Sozialismus siegt. Dann hat aber der Kapitalismus gesiegt, also mussten doch die Gesetze des Kapitalismus gelten. Und die wurden am eindeutigsten, am konsequentesten von den Marktradikalen formuliert. So hat man zum Beispiel in einigen osteuropäischen Ländern die Flat-Tax, also die Einheitssteuer für alle eingeführt, die sich in Westeuropa jedenfalls bis jetzt noch nicht durchgesetzt hat.

Auch in Demokratien gibt es ideologische Abgrenzungen. Wir ordnen die Menschen politisch in Schubladen ein, in Linke und Rechte. Sind diese Abgrenzungen noch brauchbar? Was bedeutet es zum Beispiel heute, links zu sein?

E.E.: Früher war links fortschrittsgläubig und rechts war fortschrittsskeptisch. Das war bis 1925 unbestritten. Ich glaube, das ist heute nicht mehr der Fall. Es sind häufig die Kräfte der Rechten, die unmittelbar von der Wirtschaft abhängig sind, die jede technische Neuerung schon deshalb für gut halten, weil es eine technische Neuerung ist. Typisches Beispiel: die Atomenergie. Die Atomenergie ist ein erstaunlicher wissenschaftlicher und technischer Fortschritt. Aber die Frage, ob die Menschen damit umgehen können, ohne Katastrophen herbeizuführen oder mindestens zu riskieren, die wird ja von den Linken gestellt. Die Linke sagt, lasst die Finger davon und die Rechte sagt, das ist doch ein wunderbarer technischer Fortschritt, den man nutzen muss. Insofern ist links nicht mehr fortschrittsgläubig und rechts keineswegs mehr fortschrittsskeptisch. Deshalb hat ja ein Mann wie Franz-Josef Strauß einmal gesagt, konservativ sein heißt, an der Spitze des Fortschritts zu marschieren, und da meinte er jeden ökonomisch nutzbaren, wissenschaftlich-technischen Fortschritt. Ich glaube, die Frage, was links ist, hängt immer auch davon ab, wo die Macht liegt. Und in einer marktradikalen Epoche, die ja noch nicht vorbei ist – der Marktradikalismus hat ja seine Widerlegung durch die Finanzkrise überlebt –, ist links zuerst einmal die Entschlossenheit, die Antworten auf die Fragen nach gesellschaftlicher Ordnung und nach sozialer Gerechtigkeit nicht einfach dem Markt zu überlassen.

Das heiß umstrittene SPD-SED-Papier

Alles begann an einem trüben Februartag des Jahres 1984 am Scharmützelsee in der Mark Brandenburg. Dort trafen sich zum ersten Mal seit 1919 Sozialdemokraten und Kommunisten, um – wie einer der Initiatoren es etwas pathetisch formulierte – »Menschheitsfragen« ergebnisoffen zu diskutieren. Es war für beide Seiten ein riskantes Unterfangen: Die daran beteiligten Mitglieder der SPD-Grundwertekommission mussten heftige Kritik von Konservativen, aber auch aus den eigenen Reihen fürchten. Die SED-Leute standen unter Beobachtung von Politbüro und ZK. Es folgten rund hundert Stunden Diskussionen, sieben jeweils mehrtägige Treffen abwechselnd in der Seenlandschaft Brandenburgs und in der Fritz-Erler-Akademie in Freudenstadt im Schwarzwald. Die Begegnungen waren reich an Dissonanzen, aber auch an Erkenntnissen über den jeweils anderen. Das letzte Treffen fand im April 1989 statt, also wenige Monate vor dem Fall der Mauer. Am 27. August 1987 wurde ein gemeinsames Papier, das berühmt-berüchtigte »SPD-SED-Papier« unter dem Titel »Der

Streit der Ideologien und die gemeinsame Sicherheit« wie verabredet zeitgleich in der DDR und in der Bundesrepublik veröffentlicht. Das zunächst von niemandem geplante Ergebnis von vier Jahren Arbeit, an der DDR-Intellektuelle der Akademie für Gesellschaftswissenschaften beim ZK der SED und westdeutsche Intellektuelle aus der Grundwertekommission der SPD beteiligt waren, hatte überraschende Auswirkungen:

Was in voller Länge im »Neuen Deutschland« stand, beflügelte die staatskritischen Dissidenten, Kirchenleute, Bürgerrechtler in der DDR.

Im Westen gab es vor allem zwei erwähnenswerte Reaktionen: Sie reichten von Zustimmung bis zu freundlicher Gleichgültigkeit gegenüber diesem wirklich sensationellen Geschehen auf der einen Seite und so wütenden wie bornierten Attacken aus dem politisch-konservativen Lager. Diese Ausfälle konzentrierten sich auf Erhard Eppler als Leiter der westdeutschen Delegation. Dabei hatte gerade er in den Jahren der Dispute über ideologische Grenzen hinweg den DDR-Wissenschaftlern das Leben schwer gemacht, wie sich Professor Erich Hahn, Philosophie-Professor und Mitglied der Ost-Delegation, später erinnerte. In einem Artikel zu Erhard Epplers siebzigstem Geburtstag schrieb er: »Nicht ein einziges Prinzip der Sozialdemokratie wurde verleugnet oder kaschiert. Keine Möglichkeit wurde ausgelassen, der SED oder der DDR das vorzuhalten – und dies ist ein verharmlosendes Verb für manchen Wortwechsel –, was Stein des Anstoßes war. Um einen Ausdruck von Erhard Eppler zu benutzen: Es wurde nicht gekungelt! Niemand hat seine Identität in Abrede gestellt oder relativiert.«

Die Kontrahenten müssen sich in all den Jahren gut kennen gelernt haben, denn Erich Hahn porträtierte Erhard Eppler, den Delegationsleiter West, ziemlich treffend so: »Die uns alle beeindruckende Souveränität wäre nur unzureichend wiedergegeben, bliebe die Epplersche Variante jener Kunst unerwähnt, mit Lebenslklugheit gespickte Sentenzen so vorzutragen, dass sich niemand belehrt fühlt und es doch ist: mit jener Mischung aus abgründiger Naivität, Doppelbödigkeit und listigem Humor nämlich, die er seiner schwäbischen Gemüts- und Denkungsart verdankt.«

Wie aber konnte es passieren, dass dieser mehrjährige spannungsreiche Dialog im Nachhinein – und teilweise bis zum heutigen Tag – so viel Entrüstung auslösen konnte? Immerhin fanden die Gespräche zu einer Zeit statt, in der sich westdeutsche Politiker gerne mit solchen aus der DDR trafen und sich sogar im trauten Gespräch mit Erich Honecker und anderen fotografieren ließen? Was Erhard Eppler übrigens stets vermieden hat bei seinen Gesprächen in der DDR. Und kurz nach Veröffentlichung des gemeinsamen Papiers wurde Erich Honecker beim Staatsbesuch in Bonn – der selbstverständlich nicht so genannt werden durfte – von CDU-Bundeskanzler Helmut Kohl der rote Teppich ausgerollt.

War also die ganze spätere Aufregung nur künstlich? Oder dürfen Sozialdemokraten nicht tun, was Konservative sich erlauben können?

Angefangen hatte alles, was später die Kommentatoren über Jahre beschäftigen sollte, ganz bescheiden. Erhard Eppler erinnert sich, dass er Anfang der achtziger Jahre Besuch von einem Philosophieprofessor aus Leipzig bekam, Helmut Seidel, den er schon seit Anfang der sechziger Jahre kannte. Und der fragte ihn, ob man nicht einmal gemeinsam Grundsatzfragen diskutieren könne. Da gebe es ja in der DDR die Akademie für Gesellschaftsfragen und in der Bundesrepublik beschäftige sich ja die Grundwertekommission der SPD mit ähnlichen Fragen. Nach der Wiedervereinigung hat Eppler erfahren, dieser (inzwischen verstorbene) Wissenschaftler sei während seiner Zeit als Bundesminister für wirtschaftliche Zusammenarbeit von der Stasi auf ihn und Jürgen Habermas angesetzt gewesen.

Eppler jedenfalls hat diesen Vorschlag mit Willy Brandt besprochen, das Präsidium diskutierte das Für und Wider, und dann bekam die Grundwertekommission grünes Licht. Ein Team aus acht Leuten wurde auf jeder Seite zusammengestellt und man traf sich zunächst ohne große Erwartungen mit den DDR-Kollegen. Unabhängig von den späteren Ergebnissen war es eine mittlere Sensation, dass Sozialdemokraten und Kommunisten offizielle oder zumindest halboffizielle Grundsatzgespräche miteinander führten. Epplers Position vor dem ersten Treffen am Scharmütze see war:

»Das Risiko solcher Gespräche trägt die DDR, nicht wir. Denn Macht wird in der Bundesrepublik durch Wahlen verteilt, anders in der DDR. Die Machtposition der SED beruht auf dem Wahrheitsanspruch. Weil die SED die wahre Ideologie vertritt, muss sie auch die volle Macht im Staate haben. Das Machtmonopol der SED wurde begründet mit dem Wahrheitsmonopol des Marxismus-Leninismus und wer mit diesem Wahrheitsmonopol spielte, der spielte natürlich auch mit der Machtbasis. Und wenn sie nun bereit ist, mit uns über die Basis ihrer Macht zu verhandeln, dann muss sie selber wissen, was sie riskiert. Das ist nicht mein Bier.«

Und die DDR-Führung riskierte eine ganze Menge: Diese Gespräche ohne Vorbedingungen waren natürlich sehr kritisch. Besonders Johano Strasser und Thomas Meyer provozierten die Kommunisten aggressiv. Eppler und sein Team waren – längst bevor von einem gemeinsamen Papier die Rede war – sicher, dass das innerhalb der DDR Folgen haben würde. Denn es würde sich auch in einem abgeschotteten Staat herumsprechen, dass DDR-Leute mit Westkollegen einen kritischen Dialog führten. Und irgendwann würden die Bürger fragen: Warum mit dem ideologischen Feind, aber nicht mit der eigenen Bevölkerung? Bis heute ist Eppler davon überzeugt, dass auch durch diese Gespräche eine

Dynamik in Gang gekommen ist, deren Folgen für das Regime sich ab 1987 in der DDR zeigten.

Ursprünglich wollte man während dieser Ost-West-Begegnungen nur miteinander reden, keine Papiere produzieren. »Es ging nicht darum, die andere Seite zu überzeugen, sondern sie zu verstehen«, sagt Eppler. Doch zwei Jahre nach der ersten Begegnung, das war im Februar 1986 in Freudenstadt, und erstmals nahmen fünf Journalisten an einem Treffen teil, wendete sich das Blatt. Die DDR-Intellektuellen kamen ganz aufgewühlt mit druckfrischen Ausgaben des »Neuen Deutschland« in den winterlichen Schwarzwald. Was sie so aufregte, war die vollständig abgedruckten Rede Michail Gorbatschows auf dem 27. Parteitag der KPdSU. Es ging in dieser Rede, die Geschichte gemacht hat, im Kern auch darum, dass gemeinsame Sicherheit selbst dann möglich sei, wenn Gesellschaftsordnungen und Ideologien einander fremd waren. Glasnost und Perestroika (Transparenz und Umgestaltung) wurden Begriffe, die auch den Westen elektrisierten. Gorbatschow versprach, eine grundlegende wirtschaftliche und gesellschaftliche Erneuerung nach innen anzustoßen. Gleichzeitig leitete er eine Entspannungsdiplomatie zur Verbesserung der sowjetisch-amerikanischen Beziehungen ein.

Wohin das alles wenige Jahre später führen würde, nämlich zum Zusammenbruch des gesamten kommunistischen Systems, ahnte an jenen Wintertagen im Schwarzwald natürlich niemand. Auf der Tagesordnung für dieses Treffen standen Diskussionen zur gemeinsamen Sicherheit. Durch die Gorbatschow-Rede bekamen diese Diskussionen ein ganz anderes Tempo. »Die Ostberliner Delegation war ganz aufgewühlt von dieser Rede. Wir diskutierten darüber, was gemeinsame Sicherheit für die Ideologien bedeutet, inwiefern dieser Begriff etwas ganz anderes bedeutet als die friedliche Koexistenz, die schon Lenin angeboten hatte. Und da kamen von der SED-Seite so erstaunliche Töne, dass ich am Schluss gesagt habe: Also wenn wir uns so nahe sind bei diesem Thema, dann können wir auch einmal etwas zu Papier bringen. Ich wollte die SED testen, ich wollte wissen: Sagt ihr das nur hier oder könnt ihr das auch öffentlich sagen.«

Zur Überraschung der West-Delegation stimmte Otto Reinhold, Delegationsleiter Ost, sofort zu, ohne dass er sich beim Politbüro und beim Zentralkomitee rückversicherte. Eine Arbeitsgruppe wurde bestimmt, die das ganze Jahr 1986 hindurch arbeitete und schließlich ein sehr umfangreiches Papier produzierte. Eppler erinnert sich daran, dass in einem militärisch-technischen Teil über viele Seiten hinweg aufgelistet worden war, wie denn gemeinsame Sicherheit zu organisieren sei. Diesen ganzen Teil hat Eppler in der Weihnachtszeit 1986/87 gestrichen, mit dem Argument, dafür sei weder die Grundwertekommission noch die Akademie für Gesellschaftswissenschaften zuständig. Ihm ging es darum, herauszuarbeiten, was angesichts konträrer Ideologien – die dem jeweils anderen ja sogar die Existenzberechtigung absprachen – dennoch an Gemeinsamkeiten möglich sein könnte. Natürlich hat er auch stilistisch am Text gebastelt und die typische SED-Sprache eliminiert, was dann sogar den Beifall der Ost-Delegation fand. Mit einer einzigen Ausnahme wurden alle seine Korrekturen übernommen. Anschließend musste dieses Papier vor der Veröffentlichung sowohl vom Politbüro als auch von Präsidium und Vorstand der SPD durchgewinkt werden. Obwohl einige Sozialdemokraten polemisierten, nicht gegen den Inhalt, sondern ganz grundsätzlich mit dem Tenor »Das macht man nicht!«, gab es nur eine oder zwei Gegenstimmen.

Natürlich hatten auch die DDR-Leute politische Hürden zu nehmen. Nach Epplers Informationen lief die Diskussion in Ostberlin etwa so: »Das Papier ging erst einmal an Honecker, und Honecker hat das fast euphorisch gutgeheißen. Dann kam es in Abwesenheit Honeckers ins Politbüro. Und dort gab es eine lange

Otto Reinhold, Delegationsleiter Ost mit Erhard Eppler am 25. August 1987 in Bonn im Erich-Ollenhauer-Haus bei der Vorstellung des gemeinsamen SPD-SED-Papiers.

Diskussion. Besonders Mielke hatte Bedenken, aber da der Boss dafür war, war die Mehrheit nach einer langen Diskussion dann auch dafür.« Und so wurde das Papier dann im August 1987 gemeinsam in Bonn und Ostberlin vorgestellt und im »Neuen Deutschland« im Wortlaut veröffentlicht.

Die Zeit ist über dieses SPD-SED- Papier hinweggegangen, und es fällt heute schwer, sich hineinzuversetzen in die späten achtziger Jahre, als es solchen Wirbel gemacht hat. Hier einige Zitate aus dem Text:

»Der Streit über so gegensätzliche Grundpositionen lässt sich weder durch Kompromissformeln noch durch Appelle an den Friedenswillen beenden. Es wäre auch niemandem damit gedient, wenn die Gegensätze verwischt würden.«

»Unsere weltgeschichtliche Situation besteht darin, dass die Menschheit nur noch gemeinsam überleben oder gemeinsam untergehen kann. Eine solche Alternative ist historisch ohne Beispiel. Sie verlangt ein politisches Denken, das historisch ebenfalls ohne Beispiel ist, ein neues Herangehen an die internationalen Angelegenheiten, besonders an die Sicherung des Friedens.«

»Die offene Diskussion über den Wettbewerb der Systeme, ihre Erfolge und Misserfolge, Vorzüge und Nachteile muss innerhalb jedes Systems möglich sein. Wirklicher Wettbewerb setzt sogar voraus, dass diese Diskussion gefördert wird und praktische Ergebnisse hat. Nur so ist es möglich, dass öffentlich eine vergleichende Bilanz von Praxis und Erfahrungen beider Systeme gezogen wird, so dass Misslungenes verworfen, Gelungenes festgehalten und gegebenenfalls übernommen und weiterentwickelt werden kann.«

Gerade diese Passage, so hat Erhard Eppler auf Kirchentagen in Ostdeutschland erlebt, haben manche DDR-Bürger auswendig gelernt und konnten sie noch ein Jahr später in voller Länge zitieren.

Verblüffend liest sich heute ein anderer Textteil, der aber damals wohl eine pure Selbstverständlichkeit war. Diese Sätze wurden 1986 aufgeschrieben – drei Jahre später taumelte die DDR mit dem Mauerfall ihrem Ende entgegen!

»Beide Seiten müssen sich auf einen langen Zeitraum einrichten, während dessen sie nebeneinander bestehen und miteinander auskommen müssen. Keine Seite darf der anderen die Existenzberechtigung absprechen. Unsere Hoffnung kann sich nicht darauf richten, dass ein System das andere abschafft.«

Die Reaktionen auf das Papier waren in Ost und West sehr unterschiedlich. Für die Bürgerrechtler in der DDR war es Zitiermaterial in Diskussionen, mit dem sie auch gegenüber der SED bestehen konnten. Als Eppler die Gespräche mit den Ostkollegen 1988 abbrechen wollte, weil eine neue Eiszeit zwischen Ost- und

Westdeutschland konstruktive Debatten nicht mehr möglich machte, da ermunterte ihn das SPD-Präsidium weiterzumachen. Das Argument war, die Kirchen in der DDR hätten ein großes Interesse an der Fortsetzung des Dialogs, damit sie sich weiterhin auf das gemeinsame Papier berufen können. Und so schleppten sich die zunehmend mühsamer werdenden Gespräche noch bis zum Frühsommer 1989 dahin.

Im Westen geschah erstaunliches. Zunächst war das Papier relativ freundlich aufgenommen worden, auch von der konservativen Presse. Erst sehr viel später wurde die Kritik massiv. Dem Kommunismus sei in dem Dokument eine Existenzberechtigung zugesprochen worden, die man nicht dulden könne, und der Marxismus-Leninismus werde in dem Papier ernster genommen als ihm zustehe, lautete einer der Hauptvorwürfe. Epplers Antwort: »Dass wir dem kommunistischen System Existenzberechtigung zusprachen, war damals weniger aufregend als heute. Denn in der Praxis tat der Westen dies jeden Tag, auch die Bundesrepublik.«

Die Kritiker vergaßen natürlich stets zu erwähnen, mit welchen Ehren Erich Honecker im Jahr der Veröffentlichung des Gemeinsamen Papiers in Bonn empfangen worden war: Es wehte die DDR-Fahne, es wurden die Hymnen beider Staaten gespielt!

Während Westpolitiker in den achtziger Jahren zu den Spitzenpolitikern nach Ostberlin pilgerten und das Regime damit aufwerteten, fand man Erhard Eppler auf den Kirchentagen der DDR.

Im Sommer 1988 erschien im »Spiegel« ein Essay von Eppler, in dem er die letzten zwölf Monate seit Veröffentlichung des SPD-SED-Papiers resümierte. Da finden sich folgende Sätze:

»Ich möchte kein Land regieren, dessen Bewohner jeden Abend um acht Uhr in ein anderes Land emigrieren. Aber wer ein solches Land regieren will oder muss, der kann sich weniger Torheiten leisten als andere. Eine Partei die sich vier Jahrzehnte lang das Recht nahm, immer recht zu haben, kommt in gefährliche Gewässer, wenn sie ihre Bürgerinnen und Bürger so verwirrt, dass sie nur noch lachen.«

Mit dem Abstand von mehr als dreißig Jahren versucht Eppler Erklärungen zu finden für die Vorwürfe, mit denen er seit dem Mauerfall und bis in die jüngste Zeit hinein konfrontiert wurde. Er sieht bei der deutschen Rechten, und nicht nur bei der parteipolitisch organisierten Rechten, verschiedene Strömungen. Da waren einmal diejenigen, die sich dem DDR- Regime auch dann noch anbiederten, als es schon zum Tode verurteilt schien und die das später nicht mehr wahrhaben wollten. Dann gab es diejenigen, die immer an der Wiedervereinigung festgehalten hatten und grundsätzliche Antikommunisten waren. Die ganz Radikalen dieser Gruppe haben deshalb Willy Brandts Ostpolitik als Verrat empfunden. Sie haben jedes Treffen mit den Kommunisten und natürlich auch das Gemeinsame Papier abgelehnt, ohne sich für die Inhalte zu interessieren.

Jürgen Schmude, DDR-Kenner, Bundesjustizminister im Kabinett Schmidt und engagierter Kirchenmann, hat sich später seinen Zorn über die durchsichtige Kritik an Eppler von der Seele geschrieben: »Eppler hat mit dem gemeinsamen Papier einen zweijährigen Prozess der inneren Destabilisierung der DDR herbeigeführt. Es fällt schon auf, dass niemand von denen, die dieses Papier immer noch mit verächtlichen Bemerkungen, geradezu mit Eselstritten bedenken, daraus zitiert. Kein Wunder, denn die Vorwürfe ließen sich damit nicht begründen. Forderungen in beachtlicher Zahl sind im Papier enthalten, deutlich als solche auch dort erkennbar, wo im Indikativ gesprochen wird. Forderungen, die sich sämtlich an und gegen die DDR richteten. Forderungen auch, wie sie von Kirchen und Bürgerrechtlern in der DDR oft genug vergeblich erhoben worden waren. Erfüllt waren sie auch nun nicht, bildeten aber mit der öffentlichen Unterschrift der SED eine beachtliche Berufungsgrundlage für weiteres Drängen.«

Früher als vielen anderen ist Erhard Eppler klar geworden, wie schwach das DDR-Regime inzwischen, wie groß der Druck im Kessel war. Im Sommer 1987 trafen sich einige Freunde zum Wandern im Bayerischen Wald. Erhard Eppler war – wie so oft – gerade zurückgekehrt von einem Kirchentag in der DDR, und er prophezeite in abendlicher Runde, die DDR-Regierung werde sich keine drei Jahre mehr halten können. Die Tischrunde lächelte. Nicht einmal theoretisch konnte man sich einen solchen Wandel vorstellen.

Doch Eppler hatte gute Gründe für diese damals so kühne Prognose und sagt heute: »Das hatte damit zu tun, dass ich vielleicht der einzige westdeutsche Politiker war, der Kontakte zu drei verschiedenen Stellen hatte: Erstens zur SED. Ich spürte in diesen Gesprächen, wie weit die Ideologie dieser Leute von der Wirklichkeit entfernt war. Ich hatte das Gefühl, hier gibt es einen Abstand zwischen der Ideologie und der Wirklichkeit, der Politik gar nicht mehr möglich machte. Zweitens hatte ich viele Kontakte zu den evangelischen Kirchen in der DDR, zwar zu den Kirchenleitungen, aber auch zum Kirchenvolk während der Kirchentage. Da saß man ja häufig privat zusammen und konnte ziemlich offen reden. Und drittens hatte ich Kontakt zu ausgesprochenen Gegnern des Regimes, die im Visier der Stasi waren. Und wenn ich das alles zusammennahm, wenn ich die Mosaiksteine zusammensetzte, dann kam ich zu dem Ergebnis, dass das nicht mehr lange gut gehen kann.«

Zwei Jahre nach der Veröffentlichung des SPD-SED-Papiers war das für ihn Gewissheit. Während 1989 für die meisten Deutschen ein Jahr wie jedes andere zu sein schien – zumindest in der ersten Jahreshälfte – beobachtete Erhard Eppler genauer. Er sah, wie in Osteuropa die kommunistischen Herrscher immer mehr in Bedrängnis gerieten. Er beobachtete, wie in der DDR viele Menschen ihre Angst vor der Stasi zu verlieren schienen. Die Gespräche mit den SED-Professoren zeigten ihm deren wachsende Hilflosigkeit und Nervosität. Seine Analyse: »Der Eiserne Vorhang beginnt nun wirklich durchzurosten.«

Während er auf langen Spaziergängen im Schwarzwald darüber nachdachte, was das für Europa und für Deutschland bedeuten könnte, kam der ehrenvolle Auftrag, die 17.-Juni-Rede vor dem Deutschen Bundestag im Bonner Wasserwerk zu halten. Zunächst hatte die SPD, die in jenem Jahr das Vorschlagsrecht hatte, an Jürgen Schmude gedacht, doch der war bei der CDU nicht durchzusetzen. Gegen Erhard Eppler hatten die Konservativen ebenfalls Einwände, doch der Partei- und Fraktionsvorsitzende Hans-Jochen Vogel machte nun diese Ablehnungsspielchen nicht mehr mit und bestand auf dem von der SPD vorgeschlagenen Redner.

Bis heute ist Eppler der Meinung, seine Rede sei in der DDR genauer gehört worden als in der Bundesrepublik. Das mag stimmen, denn der Nationalfeiertag 17. Juni war für die Bundesbürger längst ein reiner Ausflugstag geworden. Sprach unter zehn Menschen einer von Wiedervereinigung, rollten neun andere mit den Augen. Die DDR, und damit die Teilung des Landes, war für den Großteil der Bevölkerung eine feststehende Tatsache, und zumindest für jüngere Politiker galt das ebenso. Das heißt: Das alljährliche Feierstundenritual im Parlament interessierte nur wenig. Höchstens in den Zeitungen am nächsten Tag lasen die Menschen, dass Erhard Eppler eine so bemerkenswerte wie erstaunliche Rede gehalten hatte. Es wurde, wie Eppler es sich vorgenommen hatte, »eine kühle Abrechnung mit einer – bis ins politische Handwerk hinein – unfähigen DDR-Führung«, und er wagte die verblüffende Prognose, dass ein Umbruch ummittelbar bevorstehe.

Probst Heino Falcke, einer der prominenten Denker und Mahner der Evangelischen Kirche in der DDR, hat zum siebzigsten Geburtstag des Freundes Erhard Eppler aufgeschrieben, wie dieser Redetext bei ihm ankam: »Berliner Kirchentag 1989. Im Mai war der Wahlbetrug durch kirchliche Gruppen erstmals exakt belegt worden. Vor der Sophienkirche in Berlin wurden während des Kirchentages Demonstranten verhaftet (darunter mein jüngster Sohn). Erhard Eppler gab mir den Entwurf seiner Bundestagsrede für den 17. Juni zu lesen. Es war eine atemberaubende Lektüre. Hier sprach einer aus, was wir im politischen DDR-Alltag erlebten, in seiner Tragweite aber noch kaum zu denken wagten: Mit dem Politbüro ist konstruktive Politik nicht mehr zu machen, ein tiefgreifender Umbruch steht ins Haus.« Falcke vermutete später, es habe auch mit Epplers klarer Analyse zu tun gehabt, dass noch im Juni 1989 Bürgerrechtler beschlossen, »das Dach der Kirche zu verlassen und im politischen Raum Opposition zu organisieren«.

Beim Kirchentag in Leipzig wenige Wochen später hörte Eppler genaueres über die Wirkung seiner Rede in der DDR. Im Buch »Komplettes Stückwerk« hat er dazu geschrieben: »Dass da ein Politiker, dessen Gesprächsbereitschaft nicht zu bestreiten war, die gesamte SED-Führung praktisch abgeschrieben hatte, verunsicherte eine ohnehin verwirrte Partei. Wie immer war es ein Bild, das haften blieb im Gedächtnis derer, denen dieses Bild Hoffnung gab, noch mehr bei denen, die es ängstigen musste: Wir sehen ja ein, dass sich die SED auf dünnem Eis bewegt. Aber hier handelt es sich nicht nur um dünnes, sondern um tauendes Eis, um das schmelzende Eis des Kalten Krieges. Und wer sich da nicht bewegt, aus Furcht, er könne einbrechen, dürfte dem kalten Wasser nicht entkommen.«

Im Rückblick ist seltsam, dass diese Rede im Westen eben nicht wie eine Bombe einschlug. Denn Eppler ging ja über die Analyse der Zustände in der DDR weit hinaus: Er schlug zum Beispiel eine gemeinsame Deutschlandpolitik der großen Parteien der Bundesrepublik vor, um gewappnet zu sein für den Tag X, der nach seiner Meinung unweigerlich kommen würde.

Einer der ersten Gratulant an jenem 17. Juni 1989 im Plenarsaal war Bundeskanzler Helmut Kohl. Eine gemeinsame Deutschlandpolitik wurde natürlich nicht entworfen, vielleicht weil kaum jemand sich vorstellen konnte, wie schnell der politische Wandel alles hinwegfegen würde, was doch in Beton gegossen zu sein schien. Vielleicht aber war es auch parteipolitisches Kalkül: Die regierende CDU wollte die in deutschlandpolitischen Fragen erfahrene SPD nicht dabei haben, als es wenig später darum ging, den Wandel zu gestalten. Nicht nur Jürgen Schmude hatte diesen Verdacht. Zunächst sah es so aus, als ob Politiker quer durch die Parteien bereit schienen, so schrieb er Mitte der neunziger Jahre, »sich zu Vernunft und Sachlichkeit durchzuringen und auf weitere Diffamierungen zu verzichten. Angehalten hat das leider nicht. Die mit Besitzermiene weggesteckte Vereinigung kam, neue Kampagnen der Verdrehung und Verdächtigungen schlossen sich an. Darauf zu warten, dass das nicht ewig dauert, ist zu wenig. Man muss dagegenhalten.«

Nicht nur Helmut Kohl hat hier aus durchsichtigen, parteipolitisch motivierten Gründen versagt. In der SPD schauten die alten Politiker um Brandt, Eppler, Vogel ziemlich ohnmächtig zu, mit welcher emotionalen Kälte ihr Kanzlerkandidat Oskar Lafontaine und andere aus der Achtundsechziger-Generation mit der Einheit umgingen. Ein paar Jahre nach den ersten gesamtdeutschen Wahlen hat Erhard Eppler dazu geschrieben:

»Hieß Kohl die Ostdeutschen pathetisch willkommen, ohne ihnen die Wahrheit zuzumuten, so rechnete Lafontaine kühl die Wahrheiten vor, vergaß aber hinzuzufügen: Trotzdem seid Ihr uns willkommen, und trotzdem werden wir gemeinsam ein Deutschland schaffen, in dem es sich für alle leben lässt. Nein, er vergaß es nicht, er weigerte sich, dies zu sagen, auch wenn ein Willy Brandt es ihm riet.« Dieser Wahlkampf im Herbst 1990 war bitter für Erhard Eppler, der doch einst in der Politik gelandet war, weil der Kampf gegen die Wiederbewaffnung und für die Wiedervereinigung ihn trieb.

Das SPD-SED-Papier ist längst Geschichte, so wie die ganze DDR. Hat sich die Mühe der oft zähen, kräftezehrenden Gespräche mit der anderen Seite dennoch gelohnt? In einem kleinen Bändchen »Wie Feuer und Wasser« hat Erhard Eppler dazu schon 1988, also ein Jahr vor dem Fall der Mauer, geschrieben:

»Es ist nicht auszuschließen, dass eines Tages im Rückblick auf das Papier der Grundwertekommission und der Akademie für Gesellschaftswissenschaften gesagt wird: Dies war der erste gemeinsame Vorstoß in eine neue, aber eben reale und durch nichts ersetzbare Dimension von Friedenspolitik. Es war schon der Mühe wert und für die politische Praxis fruchtbar, wenn hier zum ersten Mal gemeinsam die eigenen Positionen friedensfähig formuliert und die der anderen Seite als friedensfähig anerkannt wurden.«

KAPITEL 14

Mit einem gerüttelt Maß an Ärger und Zorn

Gespräch darüber, wie man sich schreibend einmischt in die Politik

Ist schreiben für Sie eine Droge?

E.E.: Nein, es ist eine optische Täuschung, dass ich immer mehr schreibe. Und zwar deshalb, weil gerade des letzte Büchlein, »Der Politik aufs Maul geschaut« eben nicht im Jahr der Veröffentlichung entstanden ist. Das ist im Laufe vieler Jahre gewachsen. Da ist mir immer mal wieder ein Wort aufgefallen, und dann habe ich etwas darüber geschrieben. Aber ich gebe zu, dass ich immer mal wieder geglaubt habe, das ist jetzt das letzte Buch, und das war es dann doch nicht.

Als junger Mann schwankten Sie zwischen Politik, Wissenschaft und Journalismus. Sie wurden ein schreibender Politiker und in den letzten beiden Jahrzehnten immer stärker zum Politik-Theoretiker?

E.E.: Ja. Man kann es aber auch so formulieren, dass ich mich immer noch als Staatsbürger ohne Funktionen für politisch verantwortlich halte. Anders als früher ist das geschriebene und gelegentlich das gesprochene Wort mein einziges Werkzeug.

Was bedeutet Ihnen schreiben? Hilft es, bestimmte Probleme zu Ende zu denken?

E.E.: Fast immer, wenn ich ein Buch geschrieben habe, manchmal war es auch nur ein Aufsatz, steckte dahinter ein gerüttelt Maß an

Ärger oder sogar Zorn. Wenn ich zum Beispiel gesehen habe, wie fahrlässig und gedankenlos in den letzten zwanzig, fünfundzwanzig Jahren mit dem Thema Staat umgegangen wurde, dann musste ich dazu etwas sagen. Je modischer die neoliberale Strömung wurde, desto mehr wurde der Staat nur noch als gefräßiges Ungeheuer gesehen, das den armen Staatsbürgern das Geld aus der Tasche zieht und dann irgendwo wieder in die Gegend spuckt. Da hat sich bei mir eben eine Mischung aus Sorge und Zorn gebildet. Aus dieser Sorge heraus sind einige Bücher entstanden, nicht nur »Auslaufmodell Staat?« sondern auch einige Vorläufer, die angestoßen wurden durch die marktradikale Ideologie. Ich glaube, es kommt bei mir fast gar nicht vor, dass ich mich hinsetze und überlege: Worüber könntest Du jetzt ein Buch schreiben? Ich glaube sogar, das ist noch nie passiert. Bücher schreibe ich dann, wenn ich das Gefühl habe, da muss etwas gesagt werden, und dann knie ich mich rein. Natürlich lese ich viel, um mich in ein Thema einzuarbeiten, und dabei lerne ich wiederum eine ganze Menge. Wenn ich ein Buch beendet habe, dann habe ich vieles dazugelernt, was ich zu Beginn noch nicht wusste.

Brauchen Sie Rituale, also eine bestimmte Umgebung, den gewohnten Arbeitsplatz, feste Arbeitszeiten, damit die Sätze fließen?

E.E.: Nein, nicht unbedingt. Früher habe ich meine Bücher mit der Hand geschrieben. Aber das war meiner Mitarbeiterin gegenüber nicht fair. Sie hatte immer mal wieder Schwierigkeiten mit meiner Handschrift. Also habe ich mich an meine uralte Reiseschreibmaschine gesetzt und mit zwei Fingern und vielen Fehlern geschrieben. Lesen kann man das trotzdem. Ich überarbeite die Texte dann handschriftlich und gebe sie dann meiner Mitarbeiterin zum Abschreiben. Ich schreibe manchmal auch in der Bahn – ich bin ja viel unterwegs – oder auf einer Parkbank. Also ich brauche keine spezielle Umgebung.

Einen Computer gibt es nicht im Hause Eppler?
E.E.: Der Computer steht bei meiner Mitarbeiterin.

Quälen Sie sich beim Schreiben?
E.E.: Nein, ich stelle aber fest, dass ich nicht mehr beliebig lange an einem Stück schreiben kann. Früher konnte ich ohne Pause vier Stunden lang schreiben, heute merke ich, dass nach anderthalb Stunden die Konzentration nachlässt. Dann mache ich eine Pause und danach geht es wieder. Das läuft immer noch ganz gut.

Werden Sie unruhig, wenn Sie nicht über einem Text sitzen?
E.E.: Nein, das ist bei mir nicht der Fall. Ich kann wochenlang leben, ohne etwas zu schreiben. Vor allem, wenn der Garten ruft. Ich kann auch (und das ist gegenwärtig der Fall) sehr gut damit leben, dass ich gar nicht wüsste, worüber ich ein Buch schreiben sollte und deshalb gar nicht die Absicht habe, mich an die Schreibmaschine zu setzen.

Sie vermeiden die Sprache der Funktionäre. Ist das die Genauigkeit des Literaten, des an Literatur Interessierten?
E.E.: Wenn ich ganz ehrlich bin: Während meines Germanistikstudiums habe ich nie einen Professor getroffen, der mir Deutsch oder auch nur eine deutsche Stilistik beigebracht hat. Meine sprachliche Sensibilität verdanke ich einem Gymnasiallehrer. Das war Gerhard Storz, der spätere baden-württembergische Kultusminister. Ich habe viel von ihm gelesen, vor allem seine Beiträge zum »Wörterbuch des Unmenschen«. Ich habe mich dann auch mit Stilistik beschäftigt und reagiere ziemlich empfindlich auf grammatikalische Fehler. Ich liebe die deutsche Sprache, ich finde sie großartig. Man kann unglaublich vieles sehr differenziert ausdrücken. Wann immer ich schreibe, möchte ich diese Sprache gerne so gewissenhaft und auch so freundlich wie möglich behandeln.

Mit einem gerüttelt Maß an Ärger und Zorn

Anfang der neunziger Jahre hat Erhard Eppler der Kritik an der politischen Sprache ein ganzes Buch gewidmet. Der eigenwillige Titel »Kavalleriepferde beim Hornsignal«, über den viele stolperten, geht auf George Orwell zurück, der darüber geschrieben hat, welche Wirkung diese vorgestanzten, gedankenlos, geradezu automatisch benutzten Floskeln haben. Die Wörter traben los, immer in dieselbe Richtung, aufgereiht eben wie die Kavalleriepferde beim Hornsignal. Auf der Strecke bleiben, so Orwells Warnungen, Nachdenklichkeit, Genauigkeit und im schlimmsten Falle eben auch Wahrhaftigkeit. Es ist vielleicht Epplers schwierigstes Buch, in dem er »Die Krise der Politik im Spiegel der Sprache« beschreibt. Wer wissen möchte, wie Sprache das Handeln in der Politik beeinflusst, der kommt um die Lektüre kaum herum.

Was er im Vorwort dieses Buches schreibt, könnte man das Credo des politischen Schriftstellers und begabten Redners Erhard Eppler nennen:

»Politik vollzieht sich in Sprache. Wo Sprachlosigkeit beginnt, hört Politik auf. Daher bedeutet Sprache für Politiker etwas anderes als für Chirurgen oder Fußballer. Es kann ausgezeichnete Chirurgen oder Fußballer geben, die mit ihrer Sprache nur mühsam zurechtkommen, ganz einfach, weil das Entscheidende bei Chirurgie oder Fußball nicht im Medium der Sprache stattfindet. Anders in der Politik. In ihr lässt sich nicht säuberlich unterscheiden zwischen Reden und Tun, weil das Reden sehr wohl Handeln bedeutet. [...] Ein einziges – unbedachtes oder bedachtes – Wort eines Finanzministers kann an der Börse Hunderte von Milliarden in Bewegung setzen, eine Währung auf- oder abwerten. Ein einziges unbedachtes Wort eines Kanzlers kann die auswärtigen Beziehungen auf Jahre hinaus belasten. Und wenn die politische Sprache die Menschen nicht mehr erreicht, dann trifft dies die Politik in ihrem Kern.«

Wie man umgekehrt mit Sprache Menschen erreichen kann, zeigt Erhard Eppler nun seit mehr als einem halben Jahrhundert. Seine Bücher und Aufsätze, seine sorgfältig ausgefeilten Reden haben Menschen beeinflusst. Ob das nun wie in seinen frühen Schriften um Wiederbewaffnung und das geteilte Deutschland ging oder in den letzten Jahren um die Auseinandersetzung mit den Marktradikalen, die weltweit versuchen, sich ganze Staaten unter den Nagel zu reißen – die Klarheit und Kraft seiner Sprache bringt die Leser zum Nachdenken. Zum Beispiel auch darüber, dass es die vielen kleinen Marktradikalen sind, die alle ihren kleinen Vorteil suchen! Ohne sie gäbe es die großen nicht.

Gestanzte Sprache, Sprechblasen, hohle Sätze, die gut klingen, aber nichts aussagen, das alles lässt ihn heute noch zusammenzucken – und treibt ihn immer wieder an seine Schreibmaschine, ein wahres Museumsstück, für das er erstaunlicherweise immer noch Nachschub an Farbbändern bekommt.

An sein erstes Buch, erschienen 1968, kann er sich natürlich – wie jeder Schreibende – noch gut erinnern. Es hat den Titel »Spannungsfelder«, ist eine Sammlung von Aufsätzen, Reden, Zeitungsartikeln und wurde durch eine Besprechung von Günter Grass in der »Zeit« geadelt. Ja, sagt er, das waren die gesammelten Werke eines doch noch sehr jungen, gerade zweiundvierzigjährigen Menschen. Ganz schön stolz sei er gewesen, ein selbst geschriebenes Buch in der Hand zu halten. »Aber schrecklich lange hat der Stolz nicht angehalten.«

Es werden wohl rund zwanzig Bücher sein, die er im Laufe seines Lebens geschrieben hat, viele davon neben einem Beruf, der ihn allein schon bis an die Grenzen beansprucht hat. Die Zeit zum Schreiben hat er sich genommen als junger Abgeordneter mit einem Pendlerleben zwischen Bonn und dem Schwarzwald, zwischen Parlament und großem Flächenwahlkreis. Geschrieben hat er als Bundesminister und als Oppositionsführer und Landeschef der baden- württembergischen SPD. Geschrieben hat er in den langen Jahren als Vorsitzender der Grundwertekommission und stellvertretender Vorsitzender zweier Programmkommissionen. Und mehr denn je hat er geschrieben, als er aller Ämter in der Partei ledig war. Mit der Frage, ob es denn unter all seinen Büchern ein »Lieblingsbuch« gibt, kann er wenig anfangen. »Darüber habe ich überhaupt noch nie nachgedacht«, sagt er, »zumal ich meine Bücher normalerweise nicht mehr lese.« Da müsse ihn schon jemand fragen, ob diese oder jene These schon in einem bestimmten Buch zu finden sei. Im Vordergrund steht für ihn immer das Buch, an dem er gerade arbeitet. Beim ersten Durchlesen des fertigen Manuskripts findet er gut, was er zu Papier gebracht hat. Ein paar Wochen später, etwa beim Korrekturlesen, ist er unzufrieden mit sich und seinem Werk. »Wenn es dann gedruckt ist, dann finde ich es ganz passabel.«

Alle seine Bücher haben mit bestimmten Epochen seines Lebens, seiner Arbeit zu tun. 1971 erschien zum Beispiel das in viele Sprachen, selbst ins Japanische übersetzte Buch »Wenig Zeit für die Dritte Welt«. Es war die Zeit, in der er, wie er heute sagt, »sachbesessen« gewesen ist, nur für die Entwicklungspolitik gelebt hat. Dazu passt, dass dieses Buch während eines vierzehntägigen Familienurlaubs auf einer schwedischen Insel entstanden ist. Seine Frau und die vier Kinder werden wenig vom Mann und Vater gesehen haben, und von Urlaub konnte für ihn wohl keine Rede sein. »Das Buch war mir wichtig, weil es die Position eines amtierenden Ministers deutlich gemacht hat und für mich so eine Art Visitenkarte im Ausland wurde.«

In den Jahren, in denen er in der Friedensbewegung aktiv war, schrieb er das Buch, das rund hunderttausend Mal verkauft wurde, die höchste Auflage von allen seinen Büchern erreichte.

Das war »Wege aus der Gefahr«, ein auch heute noch aufregendes Buch. Denn Eppler mahnte schon vor dreißig Jahren an, dass Politik sich nicht in Krisenmanagement erschöpfen darf, dass Politiker nicht zu Vollzugsorganen von Sachzwängen werden dürfen, weil sie auf diesem Wege nur die »Entmachtung des Politischen« bewirken können. Er hat dieses Buch in seinen politisch vermutlich dunkelsten Zeiten geschrieben, nämlich vor seinem Rückzug aus der baden-württembergischen Landespolitik. Sätze wie die folgenden zeigen seinen damaligen Seelenzustand: »Es ist nicht Resignation, wenn einer, der über Jahrzehnte sich antreiben und hetzen ließ, versucht, sich den Zwängen des politischen Leerlaufs zu entziehen. Es wäre sogar ein Signal, wenn es viele zum Nachdenken darüber veranlasst, ob politisches Leben wirklich und unwiderruflich so sein muss, wie es heute ist.«

In »Wege aus der Gefahr« geht es um Entwicklungspolitik und soziale Sicherheit in Deutschland, um Rüstungspolitik und die Energieversorgung der Zukunft und um eine zeitgemäße Steuerpolitik. Hinterfragt werden die Rollen von Wissenschaft und Technik und die Kosten des Wachstums. Und erstaunlicherweise befasst Eppler sich mit der Frauenbewegung, die ja damals, als dieses Buch entstand, höchst lebendig war. Junge Politikerinnen, die ansonsten auf Epplers Seite standen, murrten in jenen Jahren mal laut und mal leise, mit Frauenpolitik könne der ansonsten von ihnen verehrte Eppler wenig anfangen. In diesem Buch aber finden sich für die siebziger Jahre erstaunliche Sätze:

»Es wird nötig sein, jeder Familienideologie zu widerstehen, die letztens die Frauen wieder dahin verweisen möchte, wo sie Jahrhunderte lang – zu ihrem und ihres Mannes Nachteil – ihren Platz hatten, jeder Familienideologie, in der die Rolle des Mannes unangetastet bleibt. Nichts darf zurückgenommen werden, was Frauen im letzten Jahrzehnt an Eigenständigkeit, Selbstbewusstsein, an Geltung in Gesellschaft und Beruf zugewachsen ist. Die

Frage nach der Familie von morgen ist die nach einer Gemeinschaft, in der beide, Frau und Mann, aus einer kränkenden, krankmachenden Aufgabenverteilung heraus aufeinander zutreten. Dazu müssen berufliche Funktionen anders aufgeteilt, Arbeit flexibler angeboten werden, damit Frau und Mann ihre Aufgaben sinnvoller teilen können.«

Fast sprichwörtlich ist der Titel eines Buches geworden, das wohl wie kein zweites die ökologische Bewegung beflügelt hat. »Ende oder Wende – Von der Machbarkeit des Notwendigen«. Dieser Titel wird bis heute zitiert, teilweise auch von Menschen, die gar nicht wissen, dass dahinter ein Buch von Erhard Eppler aus dem Jahre 1975 steckt. Es erschien ziemlich genau ein Jahr nach seinem Ausscheiden aus dem Kabinett Schmidt. Das Buch liefert eine Begründung dafür, warum er in jener Regierung nicht weiter arbeiten konnte: »Ich konnte nicht bleiben, weil ich ein anderes Verständnis von Politik hatte als der Bundeskanzler. Und dieses andere Verständnis von Politik wollte ich in diesem Buch darstellen.« Doch »Ende oder Wende« ist viel mehr. In jener Zeit wurde in der Bundesrepublik Lebensqualität noch ganz selbstverständlich gleichgesetzt mit Konsum, und dieses Denken wurde von Eppler ganz grundsätzlich in Frage gestellt. Dies geschah nicht im damals modischen Stil der Untergangspropheten und Verzichtprediger. Ganz im Gegenteil, die Texte machten neugierig, machten Mut, sich auf Neues einzulassen, Dinge in Frage zu stellen, auf Überflüssiges zu verzichten um zu erhalten, was wirklich wichtig ist. Erhard Eppler hat eine Begabung, sich in Bildern auszudrücken, die haften bleiben. So auch in diesem Buch:

»Wenn unsere Innenstädte veröden, weil die horrenden Grundstückspreise nur noch Banken, Kaufhäuser oder Versicherungen rentabel erscheinen lassen, dann muss entschieden werden, was wir bewahren wollen: die Urbanität der Stadt oder die Eigentumsverhältnisse, genauer: das Bodenrecht, das diese Urbanität zerstört.

Wenn der Konkurrenzdruck in unserem Erziehungswesen zunehmend Psychosen, Neurosen und psychogene Erkrankungen hervorbringt, stellt sich die Frage, ob die Gesundheit unserer Kinder oder ihre frühzeitige Einpassung in die Strukturen unserer Erfolgsgesellschaft Vorrang hat.

Wenn Preisschwankungen auf dem Weltmarkt Millionen zum Tode verurteilen, haben wir zu wählen zwischen dem Wert von Menschenleben und einer Struktur des Welthandels, bei der wir bisher – zugegeben – nicht schlecht gefahren sind.«

Das klingt, als sei es gestern geschrieben worden, nur dass sich viele der Übel von damals noch verschärft haben. In einem Punkt hat Erhard Eppler sich in jenem Buch – glücklicherweise – geirrt. Wie die meisten Menschen, hatte er sich ein Ende der Apartheidpolitik im südlichen Afrika so schnell nicht vorstellen können, sondern im Gegenteil einen langen, blutigen Weg in die Freiheit mit Hass- und Gewaltausbrüchen gefürchtet. Auch deshalb war ihm schon als für die Entwicklungshilfe zuständiger Minister eine enge wirtschaftliche und politische Kooperation mit schwarzafrikanischen Staaten des südlichen Afrika wichtig gewesen. Er wollte, dass die Bundesrepublik und Europa so weit wie irgend möglich halfen bei der raschen und unblutigen Beseitigung jeder weißen Minderheitenherrschaft im Süden des Kontinents. Mit wenig Erfolg, wie er in »Ende oder Wende« schreibt. In den allerersten Wochen der neuen Regierung Schmidt wollte Eppler Schluss machen mit Hermesbürgschaften für deutsche Exporte nach Südafrika. »Was natürlich abgelehnt wurde vom Finanzminister, vom Wirtschaftsminister und vom Bundeskanzler.« Jene Weißen, die von der Apartheid profitierten, hassten ihn. »Im heutigen Namibia hatten die Nachkommen deutscher Siedler und auch andere Europäer Plakate mit meinem Konterfei aufgehängt, richtige Steckbriefe, die mich als Verräter an der weißen Sache zeigten.«

Ein paar Bücher später hat er sich mit seinem eigenen Leben beschäftigt, zunächst mit dem, wie er es manchmal nennt, »Lisa-Buch«, also den »Briefen an meine Enkelin«. Als fast Siebzigjähriger ist er da wieder eingetaucht in seine Kindheit in Schwäbisch Hall. Warum so spät? Eppler meint, vielleicht sei die Distanz zu dieser Zeit erst Anfang der neunziger Jahre groß genug gewesen. Und sicherlich haben ihn nicht nur die Fragen der Enkel animiert, sondern auch die Tatsache, dass er wieder in der Stadt seiner Kindheit lebte und die Erinnerungen bei Spaziergängen und beim Schlendern durch die Altstadt wieder lebendig wurden.

»Komplettes Stückwerk« war dann die zwangsläufige Fortsetzung des Kindheits- und Jugendbuches, das mit dem Kriegsende schließt. Immer wieder war Erhard Eppler bedrängt worden, nun doch aufzuschreiben, wie das weitergegangen ist nach dem Krieg, weitere Briefe an Lisa in Buchform vorzulegen. Doch das ging nicht: »Es ist möglich, in Briefen an ein Enkelkind die eigene Kindheit und Jugend zu erzählen, aber es ist nicht gut möglich, in dieser Form über die Politik der Regierung Brandt oder meinen Rücktritt aus dem Kabinett Schmidt zu berichten.« Lange dachte Eppler nach, wie er über sein politisches Leben schreiben könnte, ohne eine der oft recht langweiligen Politiker-Autobiografien vorzulegen. »Die normalen Autobiografien sind erstens chronologisch geordnet. Wie war das 1951, 1952, 1953? Und was passierte dann? Was ja auch durchaus logisch ist, wenn man über Zeitgeschichte berichtet, dann bietet sich die chronologische Ordnung an. Das zweite ist, dass die meisten dieser Autobiografien ein gerüttelt Maß an Selbstrechtfertigung enthalten. Beides wollte ich nicht. Denn das liest sowieso niemand, solche Bücher sehen nur im Bücherschrank schön aus.«

Es ist eine Art Lebensbilanz entstanden, obwohl er auch nach dem »Stückwerk« weiter Bücher geschrieben hat, aber dann eben themenbezogene reine Sachbücher. Er wollte mit der Distanz des damals Siebzigjährigen zum politischen Betrieb ausloten, welche Fehler er gemacht hat, welche Erfolge über den Tag hinaus sich verbuchen lassen, welche Menschen ihn wann und wie beeinflusst haben und wie die Rolle des Politikers sich im Verlauf der Nachkriegsgeschichte verändert hat.

Der Schriftsteller Eppler entschied sich für einen schwierigen Weg. Er hat die Kapitel nicht chronologisch, sondern nach Themen geordnet. Und so ist ein Buch entstanden, das die Erfahrungen aus fünfzig Jahren Politik bündelt. Schwerpunkte bilden die Themen, die ihn bis zum heutigen Tag beschäftigen: eine Entwicklungspolitik, die diesen Namen verdient. Die Ökologie im weitesten Sinne. Die Friedenspolitik, also seine Jahrzehnte währende Beschäftigung mit dem Ost-West-Konflikt bis hin zum Fall des Eisernen Vorhangs und den Fragen nach den Konsequenzen. Alle diese Themen haben miteinander zu tun: Ohne Armutsbekämpfung in der sogenannten Dritten Welt keine wirkungsvolle globale Umweltpolitik, ohne greifbare Fortschritte auf diesem Gebiet immer dramatischere Kämpfe um die natürlichen Ressourcen und in der Folge neue Kriege und Bürgerkriege.

Weil Eppler immer vernetzt gedacht hat, drängte er so früh auf einen ökologischen Rahmen für die Industriegesellschaften. Sie sollten Vorbildfunktion haben für die bevölkerungsreichen Länder wie Indien oder China, die verständlicherweise auf einen gerechten Anteil vom Kuchen pochten, leben wollten wie die Menschen in den westlichen Industrieländern. Im sehr persönlichen Rechenschaftsbericht »Komplettes Stückwerk«, erschienen 1996, schaut er allerdings wenig hoffnungsvoll in die Zukunft. Die letzten Zeilen des Buches lauten:

»Den Großvater, der das Glück hat, sechs muntere Enkel heranwachsen zu sehen, beginnt die Sorge zu lähmen, er könne für den Rest seiner Tage dazu verurteilt sein, hilflos zuzusehen, wie die politisch und wirtschaftlich Verantwortlichen unsere Gesellschaft von Woche zu Woche tiefer in die Falle hineinzuzerren, nicht ohne selbstgefällig ihren Realismus zu feiern. Ihm bleibt nur die Hoffnung, es möge denen, die gerade in der ökologischen Modernisierung ökonomische Chancen sehen, im letzten Augenblick gelingen, uns durch einen Kraftakt vor diesem Unheilszirkel zu bewahren.«

Der letzte Satz im Buch lautet – und das ist nicht die übliche Wortwahl des sonst so behutsamen Schreibers: »Wenig, verdammt wenig Zeit für die Erste Welt.«

Der Buchtitel »Komplettes Stückwerk« bedeutet ihm zweierlei: Es gab in seiner Politikerkarriere nicht die übliche Kontinuität mit einem Wahlkreis, der über die Jahrzehnte beackert wird, mit der Festlegung auf bestimmte Themen, durch die man zum unangefochtenen Fachmann – oder zur Fachfrau – wird, unverzichtbar für eine Fraktion oder ein Regierungsamt. Eppler fing an in der Kommunalpolitik, ging dann nach Bonn, danach zurück in die Landespolitik. Er hatte verschiedene Wahlkreise, hat sich mal mit Finanzpolitik, dann mit Außenpolitik, dann mit Entwicklungspolitik befasst. »Das war bei mir doch alles komplizierter als bei vielen Kollegen, eben stückwerkhafter. Und das Wort »komplett« hat ja im Deutschen zwei Bedeutungen: Es heißt, ganz und gar, also es war ganz und gar Stückwerk. Aber komplett heißt ja auch, ein Service ist komplett, es fehlt nichts. Dieser Anspruch steckt ja auch in dem Titel. Die vielen Bruchstücke gehören doch irgendwie zusammen und ergeben dann ein Ganzes.«

Hildegard Hamm-Brücher hat ihm zu diesem Buch geschrieben: »Ich habe in der gleichen Zeitspanne wie Sie ungezählte Politiker mit ihren Stärken und Schwächen kennen gelernt, aber niemanden, der es sich so schwer gemacht hat und niemanden, der sich und seinen Mitmenschen so wahrhaftig Rechenschaft abgelegt hat.«

Immer noch ist Erhard Eppler begehrter Gesprächspartner, wie man sieht, für die unterschiedlichsten politischen Lager. Hier, etwa 2005, während einer Diskussion im Haus in Schwäbisch Hall mit dem eigenwilligen Peter Gauweiler, CSU, moderiert von Klaus Bölling, einst Helmut Schmidts Regierungssprecher.

Viele Anhänger von Epplers Büchern waren enttäuscht darüber, dass er später keine Bücher mehr geschrieben hat zu Ökologie, Nachhaltigkeit und Dritter Welt. Der Grund dafür ist ganz nüchtern. Im Gegensatz zu den siebziger und achtziger Jahren gibt es zu diesen Themen inzwischen hunderte von Büchern, geschrieben von Menschen, die unmittelbar mit dieser Arbeit zu tun haben. Eppler hatte nicht das Gefühl, er müsse dazu auch noch etwas sagen: »Das läuft jetzt von selbst.«

Erstaunlich ist, dass der einst leidenschaftliche Lehrer kein Buch geschrieben hat über die Schule, über das Bildungssystem. Erhard Eppler winkt ab und meint, da hätte er »nicht viel Gescheites« schreiben können, weil er nur Praktiker und kein Theoretiker war. »Ich hätte nur meine Erfahrungen schildern können, von denen ich nicht weiß, ob sie übertragbar sind auf andere.« Willy Brandt scheint das einst anders gesehen zu haben, denn er bot Eppler nach dem Wahlsieg von 1972 das Ressort Bildung und Forschung an. Die Aufgabe wäre hochinteressant gewesen – und doch hat er Nein gesagt. »Das war für mich eine Wegscheide. Ich glaube, ich hätte es leichter gehabt, wenn ich das damals angenommen hätte. Ich habe Willy Brandt mit meiner Absage auch verärgert.« Er wollte die Arbeit in den Armutsländern fortsetzen. Wer weiß, wie sein Leben verlaufen wäre, wenn er sich nicht entschieden hätte, in diesem konfliktreichen Ressort zu bleiben. Zum Bruch mit Helmut Schmidt wäre es vermutlich nicht gekommen, wenn er sich um Bildung, Hochschulen und Forschung gekümmert hätte.

Durch viele seiner Bücher zieht sich wie ein roter Faden das Wissen um die Verschiedenheit zwischen seiner und der Generation nach ihm. Für die Flakhelfer-Generation, die dann auch noch an der Front für den »Endsieg« verheizt wurde, war Pragmatismus in der Politik ein positiv besetzter Begriff. Sie scheuten jedes Pathos, hatten die Nase voll von Ideologien aller Art. Sie blickten irritiert auf die Nachwachsenden, die als die Achtundsechziger-Rebellen wieder mit Ideologien herumspielten, ein Begriff, den die Älteren geradezu hassten. Unabhängig von Parteipräferenzen verband diese Generation eine Lebenserfahrung, die für Nähe zwischen ihnen sorgte, ihre Politik – und ihre Wortwahl – lange Zeit allzu nüchtern und spröde erscheinen ließ. Sie verabscheuten jedes Pathos in der Politik, sie waren misstrauisch gegenüber allen Patentrezepten, sie hatten erlebt, wie Ideologien die Menschen vergifteten und schließlich zu Krieg und Massenmord führten. Darüber ist bisher viel zu wenig geschrieben worden. Dabei könnte es durchaus sein, dass diese Sprachlosigkeit zwischen denen, die 1968 jung und auf der Suche nach einer Ideologie waren, und den damals fünfundvierzig- bis fünfzigjährigen Pragmatikern viel zu den Stürmen beigetragen hat.

Es war ein grundsätzlich anderes Politikverständnis, das die Studenten von 1968 und die illusionslose Flakhelfer-Generation trennte. Erhard Eppler hat das in einem Essay in der »Zeit« (nachzulesen in dem Buch »Maßstäbe für eine humane Gesellschaft: Lebensstandard oder Lebensqualität?«) beschrieben. Prägend für ihn und viele andere sei der Abscheu gegen jeden Versuch gewesen, Menschen zu Mitteln für irgendeinen hehren Zweck zu degradieren. »Wir fanden aus der Negation unsere politische Position, aber immer mit einem leichten Argwohn gegen allzu hohe Ziele, allzu große Worte, ja sogar gegen allzu ehrgeizige Pläne. [...] Deshalb war und ist die Frage der Jungen, worauf wir eigentlich hinauswollten. Und diese Frage lässt sich nicht mit der Bemerkung abtun, man müsse eben pragmatisch handeln. Ein Teil der Jungen suchte wieder nach einem geschlossenen Gesellschaftsbild, manchmal sogar nach dem Universalschlüssel für alle Fragen dieser Welt, und einige glaubten sogar – zu unserem fassungslosen Erstaunen – sie hätten ihn gefunden. Allen, nicht nur denen, die einem neuen Dogmatismus verfielen, erschien Pragmatismus jetzt selbst als Ideologie: [...] Wie uns »Ideologie«, so wurde ihnen »Pragmatismus« zum Schimpfwort.«

Während seiner gesamten aktiven Politikerzeit hat Erhard Eppler Vorträge gehalten an Universitäten, auf Kirchentagen und bei Gewerkschaften, hat regelmäßig in den besseren Zeitungen und Zeitschriften geschrieben und Bücher verfasst, die eine Generation von jungen, linken Politikerinnen und Politikern geprägt haben. Auch wenn er das bestreitet, ein gewisser Suchtfaktor und nicht nur die Sorge über den Zustand der Welt mag da schon dabei gewesen sein.

Geschrieben hat er immer schon. Als Student hat er sich an einem Drama versucht und das dann weggeworfen. Als Schüler in

Schwäbisch Hall hat er Gedichte für die Schublade verfasst, davon ist nichts mehr zu finden, weil das mit der Schublade wörtlich zu nehmen ist: »Als die Amerikaner 1945 unsere kleine Siedlung besetzten, da haben sie die Schubladen der Tische und Schränke einfach ausgeleert und in einen Splittergraben geworfen, wo der Inhalt dieser Schubladen dann vermodert ist und mit anderen Dingen eben auch meine frühen Schreibversuche, ohne dass die Weltliteratur großen Schaden genommen hätte.«

Später hat er nie mehr literarisch gearbeitet, vielleicht fehlte es an der Zeit, vielleicht war er dazu aber auch zu pragmatisch. Das Buch über seine Kindheit und Jugend kommt, bei aller Realitätstreue, literarischem Schreiben vermutlich am nächsten. Was den während dieser Gespräche Dreiundachtzigjährigen immer wieder an die Schreibmaschine treibt, ist die Frage, wie er seine Partei ermutigen, ihr dabei helfen könnte, neue Perspektiven zu entwickeln. Noch ist daraus kein Buchprojekt geworden, vielleicht wird das ja noch. Denn Eppler ist tief davon überzeugt, dass es eine Aufgabe der Sozialdemokraten ist (»weil niemand anders das kann!«), eine realisierbare, eindeutige Alternative zur marktradikalen Politik von heute zu entwickeln. Daran wird in der Partei gearbeitet, sagt er zuversichtlich. »Wenn mir das reicht, was dabei herauskommt, dann mache ich gar nichts. Wenn es mir nicht ganz reicht, dann werde ich mich vielleicht dazu äußern.« Als Drohung will er das nicht verstanden wissen!

KAPITEL 15

Christ sein in der Politik

Gespräch über Pietisten und andere Christen

In den siebziger Jahren in Baden-Württemberg hat man ihnen den Begriff »Pietist« angehängt, und das war nicht freundlich gemeint. Wodurch grenzen sich die Pietisten von anderen Protestanten ab?

E.E.: Wenn man die Geschichte nimmt, dann waren die Pietisten vor dreihundert Jahren eine progressive Bewegung innerhalb einer orthodox-lutherischen Landeskirche, in der die Dogmatik und eine strenge Kirchenzucht noch aus dem sechzehnten Jahrhundert stammten. Die Pietisten lehnten sich auf gegen eine kalte, abstrakte Dogmatik und sie wollten das Gefühl, zum Beispiel die Liebe zu der Person Jesu, rehabilitieren. Das hat sich dann im Laufe der Jahrhunderte immer mehr verändert, und heute sind die schwäbischen Pietisten diejenigen, die am ehesten buchstabengläubig sind. Sie haben deutlich fundamentalistische Züge, sie haben mit Pfarrerinnen Schwierigkeiten, sie nehmen die konservativsten Positionen ein. Und sie halten natürlich nicht viel von moderner Textkritik und überhaupt jeder modernen Theologie. Deshalb war ich nie in der Gefahr, mich zu ihnen zu rechnen. Aber da man nördlich des Mains jeden Schwaben, der mal in die Kirche geht, für einen schwäbischen Pietisten hält, war ich dann eben der schwäbische Pietist.

Am Anfang stand der (falsche) Satz in einem Schwenninger Lokalblatt: Eppler stammt aus einer pietistischen Familie.

E.E.: Ja, das war 1968, und das hat der »Spiegel« übernommen. Ich habe immer die Pietisten in Schutz genommen gegen mich, habe gesagt, das darf man denen nicht antun, dass man mich zu den Pietisten rechnet. Das bringt nur Verwirrung. Es gibt da allerdings eine ganz geringe Verbindung, nämlich dass der Glaube auch bei mir beginnt mit der Faszination durch eine Gestalt, nämlich die Gestalt dieses Jesus von Nazareth, soweit er in den Evangelien überhaupt erkennbar ist. Ich habe es immer für ein Adelszeugnis für die Europäer gehalten, dass sie ausgerechnet in diesem jüdischen Wanderprediger das Göttliche empfunden und gefunden haben. Aber mehr Verbindung gibt es nicht. Denn zum modernen Pietismus gehört auch die Verachtung für alles Weltliche und damit natürlich besonders für die Politik. Einen streng pietistischen Politiker kann man sich eigentlich kaum vorstellen. Es sei denn in einer Sekte wie der der »Bibeltreuen Christen«, die immer wieder zur Wahl antreten.

In den siebziger Jahren litten Sie unter dem bösen Spitznamen Pietcong.

E.E.: Das war Herbert Wehner. Der hat ja gerne mit Namen gespielt. Mein Verhältnis zu ihm war zwiespältig. Ich habe ihn auf der einen Seite bewundert. Auf der anderen Seite bin ich nie ganz schlau aus ihm geworden. Und ich habe mir auch nicht alles von ihm gefallen lassen, was er dann schließlich auch akzeptiert hat. Ich habe mich nie gegen dieses Etikett gewehrt, weil ich wusste: In dem Augenblick, in dem man sich gegen Klischees wehrt, die einem an die Baskenmütze geklebt werden, ist man verloren.

Einmal sind Sie in einer Zeitung »marxistischer Pietist« genannt worden. Geht das überhaupt?

E.E.: Das geht natürlich nicht. Nun muss ich hinzufügen, dass ich nie in meinem Leben Marxist gewesen bin. Ich habe mich zwar durchaus mit Marx beschäftigt, schon als Lehrer in Schwenningen. Ich fühlte mich verpflichtet, meinen Schülern auch etwas über Marx mitzugeben. Ich habe mich damals sehr intensiv mit ihm beschäftigt und habe ihn immer für einen der bedeutendsten Soziologen gehalten. Aber ich habe die marxistische Dogmatik nie für eine Wahrheit oder auch nur für eine politische Leitlinie gehalten.

In Ihrer Familie spielte Friedrich Naumann, der evangelische Theologe und linksliberale Politiker, eine große Rolle. Sie zitieren ihn gerne. Er starb, bevor Sie geboren wurden und scheint Sie doch geprägt zu haben?

E.E.: Ja, Naumann hat mich geprägt, allerdings mehr politisch als theologisch. Ich habe seine Theologie nie wirklich studiert. Er gehörte zu der damals angesehenen Gruppierung liberaler Theologen, zu der auch mein Großvater gehörte als Pfarrer am Ulmer Münster. Aber mich hat der politische Naumann interessiert. Der hat damals eine christlich-soziale Position begründet, auch theologisch begründet, die nicht mehr die Absicht hatte, die Arbeiterschaft für den Kaiser zu gewinnen, sondern sie als gleichberechtigte Klasse in die gesamte Gesellschaft einzufügen. Deshalb war die Sozialdemokratie für den linksliberalen Naumann sicher auf der einen Seite ein Gegner, auf der anderen Seite immer auch ein potenzieller Partner.

Theologisch geprägt hat Sie der Schweizer Theologe Karl Barth, der als Vater der Bekennenden Kirche gilt und gerne als religiöser Sozialist bezeichnet wird?

E.E.: Ich habe mich vor allem während meiner Studienzeit für ein Semester in Bern mit Karl Barth beschäftigt. Ich lebte ja damals in der Familie des altkatholischen Kirchenhistorikers Arnold Gilg, und der war mit Barth befreundet. Wichtig für mich war, dass

Barth theologisch begründet hatte, warum der Nazismus von Anfang an etwas Kriminelles hatte. Die deutschen liberalen Theologen waren dagegen, vorsichtig ausgedrückt, anfällig für die von den Nazis geförderten Deutschen Christen. Während meiner Studentenzeit hat mich die strenge Offenbarungstheologie Barths angezogen, heute bin ich da offener.

Zur Bekennenden Kirche, die den Nationalsozialismus kategorisch abgelehnt hat, gehörte auch ihr späterer Mentor Gustav Heinemann. Haben Sie während Ihrer Jugend in der Nazizeit etwas von dieser Kirchenströmung mitbekommen?

E.E.: Ja, sehr wohl. Nur gehörte die Württembergische Kirche im Gegensatz etwa zur Rheinischen zu den intakten Kirchen. Dort gab es keine Spaltung zwischen Deutschen Christen und Bekennender Kirche. Innerhalb der Evangelischen Landeskirche in Württemberg gab es Barthianer, die sich dort »Die Sozietät« nannten, oder »Die Bruderschaften«, die genau auf der Linie der Bekennenden Kirche lagen. Es gab auch konservative Theologen, die mit den Deutschen Christen nichts im Sinne hatten, so wenig wie mit den Barthianern. Und natürlich gab es auch ein paar Leute, die sich zu den Deutschen Christen zählten. Aber die Kirche insgesamt ist in Württemberg nie von den Deutschen Christen übernommen worden.

Anders als in der Katholischen Kirche ist in der Evangelischen immer Platz gewesen für viele Strömungen, viele Denkrichtungen. Wo würden Sie sich heute einordnen?

E.E.: Ich würde mich auf dem linken Flügel der Kirche einordnen, bei der »offenen Kirche«. Allerdings politisch noch ein bisschen linker als theologisch. Ich bin zwar heute kein strenger Barthianer mehr. Was ich mir als meine eigene Theologie im Laufe der Jahre zusammengereimt habe, ist nicht orthodox. Aber ich bin dennoch entschieden gegen die Reduzierung der christlichen Religion auf die christliche Ethik, so wichtig mir die christliche Ethik ist. Aber wenn ich zum Abendmahl gehe, dann ist das nicht eine ethische Handlung, sondern eine religiöse.

Christ sein in der Politik

Bischof Wolfgang Huber, bis zu seiner Pensionierung Ratsvorsitzender der EKD, erinnert sich an seine erste Begegnung mit Erhard Eppler. Das war im Oktober 1968 und die Evangelische Akademie in Baden hatte zu einer Tagung über das Verhältnis von Kirche und Staat eingeladen. Einer der Referenten war Erhard Eppler, der SPD- Bundestagsabgeordnete und (wenige Wochen später) Minister im Kabinett Willy Brandts. Huber weiß noch viele Jahre später, wie sehr ihn Epplers Vortrag damals verblüfft hat: »An einer Hand könne er die Fälle abzählen, in denen er sich als Bundestagsabgeordneter vor politischen Entscheidungen gesehen habe, die direkt mit seinem christlichen Glauben zu tun hatten. In aller Regel handle es sich um Zweckmäßigkeitserwägungen, um kalkulierte Kompromisse. Gewissensentscheidungen seien die Ausnahme. Ein Politiker war das im Übrigen, der sich für sein Engagement in der Sozialdemokratie unmittelbar auf Friedrich Naumann berief. Dort sei eine sozialliberale Position im Protestantismus grundgelegt, um deretwillen es auch heute einem Protestanten gut anstünde, sich in der Sozialdemokratie zu engagieren.«

Der junge Theologe Wolfgang Huber sah in Eppler einen christlichen Hoffnungsträger, der ihn so beeindruckte und beeinflusste, dass er wenig später mit seiner Frau zusammen in die SPD eintrat. Den politischen Moralisten, wie ihn in jenen Jahren viele bezeichneten – oder abqualifizierten –, sah er in Eppler allerdings nie, betont Huber ausdrücklich, weder in der politischen noch in der kirchlichen Arbeit, in der die beiden sich immer wieder begegneten.

Braucht Politik Religion? Davon ist Eppler heute überzeugt, zumindest was die europäische Politik angeht. Für ihn haben die drei Grundprinzipien der Französischen Revolution – Freiheit, Gleichheit, Brüderlichkeit – christliche Wurzeln. Diese Prinzipien seien von einer Kirche rabiat bekämpft worden, die gar nicht begriffen habe, dass es sich dabei um eine Art von säkularisiertem Christentum handelte, urteilt er kühn. Der europäische Sozialstaat, den es so in Asien nicht gibt, hat für Eppler ebenfalls christliche Wurzeln.

Immer aber hat er es abgelehnt, bestimmte politische Forderungen als christliche Forderungen zu verkaufen. In der praktischen Politik war er stets für eine strenge Trennung von Kirche und Staat und unterschied sich damit gleich zu Beginn seiner politischen Tätigkeit in der Gesamtdeutschen Volkspartei von Gustav Heinemann: »Gustav Heinemann hat 1950 gesagt, Gott hat uns die Waffen aus der Hand geschlagen, und nun sollten wir sie nicht wieder aufnehmen. Und das habe ich nie übernommen, weil ich sagte, so kann man in einer pluralistischen Gesellschaft nicht argumentieren. Und jeder Versuch, in der Politik zu sagen, Gott will es, hat immer nur zu Katastrophen geführt, angefangen bei den Kreuzzügen.«

Nie, sagt Eppler, habe er den Anspruch erhoben, christliche Politik zu machen, höchstens am Rande angedeutet, woher seine politischen Positionen kommen. Immer wieder hat der politische Schriftsteller sich mit den nur scheinbaren Gegensatzpaaren Moral – die der Kirche zugeschrieben wird – und Pragmatismus – der mit Politik verbunden wird – beschäftigt. Und er kam zu dem Schluss, dass Entweder-oder-Haltungen weder die Politiker noch die Christen weiterbringen. Schließlich gehe es auch in der Kirche nicht nur um Moral, und Pragmatismus wiederum will er nicht als Durchwursteln von Tag zu Tag verstanden wissen. Für ihn braucht Politik langfristige Ziele, auch wenn die schwierig zu formulieren und noch schwieriger umzusetzen sind. Als Beispiele nennt er Entwicklungspolitik, Friedenspolitik und Ökologie, alles keine Vorhaben für kurzatmige Pragmatiker. Er nennt das lieber den Versuch, moralisch unterfüttert auf pragmatische Weise langfristige Ziele zu erreichen. Anders ausgedrückt, wie er das in den siebziger Jahren einmal getan hat: »Ich habe viel von Karl Marx gelernt, aber versucht, vom Neuen Testament her zu leben, zu denken und zu handeln.«

Als Erhard Eppler in die SPD eintrat, das war ja noch vor dem Godesberger Programm, das den Frieden mit den Kirchen suchte, war die SPD eine kirchenferne, teilweise sogar kirchenfeindliche Partei. Seltsamerweise war das für den jungen Mann, obwohl geprägt durch die intensiven Diskussionen mit theologisch strengen Schweizer Kirchenleuten und mit Gustav Heinemann, überhaupt kein Problem. Es gab in jener Zeit ja schon eine ganze Anzahl Christen in der SPD, sagt er und erinnert sich mit großem Vergnügen an die alten Sozialdemokraten in Schwenningen, »die durchweg aus der Arbeiterschaft kamen und teilweise richtig bibelfest waren. Es gab um 1900 viele Sozialdemokraten, die mit Bibelzitaten operierten, wenn sie sich mit ihrem Pfarrer stritten.« Was die SPD politisch wollte, hat sich für ihn durchaus vertragen mit dem, was er als Christ für »vernünftig und angemessen« hielt.

Schon als Schüler hat er sich intensiv mit dem Christentum auseinandergesetzt. Dass er sich konfirmieren ließ, war allerdings auch ein Stück Protest gegen die rohe Naziumwelt. In seiner ganzen Klasse sei der Kirchenkampf der Nazis ganz schlecht angekommen, was wohl auch damit zu tun hatte, dass die lautesten NS-Funktionäre sich primitiv und lächerlich aufführten und jugendlicher Oppositionsgeist in der Zugehörigkeit zur Kirche ein willkommenes Ventil fand. Zwischen Konfirmation und Kriegsende habe sich seine Bindung an die Kirche dann eher gelockert. Erst in den Studentengemeinden in Frankfurt und Bern begann für den jungen Geisteswissenschaftler die eigentliche Auseinandersetzung mit dem Christentum und dauert bis heute an. »Das hängt damit zusammen, dass sich das Bild von der Welt ändert, dass man neue Erfahrungen macht, so lange man lebt.«

Zweimal war Erhard Eppler Präsident des Evangelischen Kirchentages, über einen langen Zeitraum saß er zusammen mit Richard von Weizsäcker und Klaus von Bismarck im Kirchentagspräsidium. Bis zum heutigen Tag ist für ihn der Kirchentag »die sympathischste Form von Kirche.« Neben der Grundwertekommission war für Eppler diese Aufgabe die wohl spannendste intellektuelle Herausforderung, zumal die Zusammenarbeit im Präsidium außergewöhnlich harmonisch war, auch bei Streitfragen. »Das war ein aufeinander hörendes Gremium.«

Die Kirchentage selbst – in den achtziger Jahren vor allem große Jugendfeste – waren für ihn Orte, an denen christliche Theologie und gesellschaftliche Wirklichkeit aufeinander trafen, sich auch aneinander rieben. »Da gab es auch Funken, aber dadurch wird es dann auch hell.« Es waren in den Zeiten von Epplers Präsidentschaft hochpolitische Kirchentage. Das galt besonders für jenen 1983 in Hannover, als das ganze Land in Aufruhr war wegen der Aufstellung der amerikanischen Pershing-Raketen in Süddeutschland und der Kirchentagspräsident Eppler eine der bekanntesten Symbolfiguren der Friedensbewegung war. Er stand also vor dem Problem, die Ausgrenzung jener zu verhindern, die sich nicht zu den Demonstranten von Bonn, Mutlangen und anderswo zählten. »Deshalb habe ich bei der Begrüßung gesagt, ich begrüße alle mit den violetten Tüchern (dem Erkennungszeichen der Friedensbewegung), und ich begrüße genauso herzlich alle, die keine violetten Tücher umgebunden haben. Es war mir wichtig, dass dieser

Kirchentag 1985. Man trug noch das violette Halstuch der Friedensbewegung. Erhard Eppler hielt einen Vortrag über die Entwicklungsländer.

Kirchentag ein offenes Forum blieb, nicht politisch eingeordnet werden konnte.« Das ist gelungen, zum Beispiel auch während einer nicht nur für den Präsidenten »außerordentlich interessanten und bewegenden« Diskussion zwischen Soldaten, Offizieren auf der einen Seite und Pazifisten auf der anderen Seite. Solche Begegnungen waren in jenen politisch aufgeheizten Zeiten außergewöhnlich, konnten vielleicht wirklich nur auf einem Kirchentag stattfinden.

Kirchentage waren für die Christen in Ost und West eine Möglichkeit, sich zu treffen. Das galt besonders für die regionalen Kirchentage in der DDR, die von den jeweiligen regionalen Landeskirchen verantwortet wurden. »Oft trafen die Arbeitsgruppen sich privat in einem Wohnzimmer. Da saßen dann vielleicht ein Dutzend Leute um einen Tisch und haben diskutiert. Da konnte man relativ frei reden.« Für Eppler waren das Begegnungen, die ihm wichtiger waren als alle anderen Termine. »Dieses Gefühl der Zusammengehörigkeit, das hat mich damals wirklich gepackt.« Deshalb hat es ihn auch nicht gewundert, als dann Ende 1989 aus dem Ruf »Wir sind das Volk« der Ruf »Wir sind ein Volk« wurde. »Ich bin dort immer als einer der Ihren aufgenommen worden.« Er hat viele Vorträge gehalten auf DDR-Kirchentagen, er hat zugehört und erinnert sich heute noch dankbar an diese Zeit. »Wenn ich einen Vortrag hielt und es gab danach sehr langen Beifall, dann hieß das nicht, der Vortrag war gut, sondern dann hieß das: Schön, dass Du gekommen bist.«

Pfarrer Friedrich Schorlemmer war eine der christlichen Leitfiguren des Widerstands gegen das DDR-Regime. Er hat einmal beschrieben, wie das war vor dem Mauerfall, wenn Erhard Eppler auf einem der spannungsreichen Kirchentage in den späten achtziger Jahren sprach. Zum Beispiel im Frühsommer 1988, als Erhard Eppler auf der Kanzel der Pauluskirche in Halle stand. Der wilhelminische Riesenbau war bis in die Seitengänge überfüllt.

Schorlemmer saß auf den Stufen der Kanzel. Nie hat er vergessen, wie Eppler in Anspielung auf das SPD-SED-Papier sagte, der Dialog über die Grenzen könne auf Dauer nicht intensiver sein als der Dialog innerhalb der einzelnen Gesellschaften. Und er hat den Menschen in der Pauluskirche Mut gemacht: »Nichts ist wirkungslos. Und wenn die Krisen sich zu einer Krise zusammenballen, dann rücken auch die Aktivitäten zur Bewältigung der Krisen zusammen, ergänzen und fördern sich gegenseitig. Man arbeitet über Jahre scheinbar ohne Erfolg, und plötzlich kommen die Durchbrüche viel schneller als erwartet. Und sie kommen oft auch aus Richtungen, aus denen wir sie nicht erwartet haben.«

Es hatte aber nicht nur mit Epplers Kirchentagsarbeit zu tun, dass die Menschen in Ostdeutschland ihm vertrauten. Viele Christen und Bürgerrechtler schätzten, dass er ihren Einladungen auch in Zeiten folgte, in denen es noch keine Hoffnung auf Veränderungen gab, wo im Gegenteil Eiszeit herrschte zwischen Ost und West. Der 2008 mit siebenundneunzig Jahren verstorbene frühere Bischof von Berlin-Brandenburg, Albrecht Schönherr, hat einmal von einem Treffen mit den jungen Abgeordneten Richard von Weizsäcker (CDU) und Erhard Eppler (SPD) im Pfarrhaus der St. Bartholomäus-Gemeinde in Berlin-Mitte erzählt. Das war im Jahre 1967, und er bedauerte später, dass er keine Aufzeichnungen über das Gespräch verfasst hatte. Das war zu gefährlich, denn Kirchenleute mussten ständig mit Durchsuchungen ihrer privaten und ihrer Amtsräume rechnen. Was in seinem Gedächtnis haften geblieben ist von jenem Gespräch, war die Offenheit der beiden westdeutschen Politiker, mit der sie auf alle Fragen eingingen, die vom Thema Friedenspolitik mitten im Kalten Krieg bis zum Verhältnis zum Nachbarn Polen reichten. Bittere Pointe des Gesprächs: Trotz aller Vorsicht erfuhr das Ministerium für Staatssicherheit unverzüglich von dem Treffen. Die an allen Sitzungen teilnehmende Sekretärin war Mitarbeiterin der Stasi.

Was in der DDR für die kritischen Kirchenleute selbstverständlich schien, nämlich Christ zu sein und sich politisch einzumischen, war in früheren Jahrzehnten in der Bundesrepublik so selbstverständlich nicht. Immer wieder hat Erhard Eppler sich darüber geärgert, dass man versucht hat, ihn in Schubladen einzusortieren: Der Satz, er spricht heute bei uns als Christ oder als Sozialdemokrat, als Kirchentagspräsident oder als Buchautor, als Entwicklungspolitiker oder als Synodaler, führte mit Sicherheit zu unwirschem Stirnrunzeln. Erst das alles zusammen macht ja ihn, macht seine Identität aus. Im Jahre 1978 hat er mit dem späteren SPD-Bundestagsabgeordneten Freimut Duve Gespräche über sein Politikerleben unter dem Titel »Das Schwerste ist Glaubwürdigkeit« geführt. Als das Buch erschien, erlebte er gerade schwierige Zeiten in Baden-Württemberg. Die SPD zerfiel in Flügel, reagierte verunsichert auf die neue grüne Bewegung. Eppler fühlte sich – wieder einmal – in einer Außenseiterposition, galt den Regierenden in Bonn als lästiger Störfaktor und musste wohl enorm viel Kraft aufwenden, um auf dem von ihm als richtig erkannten Weg zu bleiben. Vor diesem Hintergrund lesen sich die Schlussbemerkungen in dem kleinen rororo-Band besondern spannend, klingen wie ein sehr persönlicher früher Rechenschaftsbericht, in dem er präzise formuliert hat, was es für ihn bedeutet, Christ zu sein in der Politik: »Wer mich im Kirchentag haben will, kann nicht damit rechnen, dass ich den Sozialdemokraten an der Garderobe abgebe. Und wer mich in der SPD haben will, muss mit dem evangelischen Christen rechnen, der gelegentlich ein trockenes Nein parat hat, beharrlich fragt, worauf wir denn nun hinauswollten? [...] Ich bin nicht demokratischer Sozialist, obwohl ich Christ sein will, sondern weil ich – und niemand muss mir das nachtun – so àm ehesten meine tun zu können, was ein Christ heute tun sollte. Und ich bin nicht evangelischer Christ, obwohl ich in der Politik bin. Umgekehrt wird ein Schuh draus: Wäre da nicht immer ein Stachel, der wohl mit Glauben zu tun hat, so hätte ich mich längst aus den Widerwärtigkeiten und Widerlichkeiten des politischen Geschäfts davongestohlen.«

Beim Lesen dieser Sätze werden die intensiven Beziehungen Epplers zur DDR-Kirche noch verständlicher: Die Menschen, mit denen er es dort teilweise über viele Jahrzehnte hinweg zu tun hatte, waren selbst politische Außenseiter, die beharrlich festhielten an dem, was sie für richtig erkannt hatten und die dafür ein Leben in der Nische, verweigerte Berufslaufbahnen, Bespitzelung und Verfolgung auf sich nahmen, ohne von einem guten Ende ausgehen zu können.

In der Bundesrepublik hat ein Politiker, der sich auf seine christlichen Wurzeln beruft, längst etwas Irritierendes. Viele Menschen, getauft und mehr oder weniger christlich erzogen, haben sich der Religion durch ihre Erfahrungen im Laufe ihres Lebens längst entfremdet. »Ja, das kann ich gut verstehen«, sagt Erhard Eppler, aber er weist darauf hin, dass auch der umgekehrte Weg nicht selten ist. Bestimmte Vorstellungen, die mit Religion zu tun haben, färben auf die Politik ab. »Also das, was man das christliche Menschenbild nennt. Das ist ja von der Union schrecklich missbraucht worden, sie redet dauernd davon, ohne zu sagen, was das ist.«

Wenn Politik mit diesem Begriff hantiert, wird er misstrauisch. In dem Buch »Der Politik aufs Maul geschaut« taucht auch das Wort »Menschenbild« auf. Die Parteien mit dem »C« im Namen berufen sich dabei – wenn überhaupt – auf die Schöpfungsgeschichte, nach der Gott den Menschen »ihm zum Bilde« geschaffen hat. Der bibelfeste Christ Eppler gibt Nachhilfeunterricht: »Abgesehen davon, dass es sich dabei um eine jüdische, nicht spezifisch christliche Quelle handelt: Wozu in aller Welt brauchten wir Gesetze gegen allerhand Gaunereien, wenn über den Menschen nichts anderes zu sagen wäre, als dass er ein Ebenbild Gottes sei?« Es gibt kein allgemein gültiges christliches Menschenbild, sagt der liberale Christ, der sich darüber wundert, dass die Kirchen sich nicht wehren, wenn dieser Begriff zum inhaltsleeren Klischee verkommt, weil die Politik sich seiner bemächtigt.

Mit Religion wurde stets, zweitausend Jahre christlicher Geschichte zeigen das, auch Politik gemacht, hat Politik positiv, häufig aber auch dramatisch negativ beeinflusst. Als Beispiel nennt der Protestant Erhard Eppler Martin Luther, der zwar für seine persönliche Gewissensfreiheit sein Leben riskiert hat, aber dennoch von Demokratie nichts hielt, »weil er den Menschen nicht zugetraut hat, sich selbst zu regieren.« Über dieses pessimistische Menschenbild Luthers hat er viel nachgedacht: »Das hat bei mir dazu geführt, dass ich selten von Menschen enttäuscht war, weil ich nie zu viel von ihnen erwartet habe.«

Die Unterschiede im Christentum haben gerade Europa politisch sehr unterschiedlich geprägt. »Ob ich aus einer puritanischen Tradition komme, aus einer südlich-katholischen oder aus einer streng lutherischen wie in Skandinavien – daraus sind innerhalb der christlichen Religion auch verschiedene politische Positionen entstanden.«

In jeder Kirche gibt es politische Flügel wie in den Parteien. Links? Rechts? Liberal? Wo würde Erhard Eppler selbst sich einordnen in seiner evangelischen Kirche? Vor vielen Jahren einmal hat er die Frage beantwortet mit einer Schilderung seines Elternhauses: »Mein Großvater war ein linksliberaler Kirchenmann. Von dieser Atmosphäre wurde meine Mutter geprägt. Mein Vater, enttäuscht vom theologischen Seminar, studierte Mathematik und wäre ohne die Nazis sicherlich aus der Kirche ausgetreten. Ich bin in einer ultraliberalen Atmosphäre aufgewachsen.« Religiöse Liberalität herrschte auch beim Umgang der Epplers mit ihren Kindern. Als alle vier Kinder noch zu Hause lebten, wurde Vater Eppler einmal gefragt, wie er es denn zu Hause halte mit der Religion. »Das Verhältnis unserer Kinder zur Kirche ist, vorsichtig ausgedrückt, sehr unterschiedlich. Ich denke gar nicht daran, die Kinder deshalb zu bedrängen. Der Ton, der bei uns herrscht, würde das auch nicht zulassen.«

KAPITEL 16

Reiche Bürger, armer Staat

Gespräch über Marktradikale

Vom Manchesterliberalismus im neunzehnten bis zum Neoliberalismus im einundzwanzigsten Jahrhundert: Gibt es Ähnlichkeiten, zum Beispiel im Menschenbild?

E.E.: Nicht nur im Menschenbild, sondern auch in den Forderungen. Dass Erstaunliche ist ja, dass der Manchesterliberalismus gerade in Deutschland schon um das Jahr 1900 herum in die Krise kam. Er wurde von einem Mann wie Friedrich Naumann massiv bekämpft. Er polemisierte gegen das, was er Altliberalismus oder theoretischen Liberalismus nannte. All das lässt sich heute fast wortwörtlich gegen den Marktradikalismus wiederholen und deshalb empfinde ich es als einen kleinen Scherz, dass die FDP ihre Stiftung nach Friedrich Naumann benannt hat. Der wäre heute sicherlich nicht in der FDP.

Die Haltung der Wirtschaftsliberalen lautet etwa so: Freiheit vor Gleichheit. Verdienen vor Verteilen. Privat vor Staat. Klopfen wir das im Einzelnen ab. Freiheit vor Gleichheit?

E.E.: Wobei da die linke Position ist, dass Gleichheit die Freiheit nicht einschränkt, sondern für die meisten Menschen erst praktikabel macht. Die Grundidee der Sozialdemokraten ist ja, dass dort, wo der Markt entscheidet, nur ganz wenige Menschen frei sein können. Das hat schon Naumann etwa so gesagt: Wer nicht weiß, wovon er in den nächsten sechs Wochen leben soll, wenn er arbeitslos wird, dem nützen die schönsten Freiheitsrechte nichts. Der Marktradikalismus aber tut so, als ob sich aus der absoluten Freiheit der Märkte die Freiheit der Menschen ergäbe, was nachweislich nicht stimmt. Das ist vor hundert Jahren sogar innerhalb des Liberalismus ein Thema gewesen, während es heute nur noch außerhalb des Liberalismus diskutiert wird.

Verdienen vor Verteilen?

E.E.: In letzter Zeit ist ja von der liberalen Seite der Begriff der Leistungsgerechtigkeit ins Spiel gebracht worden. Gemeint ist damit lediglich, dass jemand das, was er verdient, möglichst auch behalten soll. Aber dass zum Beispiel ein Vorstandsmitglied inzwischen das Zweihundertfache eines Arbeiters verdienen kann und ob dies noch leistungsgerecht ist, ob ein Mensch zweihundert Mal mehr leisten kann als ein anderer, der auch voll arbeitet, das wird unter den Tisch gekehrt. Wir sind in dieser Diskussion bestenfalls an dem Punkt, an dem die Diskussion im Jahre 1900 war, aber wir sind weit hinter das zurückgeworfen, was 1970 in Deutschland an Vorstellungen vorhanden war.

Privat vor Staat?

E.E.: Ich habe Verständnis dafür, dass nach dem zwanzigsten Jahrhundert der Staat nicht gerade populär ist. Denn immerhin hat der Nationalstaat zwei Weltkriege auf dem Gewissen, und wir haben zwei totalitäre Staatsregime erlebt. Es ist nur natürlich, dass da eine gewisse Staatsskepsis entstanden ist. Die Schwierigkeit ist, dass das von den Marktradikalen ausgebeutet wird, und dass sie die These aufstellen: Je weniger Staat, desto freier der Bürger. Das würde ja bedeuten, nur ganz ohne Staat wäre er tatsächlich frei. In Wirklichkeit, und das kann man heute in Afrika und auch in Zentralasien sehen, wird der Bürger ohne Staat nicht frei, sondern

Freiwild. Wir müssen wieder ein angemessenes Verhältnis zwischen Staat und Markt und Zivilgesellschaft finden, das die Menschen wirklich freier macht, durch mehr Gerechtigkeit freier macht und dem Staat gibt, was des Staates ist. Wir müssen wieder einen Staat schaffen, der seine Hausaufgaben auch machen kann. Das scheint mir die europäische Aufgabe der nächsten Jahrzehnte zu sein.

Es ist noch nicht lange her, da haben schlaue Volkswirte der Banken uns erzählt, in Zukunft würden wir Geld nicht mit Arbeit verdienen, sondern mit Geld. Und keiner hat gerufen: Aber der Kaiser ist ja nackt!

E.E.: Ich habe mich in solchen Diskussionen zurückgehalten, weil ich kein Ökonom bin und Nichtökonomen in solchen Diskussionen meistens gar nicht ernst genommen werden. Aber der gesunde Menschenverstand hat mir natürlich gesagt, dass das nicht stimmen kann. Inzwischen haben wir Krisen erlebt, in denen Billionen von Euro verheizt worden sind, weil die hoch bezahlten Banker nicht mehr wussten, was sie in ihren Tresoren hatten: Derivate von Derivaten von Derivaten. Und damit, finde ich, haben sich die Marktradikalen widerlegt. Bis zum heutigen Tage ist es ja so, dass Banken, wenn sie sich gegenseitig Kredite geben, was früher selbstverständlich war, staatliche Garantien verlangen. Das heißt, sie trauen einander auf diesem Markt so wenig, dass sie sich gegenseitig ohne Staatsgarantie kein Geld verleihen! Eindeutiger kann man den Marktradikalismus nicht widerlegen.

Viele Menschen müssen mit so niedrigen Löhnen auskommen, dass der Staat aufstocken muss, damit sie sich und ihre Familien über Wasser halten können. Neoliberale Politik erklärt das mit der Globalisierung.

E.E.: Es ist die logische Folge des Marktes. Wenn man die menschliche Arbeit als Ware einstuft, deren Wert sich misst an Angebot und Nachfrage, dann ist das konsequent. Wenn man zu der Überzeugung kommt, dass menschliche Arbeit etwas mit menschlicher Würde zu tun hat und eben nicht irgend eine Ware ist, dann kommt man zu dem Gedanken der Mindestlöhne. Für mich war es ein interessantes und ermutigendes Zeichen, dass das Bundesverfassungsgericht jetzt zum ersten Mal von einem menschenwürdigen Existenzminimum gesprochen hat. Damit wird die Sozialstaatlichkeit nicht mehr nur auf den Artikel 20 des Grundgesetzes – die Bundesrepublik Deutschland ist ein demokratischer und sozialer Bundesstaat – zurückgeführt, sondern auch auf den Artikel 1: Die Würde des Menschen ist unantastbar. Das bedeutet, dass die Verfassung wichtiger ist als der Markt, und das wird einer der Streitpunkte der nächsten Jahre sein.

Die Weltfinanzkrise ist noch nicht bewältigt, und schon wird die Kundschaft wieder abgezockt – und lässt sich abzocken. Ist die Menschheit nicht lernfähig, sobald es ums Geld geht?
E.E.: Die Menschen sind schon lernfähig. Die Grundstimmung hat sich ja durchaus verändert durch die Krise und ihre Ursachen. Aber wir leben in einer Mediengesellschaft, und es gibt innerhalb der Medien auch Interessen. Der Marktradikalismus hätte nicht einen solchen Siegeszug antreten können, wenn die Medien nicht mitgespielt hätten. Dadurch gibt es eine Verzögerung im Bewusstseinswandel, aber ich glaube, er kommt trotzdem.

Dieser Kasinokapitalismus: Hat er es deshalb so leicht, weil seit dem Ende des Staatssozialismus ein mögliches Gegenmodell fehlt?
E.E.: Ich würde es anders formulieren. Wir Menschen neigen dazu, das Gegenteil des Falschen für richtig zu halten. Die Kommunisten haben geglaubt, sie könnten den Markt durch Staat, durch eine Bürokratie, durch ein Politbüro ersetzen. Also dem Markt

politische Befehle geben. Und das ist offenkundig gescheitert. Und nach 1990 haben dann viele Leute gesagt, wenn es völlig falsch war, den Markt durch den Staat zu ersetzen, dann lasst uns mal das Gegenteil probieren, den Staat, so weit dies geht, durch Markt zu ersetzen. Das heißt, immer mehr Bereiche wurden, auch in der Kommunalpolitik, dem Markt übergeben, privatisiert. Insofern hat der Zusammenbruch des Kommunismus dem Marktradikalismus endgültig die Türen geöffnet, gerade in Deutschland. Das wurde eine fast unwiderstehliche Welle.

Brauchen wir ein anderes Staatsverständnis? Müssen wir der Staatsverachtung der Neoliberalen etwas entgegensetzen?
E.E.: Ich würde noch weiter gehen. Der Appell an den Egoismus, auf dem ja moralisch der Marktradikalismus beruht, die Hochschätzung des Wettbewerbs, die Einteilung der Menschen in Gewinner und Verlierer, das alles hat es so nicht gegeben vor dieser marktradikalen Welle. Das widerspricht allem, was wir 2000 Jahre lang unter europäischer Ethik verstanden haben, keineswegs nur der christlichen, sondern auch der stoischen, der humanistischen Ethik. Wir müssen wieder lernen, dass Menschen aufeinander angewiesen sind, dass kein Mensch sich für sich alleine entfalten kann. Eine Ideologie, die nur den Einzelnen und seinen Vorteil und seinen Egoismus im Visier hat, ist völlig unrealistisch. Wir müssen fragen, was sind die Instrumente, in denen das Gemeinschaftsinteresse sich manifestieren kann? Das kann eine Stiftung sein, das kein ein Verein sein, der sich für behinderte Kinder einsetzt. Aber das funktioniert nur, wenn auch die staatliche Gesetzgebung dafür sorgt, dass das gemeine Wohl notfalls über egoistischen Wünschen steht. Das müssen wir schlicht wieder lernen.

Einst hat der Liberalismus der Politik gut getan.

E.E.: Es gibt bestimmte liberale Grundgedanken, die inzwischen auch bei uns Verfassungsrang haben und an die alle demokratischen Parteien sich mehr oder weniger streng halten. Aber es ist eben ein grundsätzlicher Unterschied zwischen dem Liberalismus, den unsere Verfassung von uns erwartet, auf der einen Seite und dem Marktradikalismus, der den Markt für klüger hält als die Politik und dem Bürger suggeriert, je weniger Staat es gibt, desto freier sei er.

Reiche Bürger, armer Staat

Im Jahre 2005 erschien ein Buch von Erhard Eppler mit dem Titel »Auslaufmodell Staat?«. Damals war noch nicht die Rede von einer weltumspannenden Wirtschaftskrise, vom drohenden Bankrott ganzer Staaten. Und deshalb meinte so mancher Kritiker, hier sei der Mann aus Schwäbisch Hall weit über das Ziel hinausgeschossen. Leidenschaftlich widersprach Eppler der modischen These, nach der private Ökonomen allemal besser wirtschaften können als der Staat. Skeptisch setzte er sich mit der Privatisierungswelle auseinander, von der sich auch die Kommunen überrollen ließen. Er beschrieb, wie die Schere zwischen Arm und Reich auch deshalb immer weiter auseinander klafft, weil der Staat mangels Geld die Menschen immer schlechter vor Lebensrisiken schützen kann. In diesem Text wurde so ziemlich alles vorweggenommen, was im Jahre 2010 die Bürger Deutschlands und Europas beunruhigt und ängstigt. Sie fragen sich: Kann der Staat seine Aufgaben noch erfüllen? Gilt noch der Satz: Reiche zahlen für Arme, Gesunde für Kranke, Junge für Alte, Arbeitnehmer für Arbeitslose? Oder löst sich das soziale Netz auf, weil jeder sich nur noch selbst der Nächste ist? Vor allem aber fürchten die Deutschen mit ihrer tief im kollektiven Gedächtnis verankerten Inflationsangst um ihre Ersparnisse, um ihre Altersvorsorge. Sie fühlen sich geheimnisvollen Mächten ausgeliefert, die da heißen: Internationaler Finanzmarkt. Hedgefonds. Investmentbanker. Sie sehen die Macht jener Spekulanten, die Angriffe starten auf Währungen wie den Euro, der doch als stabil galt. Sie lesen – ohne begreifen zu können, wie das geht –, dass in der Wall Street und anderswo Wetten laufen gegen ganze Staaten. Und sie sehen die Ohnmacht von Politikern, die von einer Krisensitzung zur nächsten rasen und mit unglaublichen Summen ihr eigenes und andere Länder stützen, um einen Dominoeffekt zu verhindern.

Ob die in dieser Krisenzeit in Deutschland Regierenden sich erfolgreich gegen die Übermacht des Marktes stemmen werden? Erhard Eppler, der immer noch hart urteilen kann, hat so seine Zweifel: »Angela Merkel hat keine europäische Überzeugung, sie sieht nur für ihre eigene Karriere. Im Bündnis mit der ›Bild‹-Zeitung wird Volkes Stimme in Politik umgesetzt. Das ist beängstigend, und das hätte ich auf meine alten Tage nicht mehr erwartet. In dieser Krise scheint sich der zwielichtige Berlusconi vernünftiger zu verhalten als die deutsche Bundeskanzlerin.« Es gab einen ungeschriebenen Pakt aller deutschen Regierungen von Adenauer über Brandt und Kohl bis zu Schröder, erinnert Eppler. Und der lautete: Deutsche benehmen sich als Europäer mit Verantwortungsgefühl.

Und nun träumen die Deutschen wieder von der alten D-Mark, und das Verantwortungsgefühl für Europa schwindet. Epplers Diagnose: »Das hat auch zu tun mit der marktradikalen Haltung in der EU-Kommission, die sich in alles eingemischt hat bis zu den Sparkassen und den Entscheidungen in den Kommunen. Außerdem rächt sich jetzt, dass die Deutschen Europa vor allem als Fluchtburg vor der eigenen Geschichte gesehen haben. Das verflüchtigt sich jetzt. Es wächst ein überbordendes Selbstbewusstsein, und das kann auf Dauer nicht gut gehen.«

Wieder einmal, wie schon während der Wirtschaftskrise in der zweiten Hälfte der siebziger Jahre, beklagen die Deutschen ihr Schicksal als Zahlmeister Europas. Diese Tonart fand Eppler schon damals peinlich und in der Sache falsch. Heute aber hält er die Entwicklung für viel gefährlicher, weil eine ganz grundsätzliche antieuropäische Stimmung geschürt wird und nur noch wenig die Rede ist von gemeinsamer Verantwortung für die Zukunft Europas. Wenn die Sparbemühungen – wie es jetzt aussieht – darauf hinauslaufen werden, dass vor allem die kleinen Leute und die Arbeitslosen die Zeche bezahlen, sorgte Eppler sich schon im Frühjahr 2010, »dann bedeutet dies Marktradikalismus als Sachzwang und Unheil für Europa.«

Die Ursache für die in fast allen Euro-Ländern dramatische Situation liegt für Eppler in einem Geburtsfehler bei der Einführung des Euro: »Man kann keine Währungsunion machen ohne Wirtschafts- und Sozialunion.« Hätten wir verbindliche Spielregeln, »dann wäre es für den Markt schwieriger, die EU-Staaten wie Unternehmen zu behandeln.« Dann ließe sich zum Beispiel eine europäische Börsensteuer einführen und ein europäisches Steuerrecht. So lange aber eine Wirtschafts- und Sozialunion nicht existiert, werden die europäischen Staaten im Konkurrenzkampf um Unternehmen und Arbeitsplätze finanziell weiter ausbluten, weil sie glauben, den global agierenden Investoren alles geben zu müssen, was sie verlangen.

Immer wieder erinnert Erhard Eppler an die Vorgeschichte des heutigen Desasters: Den Bürgern ist in den letzten zwanzig, fünfundzwanzig Jahren systematisch eingebläut worden, dass »der Markt« es schon richten werde, dass letztlich alle profitieren, wenn man nur die Fesseln löst, durch die Finanzmärkte früher in Schach gehalten wurden. Die Gehirnwäsche hat so gut funktioniert, dass nicht nur FDP-Wähler bis heute gebetsmühlenhaft wiederholen, privat habe vor Staat zu gehen. Und trotz zahlreicher

Beweise des Gegenteils wurde auch im denkwürdigen Sommer 2010 daran festgehalten.

Schon während seiner Rede auf dem Dresdner Parteitag der SPD im Herbst 2009 hat Erhard Eppler, zwischen Zorn und Resignation schwankend, festgestellt: »Es stimmt zwar, dass noch nie eine Ideologie so unmittelbar, so gründlich und so erbarmungslos widerlegt worden ist wie der Marktradikalismus durch die Finanzkrise. Da haben doch nicht die Märkte die Staaten gerettet, sondern die Staaten haben die Märkte retten müssen. Aber das Erstaunliche für uns alle ist: Diese marktradikalen Thesen haben ihre Widerlegung überlebt.«

Seit vielen Jahren schon beobachtet Eppler sorgenvoll (und warnt redend und schreibend vor den Folgen), wie die Starken bei diesem Spiel mit dem Schicksal ganzer Staaten immer stärker und die Schwachen immer schwächer werden. In dem Buch »Auslaufmodell Staat?« hat er schon vor fünf Jahren geschrieben:

»Die Deutschen schwanken zwischen Staatsvergottung und Staatsverspottung. In den letzten Jahren jedoch sieht sich der Staat Angriffen ausgesetzt, die nicht nur aus der Wirtschaft kommen. Sie laufen alle auf die Forderung hinaus, dass der Staat zurückgedrängt gehöre, wenn nicht sogar abgeschafft. In einer globalisierten Welt, so die zentrale Behauptung, können die Leistungen des Staates besser von privaten Organisationen erbracht werden, vom Transportwesen über die Gewährleistung der öffentlichen Sicherheit bis hin zur modernen Kriegsführung. Der Markt regle alles besser, der Staat störe bloß.«

Das Fatale ist, dass selbst die Leidtragenden dieser Entwicklung den Sirenenklängen verfallen sind und dem Staat tief misstrauen: Die Wohlstandsverlierer, also die Arbeitslosen, die von Arbeitslosigkeit bedrohten Menschen, diejenigen, die sich in die Warteschlange bei den Sozialämtern einreihen müssen, weil das Geld, das sie durch ihre Arbeit verdienen, nicht reicht – sie erwarten

Wenn Erhard Eppler während eines Parteitags ans Rednerpult geht, wird es still im Saal – wenn nicht gerade rauschender Applaus seinen Redefluss unterbricht. Während des Bundesparteitags in Dresden im November 2009 waren die Marktradikalen und die Sorge um eine Demokratie, die nicht mehr um sozialen Ausgleich bemüht ist, Erhard Epplers Thema. Seine Rede wird immer noch zitiert.

sich nichts mehr von der Politik und den Politikern.

Erhard Eppler sieht ganz allmählich eine Gegenbewegung wachsen. Er hofft, dass die Bürger nun begreifen, welch absurdem Spiel, bei dem sie immer verlieren werden, sie sich unterworfen haben: »Wie lange werden die Menschen sich noch damit abfinden, dass ein erfolgreicher Unternehmer ist, wer durch Entlassungen den Aktienwert steigert, ein erfolgreicher Kanzler aber, wer die Arbeitslosigkeit beseitigt? Vielleicht so lange, bis sie gemerkt haben, wer da am längeren Hebel sitzt?«

Sie merken es längst in ihren Kommunen. In den Schulen blättert der Putz von der Decke, an den Universitäten herrschen unwürdige Zustände. Um einen Kindergartenplatz müssen die Eltern betteln – oder so hohe Beiträge zahlen, dass sie kapitulieren. In Schwimmbädern wurde zunächst die Wassertemperatur abgesenkt, um Geld zu sparen, nun werden viele Bäder ganz geschlossen. Im harten Winter 2010 wurden mangels Geld viele Straßen nicht mehr geräumt und gestreut. Suppenküchen haben Zulauf. Vor den Tafeln, die Lebensmittel verteilen, wachsen die Schlangen. Privatleute organisieren Frühstück in den Schulen, damit die Kinder nicht mit knurrendem Magen unkonzentriert im Unterricht sitzen. Und im Frühsommer 2010 verkündete die Regierung, künftig werde es keine Heizzulage für Wohngeldempfänger mehr geben. So wird mancher verarmte Rentner im nächsten Winter vor der Frage stehen: essen oder frieren?

Angesichts all dieser Erfahrungen und ständig neuer Schreckensmeldungen ist Vater Staat für viele Bürger zum Rabenvater geworden. Die Wahlbeteiligung sinkt. Im größten Bundesland Nordrhein-Westfalen lag sie bei den Landtagswahlen im Mai 2010 nur noch bei 59 Prozent.

Erhard Eppler zitiert eine Studie der Friedrich-Ebert-Stiftung, nach der etwa drei Viertel der Deutschen unsere Gesellschaft für ungerecht halten. »Und das Schlimme ist, dass viele dieser befragten Bürger sagen, das bleibt auch so, das wird niemand mehr ändern. Und sie meinen damit die Politiker insgesamt, unabhängig von den Parteien. Das ist eine ganz gefährliche Gemütslage, wenn die Menschen der Meinung sind, diejenigen, die diese Ungerechtigkeiten zu verantworten haben, wollen gar nichts ändern. Hier geht es nicht nur um soziale Gerechtigkeit, hier geht es um die Zukunft der Demokratie.«

Auch wenn Optimisten einen Stimmungsumschwung zu spüren scheinen: Mit der Erfahrung seines langen Lebens ist Erhard Eppler skeptisch, ob die marktradikalen Leitbilder sich schnell genug entlarven lassen. »Ideologien, wenn sie erst einmal in den Köpfen verankert sind, haben sich stets als erschreckend langlebig erwiesen und sich durch politische Realitäten nur sehr langsam verändern lassen«, fürchtet der historisch sattelfeste Politiker und politische Theoretiker: »Wer ein in der Wolle gefärbter Marktradikaler ist – und einige von denen haben wir ja in der Regierung –, der ist der Überzeugung, dass es der Gesellschaft gut tut, wenn man den Staat aushungert. Deshalb sind diese Kräfte immer für Steuersenkungen, auch wenn diese gerade stattgefunden haben. Sie hoffen, wenn der Staat kein Geld mehr hat, dann muss er Aufgaben streichen oder an den Markt abgeben. Das ist eine Ideologie, die sich mit demokratischer Politik nicht vereinbaren lässt. Man kann einen Staat entweder regieren oder aushungern wollen, aber man kann ihn nicht gleichzeitig regieren und aushungern wollen.«

Das Ergebnis dieser Ideologie sind bankrotte Kommunen, denen immer mehr Aufgaben aufgehalst werden, ohne dass sie dafür ausreichende Einnahmen bekommen. »Es hat, je länger ich darüber nachdenke, eine weltweite marktradikale Gehirnwäsche gegeben in den letzten zwanzig bis dreißig Jahren, in den USA übrigens noch sehr viel radikaler und offenkundiger als bei uns«, sagt Erhard Eppler. »Wenn ich zum Beispiel sage, ich fühle mich als Staatsbürger eher beleidigt, wenn man mir unterstellt, dass ich von meinem Staat nur Steuersenkungen haben will, dann gibt es immer noch Leute, die sich darüber wundern. Aber dass ich von meinem Staat erwarte, dass er seine Pflicht tut, nämlich für ein ordentliches Bildungssystem zu sorgen, für innere Sicherheit zu sorgen, für Klimaschutz zu sorgen, das müssen wir erst wieder lernen.«

Das wird deshalb so schwierig werden, weil sich eine wachsende Schicht von wohlhabenden bis reichen Menschen den armen Staat durchaus leisten kann: Sie brauchen keine öffentlichen Schwimmbäder, sie haben den eigenen Pool im Garten. Sie schicken ihre Kinder auf Privatschulen und teure private Universitäten. Und wenn die Armutskriminalität in den Städten bedrohlich wächst, dann organisieren sie sich private Sicherheitsdienste und leben in »gated communities«, also in eingezäunten Wohngebieten mit Sicherheitsleuten und Schlagbaum am Eingang.

Wie konnte das, was für Eppler »ethisch gesehen einfach ein unverschämter Egotrip ist«, zur Ideologie werden, an die auch die Opfer dieser Ideologie glauben? Erhard Eppler erinnert in »Auslaufmodell Staat?« daran, dass schon Anfang der siebziger Jahre die Brüche in der Gesellschaft sich abzeichneten. Für die Achtundsechziger-Generation war der Nationalstaat eher ein Instrument der Repression, und Staatsverspottung wurde zur gefährlichen Mode – wohl eine Reaktion auf die einstige »Staatsvergottung« der obrigkeitsgläubigen Eltern- und Großelterngeneration. Gut zwanzig Jahre später, mit der Wiedervereinigung, vertiefte sich die Kluft zwischen demokratischem Staat und Bürgern. Die DDR-Deutschen waren zwar wie unmündige Kinder behandelt worden, viele aber hatten sich in ihrem privaten Nischenleben ganz gut eingerichtet. Ihre ungeliebte Staatsführung hatte sie nicht nur in Unfreiheit gehalten, sondern ihnen Sicherheit gegeben, auch wenn das eine Scheinsicherheit war. Die Enttäuschungen, die mit der neuen Freiheit einhergingen, sitzen bis heute tief. Das Leben vieler Ostdeutscher ist tatsächlich unsicherer geworden, die Arbeitslosenzahlen sind bis heute höher als im Westen der Republik. Eine Reaktion darauf ist Wahlenthaltung, eine andere die Wahl (rechts-) extremer Parteien aus Protest.

Europa wird in vielen Ländern der Gemeinschaft, auch in Deutschland, immer weniger als notwendige Ergänzung zum Nationalstaat akzeptiert. Die Einsicht, dass die durch die Globalisierung geschwächten Nationalstaaten ein starkes Europa brauchen, war allerdings nie sonderlich tief verankert bei den Bürgern. In dem Buch, das heute aktueller ist als bei seinem Erscheinungstermin 2005, schreibt Eppler: »Europäer tun sich schwer mit dem Gedanken, der Staat, der im 20. Jahrhundert an mehr als einer Stelle Allmacht erstrebt und missbraucht hat, könne so abmagern, dass er seine einfachsten Pflichten nicht mehr zu erfüllen vermag. Und sie tun sich noch schwerer mit der Erfahrung, dass Politiker, Regierungen, die über die Machtmittel des Staates verfügen, daran kaum etwas ändern können.«

Eppler beschreibt einen Teufelskreis, aus dem es für den einzelnen Nationalstaat kaum ein Entkommen gibt. Nur ein großer, sich seiner Macht bewusster Staatenbund wie die Europäische Union könnte ihn durchbrechen. Etwa durch die Einführung von Mindeststeuern für Unternehmen, damit der unselige Steuerwettbewerb unter den Mitgliedern abgebremst wird und wieder Geld in die Kassen kommt. Wegen der fehlenden Einnahmen verarmt in vielen Ländern Europas die Kultur. Die zum Sparen gezwungenen Nationalstaaten entfallen als Auftrag- und Arbeitgeber. Auch das entfremdet die Bürger ihrem Staat, der sich dennoch bis heute nicht traut, das Geld dort zu holen, wo es reichlich vorhanden ist. Es stimmt ja, woran Eppler mit Blick auf frühere Jahrzehnte erinnert: »Was eine ungleich ärmere Gesellschaft sich geleistet hat, kann sich die ungleich reichere nicht mehr leisten. Und diese ungleich reichere Gesellschaft wundert sich über hohe Arbeitslosigkeit.«

Seit Jahren schon sagt Eppler in alle Mikrofone, schreibt dies in all seinen Büchern und Aufsätzen: Dem Staat brechen die Steuern weg, weil Konzerne sich dort niederlassen, wo das Steuerklima für sie günstig ist. Um sie zu halten, sind Unternehmenssteuern und Spitzensteuersätze ständig gesunken. Und dennoch bringen die Reichen ihr Geld illegal ins Ausland: »Sie wollen Steuersatz Null.« Gestiegen ist in den letzten Jahrzehnten dafür die Zahl der Arbeitslosen, die vom Staat alimentiert werden müssen, statt Steuern und Sozialbeiträge zu zahlen. Das alles zusammen hat dazu geführt, dass eine dünne Oberschicht immer reicher wurde, die Zahl der Armen immer weiter wuchs und der Staat immer ärmer geworden ist.

Eppler ist gewiss kein Apokalyptiker – und weit entfernt von jeder nostalgischen Überhöhung des Staates. Doch gerade weil er in geschichtlichen Zusammenhängen denkt, gibt es für ihn keine Alternative zu einem Staat, der stark genug ist, um die Bürger vor Lebensrisiken und Willkür zu schützen.

Und die viel zitierten Bürger der Zivilgesellschaft, die bereit sind, stellvertretend Verantwortung zu übernehmen für sich und für andere? Gerade sie brauchen, so Eppler, den verlässlichen, demokratischen Rechtsstaat, der auf seinem Gewaltmonopol besteht. Zumindest die Europäer erwarten dies, auch dann, wenn sie sich widersprüchlich verhalten. Sie fordern – und wählen meist – »weniger Staat«. Sie rufen aber sofort nach eben diesem Staat, wenn sie unter Lohndumping leiden oder wenn selbstverständlich gewordene Leistungen gestrichen werden müssen, weil die Kassen leer sind. »Einen Staat, der seine Bürger im Fall einer Krise sei es eine persönliche oder eine der gesamten Wirtschaft, ins Bodenlose fallen ließe, könnten sie nur verachten. Er hätte ihre Loyalität verspielt.«

Die Menschen unterscheiden genau zwischen hinnehmbaren und nicht hinnehmbaren Ungerechtigkeiten, hat Eppler ein Politikerleben lang immer wieder erlebt. »Dass der Junggeselle einen Porsche fährt und der Vater von fünf Kindern einen Golf, das ist zwar vielleicht ungerecht, aber es ist hinnehmbar. Und dann gibt es eine Ungerechtigkeit, die politisch relevant wird, weil die Menschen sagen: In so einer Gesellschaft wollen wir nicht leben. Zum Beispiel, wenn ein Bankchef das Zweihundertfache seiner Angestellten verdient und dann zweitausend Menschen entlässt.«

Auf solche Kritik reagieren die Neoliberalen in Wirtschaft und Politik bisher mit Gleichgültigkeit und Arroganz. Protestieren die Bürger gegen das immer weitere Auseinanderklaffen der Schere zwischen Armen und Reichen, dann schallt es von ihnen zurück: »Neidgesellschaft«.

Der einstige Entwicklungsminister verweist auf Beispiele aus anderen Ländern. Er erzählt, wie – nicht nur in Afrika – Staaten abmagern, regelrecht ausgehungert werden, wie die immer schlechter oder gar nicht bezahlten Staatsbediensteten nur mit Hilfe von Korruption überleben können und die arbeitslosen jungen Leute sich zu kriminellen Banden zusammenschließen. Als Reaktion darauf wächst das Geschäft der privaten Sicherheitsdienste und Söldner. Multinationale Konzerne betrachten die Regierungen als ihre Handlanger und raffen immer mehr Macht an sich. Am Ende steht der Zerfall ganzer Staaten.

Natürlich weiß Erhard Eppler, dass Europa nicht Afrika ist. Aber auf den Weg zur Staatsdemontage können schneller als vorstellbar auch stabile demokratische Länder geraten, wenn dem Markt alles, dem Staat nichts mehr zugetraut wird. Eppler schrieb 2005:

»Der Neoliberalismus hat sich nicht nur in den USA und in Westeuropa so fest etabliert, dass ihm die Macht eines Dogmas zugewachsen ist. Die römische Glaubenskongregation wäre glücklich, hätte sie so viel Einfluss auf das Denken, Tun und Lassen der Katholiken wie die neoliberale Dogmatik auf das, was in unserer Gesellschaft geschieht. [...] Wo einmal die neoliberale Dogmatik die Köpfe beherrscht, wird uns unentwegt versichert, zu Deregulierung, Privatisierung, Entsolidarisierung, Ausgrenzung gebe es keine Alternative. Denkzwänge treten im Gewand von Sachzwängen auf.«

Die Diskussion darüber, was wir vom Staat erwarten und woher die Mittel dafür kommen sollen, damit notwendiges Abspecken nicht in Magersucht umschlägt, hat im Sommer 2010 begonnen. Noch im Jahr zuvor, also vor den Bundestagswahlen 2009, galt als vorgestrig, wer die Gefahren eines schwachen Staates thematisierte. So mancher sah in Erhard Eppler den Untergangspropheten aus Schwäbisch Hall. Nun, da die internationalen Finanzmärkte, gerade noch bewundert von den Marktradikalen aller Länder, überzogen haben, scheint ein Umdenken möglich zu sein. Denn die Folgen der Shareholder-value-Mentalität reichen inzwischen bis tief in das Privatleben der Bürger.

Während die Eltern den Absturz aus dem Mittelstand fürchten, resignieren ihre Töchter und Söhne, die gut ausgebildete »Generation Praktikum«. Angesichts der demografischen Entwicklung würden sie dringend gebraucht, lesen und hören sie. Doch die jungen Leute erleben das Gegenteil. Sie fühlen sich ausgebeutet, leben von der Hand in den Mund, können angesichts ihrer unsicheren Lage an private Zukunftsplanungen nicht einmal denken! Sie fragen sich beklommen, wie das angesichts der hohen Staatsschulden weitergehen soll, ob sie auf Dauer wie Nomaden jedem – in der Regel zeitlich befristeten – Job weit unter ihrer Qualifikation hinterherziehen müssen. Sie lesen von atemberaubend hohen Gehältern, von Boni und von Abfindungen auch für jene, die den Karren in den Dreck gefahren haben. Die Wut wächst, noch ist sie eher ziellos, doch das könnte sich rasch ändern.

Erhard Eppler versetzt sich – auch in Gedanken an seine sechs Enkel, die zu seiner Erleichterung nicht pessimistisch in die Zukunft schauen – in diesen zynisch behandelten Nachwuchs und wundert sich, dass noch so viel Ruhe herrscht im Land. Mittelfristig werden sie wieder gebraucht, macht er ihnen und sich Mut, denn die Zukunft wird aus immer mehr Rentnern und immer weniger Menschen im arbeitsfähigen Alter bestehen. Doch er weiß, dass dies jenen, die heute eine ihrer Ausbildung angemessene Arbeit suchen, nur wenig hilft: »Auch das führt zu den niedrigen Geburtenraten. Wenn jemand nicht weiß, wovon er im nächsten Jahr seine Familie ernähren kann, dann gründet er keine.«

KAPITEL 17

Ein schwacher Staat produziert Gewalt

Gespräch über Pazifismus im 21. Jahrhundert

Sind Sie ein Pazifist?
E.E.: Nein, das bin ich nie gewesen, weil damit eine ideologische Grundposition verbunden ist, die nie die meine war.

Ein viel zitierter Spontispruch lautete in den siebziger Jahren: »Stell dir vor, es ist Krieg, und keiner geht hin.« Das ist doch sympathisch?
E.E.: Ja, aber der Spruch ist heute nicht mehr brauchbar, weil nicht mehr klar ist, was ein Krieg ist. Wir haben heute, obwohl wir fast zweihundert Staaten auf dieser Erde haben, keinen einzigen Krieg zwischen Staaten. So war Krieg bisher definiert: Als bewaffnete Auseinandersetzung zwischen Staaten. Im Augenblick gibt es in allen Krisengebieten eine Auseinandersetzung darüber, ob Krieg oder Frieden herrscht. Im Nahen Osten zwischen Israelis und Palästinensern, ist das nun Krieg oder nicht? In Afghanistan, ist das Krieg und wenn nicht, was dann? Im Kongo, vor allem im Ostkongo, wo brutalste, grausamste Gewalt herrscht, ist das Krieg? Pazifismus, wie wir ihn kennen, war eine Gegenbewegung gegen einen klar definierten Krieg, nämlich dem zwischen Staaten, wie er sich in den beiden Weltkriegen ausgetobt hat. Und das eigentliche Problem des Pazifismus ist, dass es diese Art Krieg zurzeit nicht gibt, und dass die Frage, wo Krieg beginnt und Frieden aufhört, noch längst nicht ausdiskutiert ist.

Bleiben wir beim Beispiel Afghanistan. In diesem Krieg, der keiner sein soll, sterben neben vielen Einheimischen ausländische Soldatinnen und Soldaten. Wie soll man einen solchen blutigen Nicht-Krieg denn nennen?
E.E.: Es ist jedenfalls ein bewaffneter Konflikt, der zuerst einmal innerhalb Afghanistans stattfindet, also zwischen der Regierung und ihren Soldaten und Polizisten auf der einen Seite und den Taliban auf der anderen Seite. Wobei die ausländischen Truppen aus aller Herren Länder auf der Seite der Regierung stehen. Wie immer man das bezeichnen mag, es ist etwas völlig anderes als der Krieg zwischen Staaten wie im zwanzigsten Jahrhundert. Wir haben noch keine brauchbare Begrifflichkeit für diese Art von bewaffneten Auseinandersetzungen. Das ist einer der Gründe, warum Politiker leicht ins Stottern geraten oder in die Gefahr, es sich zu einfach zu machen.

Wo würden Sie dann den Irak-Krieg einordnen?
E.E.: Das war ganz offenkundig ein Krieg im alten Sinne. Dazu hat die Regierung Schröder/Fischer glücklicherweise ganz klar nein gesagt. Afghanistan ist anders. Dort herrscht ja nicht Krieg, weil deutsche Soldaten im Land sind. Der Krieg würde wohl noch ein bisschen heller auflodern, wenn man sie nach Hause schickte. Die Vorstellung, in Afghanistan herrscht Krieg, weil wir dort sind, und wenn wir wieder weg sind, dann herrscht Frieden, das ist ein Traum.

Die Bundeswehr am Horn von Afrika, im Kongo, in Afghanistan, auf dem Balkan. War das eine unausweichliche Entwicklung? Stehen Sie zu diesen Auslandseinsätzen der Bundeswehr?
E.E.: In den meisten Fällen ja. Das ist auch etwas Neues, woran wir uns gewöhnen müssen. Etwa in Bosnien oder im Kosovo. Dort sind ja deutsche Soldaten nicht, um zu schießen, sondern um das

Schießen zu verhindern. Sie sollen dafür sorgen, dass sich die albanischen und die serbischen Kosovaren nicht gegenseitig umbringen. Und das schaffen sie. Was sie nicht schaffen, ist ein dauerhafter Frieden zwischen diesen Bevölkerungsgruppen. Das ist auch nicht ihre Aufgabe, dafür sind sie nicht ausgebildet, aber sie schaffen wenigstens Raum für Politiker und auch für Pazifisten, die dort versuchen, Versöhnungsarbeit zwischen Serben und Albanern voranzubringen. Und ähnlich ist das in Bosnien. Oder nehmen Sie die Marine am Horn von Afrika. Das ist eigentlich eher eine Art Seepolizei gegen die Seeräuber, mehr oder weniger erfolgreich. Aber das alles hat mit dem, was wir bisher Krieg genannt haben, überhaupt nichts zu tun.

Es ist gerade einmal zwanzig Jahre her, da tat ein SPD-Parteitag sich noch schwer damit, auch nur Blauhelm-Einsätzen unter UNO-Mandat zuzustimmen. Das war für viele Genossen ein sehr schmerzhafter Bruch.

E.E.: Das hing damit zusammen, dass die Bundeswehr im Kalten Krieg aufgebaut wurde und zwar mit dem einzigen, klar begrenzten Auftrag der Landesverteidigung. So steht es im Grundgesetz. Heute ist völlig unklar, gegen wen dieses Land verteidigt werden sollte. Die Nachbarn von Dänemark bis zur Schweiz stehen alle nicht im Verdacht, diese Landesverteidigung herauszufordern. Wenn es wirklich nur um Landesverteidigung ginge, würde einiges für die Abschaffung der Bundeswehr sprechen. In einer Welt allerdings, in der die Kriege zwischen Staaten immer seltener werden, aber die Gewalt innerhalb von Staaten rapide wächst, muss natürlich der Auftrag der Bundeswehr neu definiert und die Bundeswehr ganz anders ausgerüstet werden. Die innerstaatliche Gewalt fordert heute schon die zehnfache Zahl an Opfern, verglichen mit dem, was Kriege zwischen Staaten anrichten.

Aus dem ersten Golfkrieg 1991 haben die Deutschen sich noch mit Scheckbuch-Diplomatie freigekauft. Die in ihrer Mehrheit pazifistisch gestimmten Bürger fanden das in Ordnung. Sie auch?

E.E.: Ich habe nicht dagegen opponiert, aber ich wusste, dass das nur einmal gehen wird. Unsere Vergangenheit verpflichtet uns natürlich zu größter Zurückhaltung in militärischen Dingen. Aber wir dürfen daraus nicht das Privileg ableiten, dass die anderen, unsere Kriegsgegner von einst, die Kastanien aus dem Feuer holen, während wir freundlich zusehen.

1999 haben Sie einen ganzen SPD-Parteitag umgedreht, die zögernden Delegierten überredet, dem Bundeswehreinsatz im Kosovo zuzustimmen. Hatten Sie Bauchschmerzen?

E.E.: Ich glaube nicht, dass ich einen Parteitag umgedreht habe. Ich habe schon Einfluss genommen, aber ich nehme an, die Entscheidung wäre auch ohne mich so gefallen, wenn auch vielleicht mit einer anderen Mehrheit. Ich habe damals versucht, klar zu machen, dass, wenn Hunderttausende vertrieben werden, wenn ein Machthaber wie Milosevic das Recht des Stärkeren gegen seine eigene Bevölkerung (in diesem Fall die Kosovaren) einsetzt und durchsetzt, dass dann die Verantwortlichen in Europa abwägen müssen: Was ist anständiger, man kann auch sagen moralischer, politisch eher zu rechtfertigen? Das Zusehen oder das Eingreifen?

In anderen Ländern ist diese Frage anders entschieden worden, hat man sich gegen ein Eingreifen entschieden.

E.E.: Er gibt heutzutage gerade durch die Privatisierung der Gewalt, durch den Zerfall von Staaten, permanent diese Fragestellung: Was ist eher zu verantworten? Das reine Zusehen, wie hier das Recht des Stärkeren mit Gewalt, manchmal mit brutalster Gewalt exekutiert wird oder das Eingreifen. Jedenfalls lässt sich diese

Frage nicht beantworten mit dem Satz: Wir sind gegen Krieg. Oder wir sind gegen Gewalt. Denn die Gewalt findet ja statt, ohne uns.

Im Falle von Jugoslawien waren Sie ganz eindeutig gegen das Zusehen?

E.E.: Im Hinterkopf hatte ich dabei, dass wir irgendwann klarmachen müssen, was in Europa möglich sein darf und was nicht. Und diese ethnischen Säuberungen und die gewaltsame Vertreibung von Hunderttausenden von Menschen, das war meiner Ansicht nach etwas, was dieser Kontinent nicht dulden darf, was in Europa nie wieder passieren darf. Und so problematisch die Art des Eingreifens dann war, nämlich nur aus der Luft, so eindeutig war doch der Erfolg. Das heißt, seither ist ähnliches in Europa nicht mehr vorgekommen. Ich habe damals dem Parteitag gesagt, dass zwar sehr vieles gegen ein Eingreifen spricht, aber dass ich Zusehen für noch weniger verantwortbar halte.

In Deutschland hat sich im Schatten des Kalten Krieges eine pazifistische, sogar antimilitaristische Grundeinstellung entwickelt. Selbst in konservativen Familien ist es in Ordnung, wenn der Junge Zivildienst macht statt zur Bundeswehr zu gehen. Das ist doch sympathisch?

E.E.: Ja, das finde ich auch. Mein Sohn hat auch Zivildienst gemacht. Aber damals waren die Fragen von Frieden und Krieg eindeutig definiert, und sie waren für Deutschland die Fragen nach Leben oder Tod. Ein Krieg zwischen den Blöcken, möglicherweise atomar ausgetragen, hätte Deutschland ausgelöscht. Und insofern war es logisch, dass Friedensarbeit antimilitaristisch sein musste. Die Rüstung hat sich gegenseitig aufgeschaukelt. Jeder hat das, was er selbst getan hat, als Nachrüstung empfunden und das, was der andere getan hat, als Vorrüstung. Hier war der Pazifismus in seiner ursprünglichen Form am Platze. Nur, wenn man nicht mehr weiß, was Krieg ist und was Frieden ist, dann muss man auch darüber nachdenken, was Pazifismus ist.

Bis vor wenigen Jahren trugen Politikergenerationen Verantwortung, die den zweiten Weltkrieg selbst erlebt und erlitten haben und sei es als Kinder. Das ist nun anders. Verändert das auch politisches Denken und Handeln?

E.E.: Ja, es verändert die Politik ganz sicher. Was ich noch nicht so genau weiß, ist, in welche Richtung? Ich spüre nur, dass eine Generation, die den zweiten Weltkrieg nur aus dem Geschichtsbuch oder aus den Schilderungen von Vätern oder Großvätern kennt, häufig auch ein andres Verhältnis zur Geschichte insgesamt hat. Ich glaube, für meine Generation war Geschichte, und damit auch der geschichtliche Hintergrund einer jeden Entscheidung, viel wichtiger als für die Generation, die jetzt das Sagen hat. Ich merke das bei vielen Themen und halte das für einen Verlust. Ich kann mir nicht vorstellen, wie man verantwortliche Politik machen will, ohne mindestens die letzten hundertfünfzig Jahre präsent zu haben.

Wann ist klassischer Pazifismus auch heute noch sinnvoll?

E.E.: Pazifisten müssen Friedensstifter sein. Ein Beispiel: In Bosnien gibt es Gruppen, auch deutsche Pazifisten sind dabei, die in Jugendlagern serbische, kroatische und muslimisch-bosnische Kinder zusammenbringen. Sie feiern, spielen, essen miteinander. Diese Kinder merken, die anderen sind ja Kinder wie wir. Freundschaften entstehen. Solche Jugendlager müssen in Bosnien von Soldaten beschützt werden, damit keine Fanatiker ihre Ressentiments austoben können. Das ist für mich ein Symbol. Soldaten können zwar keinen Frieden schaffen, aber sie können Raum schaffen für Friedensarbeit.

Also pazifistische Zivilisten und Soldaten Hand in Hand?

E.E.: Ja. Im einundzwanzigsten Jahrhundert werden Pazifisten und Soldaten gelegentlich zusammenarbeiten müssen. Pazifisten werden einsehen müssen, dass Soldaten nötig sind, um das Schießen zu beenden, nicht mehr und nicht weniger. Die Pazifisten haben dann erst die Chance und die Pflicht, diesen Raum für Friedensarbeit zu nutzen. Das mag nicht immer so eindeutig sein wie in Bosnien oder im Kosovo. Aber die Vorstellung, dass ich als Pazifist grundsätzlicher Gegner von Soldaten sein muss und jedem Soldaten klarmachen muss, warum er nicht Soldat sein dürfte, die Zeiten sind vorbei.

Müssen wir – gerade bei innerstaatlichen Konflikten bis hin zu Gewaltorgien – Soldaten nicht durch Polizisten ersetzen?

E.E.: Wenn man genau hinschaut, welche Aufgaben die Deutschen auf dem Balkan haben, dann ist das Polizeidienst. Sie ersetzen dort eine nicht existierende oder nicht ausreichend existierende Polizei, ohne dass sie selbst als Polizisten ausgebildet worden sind. Deshalb plädiere ich dafür, dass in Europa und zwar unter dem Kommando der Europäischen Union, Verbände aufgestellt werden, die sowohl eine militärische als auch eine polizeiliche Ausbildung haben. Die müssen dann unter europäischer Flagge Aufgaben übernehmen, bei denen die örtliche Polizei überfordert wäre.

Ein schwacher Staat produziert Gewalt

Erhard Eppler weiß als Politiker um die Macht der Sprache. Sein Begriff von der »privatisierten, kommerzialisierten Gewalt« hat sich eingeprägt. Diese Gewalt, oft ausgelöst von Soldaten ohne Sold, von Warlords oder Drogenbaronen und deren Söldnern, die kein Interesse an geordneten Zuständen haben, hat für ihn die Kriege des zwanzigsten Jahrhunderts abgelöst. Seit vielen Jahren sucht er Antworten auf die Frage, wie die Weltgemeinschaft dieser neuen Bedrohung begegnen könnte. Lange vor dem 11. September 2001 schon hat er sich mit einem weltweit zu beobachtenden, beklemmenden Phänomen befasst, nämlich der Auflösung des rechtsstaatlich kontrollierten Gewaltmonopols von Staaten. Wo kein Staat mehr ist, zumindest kein handlungsfähiger Staat, so seine fast täglich durch die Nachrichten belegte These, besetzen Kriminelle diese Lücke. Sie teilen ganze Länder unter sich auf, peinigen die Bevölkerung, ohne dass man von einem Kriegs- oder Bürgerkriegszustand sprechen könnte.

Im Jahr 2002, also ein Jahr nach dem Terroranschlag in New York, erschien Epplers Buch »Vom Gewaltmonopol zum Gewaltmarkt? Die Privatisierung und Kommerzialisierung der Gewalt«. Damals, als Amerika den »Krieg gegen den Terror« ausrief, setzte Eppler eine Stimme der Vernunft dagegen, die allerdings zunächst wenig gehört wurde, ja, die als Provokation verstanden wurde, wenn er Sätze schrieb wie diese: »Die Gewalt verlagert sich vom Staat zum Warlord, dem Kriegsherrn, der Unternehmer, illegaler Händler, Kommandeur und Lokaldiktator in einem ist. Der Terrorist Osama Bin Laden ist nicht das apokalyptische Tier aus dem Abgrund, sondern einer dieser Kriegsherren, allerdings einer, der weltweit zuschlagen kann, der Chef eines multinationalen Gewaltunternehmens.« Heute ergänzt er noch schärfer: »Was in New York passiert ist, war ein überdimensionales Verbrechen. Und Verbrechensbekämpfung ist Sache der Polizei, wenn es international wird, auch der Geheimdienste, aber nicht des Militärs! In dem Augenblick, als Bush den Krieg gegen den Terrorismus erklärt hat, war plötzlich das Pentagon zuständig und hat seine Kriege vorbereitet, auch den im Irak, der mit all dem nichts zu tun hatte. Und wenn man die Verbrecherjagd zum Krieg erhöht, muss man dann auch den wirklichen Krieg als Verbrecherjagd inszenieren. Das ist im Irak passiert, mit Fahndungslisten und Kopfgeld, mit Galgen und Strick. Zur Befriedung des Irak hat das sicherlich nicht beigetragen.«

Für Eppler ist Terror »die gefährlichste Form privatisierter und kommerzialisierter Gewalt«. Das Beharren auf einer strengen Unterscheidung zwischen internationaler Kriminalitätsbekämpfung und Krieg ist mehr als ein Streit um Worte. Denn wer diese Terroristen als Kriegsgegner bezeichnet, gibt ihnen mehr Macht, als ihnen zusteht, schmeichelt damit auch ihrer Eitelkeit. Wer sie dagegen als Kriminelle verfolgt, entzaubert sie. Schlagworte wie »Krieg gegen den Terrorismus« vernebeln nicht nur die Gehirne, sondern auch die Gefahren, die uns bedrohen, weil sie die Täter aufwerten, weil sie suggerieren, wir befänden uns in einem Krieg mit gleichwertigen Gegnern.

Wer Terrorismus wirksam bekämpfen möchte, kann auf Polizei und Justiz natürlich nicht verzichten, muss sich aber darüber hinaus in die Psyche der Täter hineinversetzen. Dies hat Erhard Eppler in den Zeiten der deutschen RAF genauso betont wie heute, wenn es um den islamistischen Terror geht. Im Vordergrund steht für ihn nicht die ungerechte Verteilung von Reichtum und Lebenschancen, sondern verweigerte Akzeptanz, fehlender Respekt, worunter anscheinend junge Muslime besonders leiden. »Ein Gefühl der Demütigung, ob es nun berechtigt ist oder nicht, hat immer schauerliche Folgen, das hat man auch in Deutschland nach dem Versailler Vertrag erleben können. Zu dem Gefühl der Demütigung auf der Seite vor allem arabischer Islamisten trägt jeden Tag der israelisch-palästinensische Konflikt bei. Die Palästinenser werden systematisch gedemütigt, da wird wirklich das Recht des Stärkeren exekutiert.«

Auch der Irakkrieg und die öffentliche Verhöhnung der Verurteilten vor der Hinrichtung war für Eppler eine Demütigung der arabisch-islamischen Welt. Diese Fernsehbilder, die um die Welt gingen, haben auch jene Muslime abgestoßen, die mit dem Diktator und seinen Helfern nichts verband. Die Folgen erleben Besatzer und die leidende einheimische Bevölkerung fast täglich, wenn Selbstmordattentäter sich und andere in die Luft sprengen. »Ein Terror, ausgeübt von Menschen, die ohnehin sterben wollen, die man also gar nicht abschrecken kann, lässt sich natürlich militärisch eindämmen, aber niemals militärisch besiegen.« Eppler hat die Hoffnung, dass Barack Obama diese Gefühle verstanden hat, die zu den schrecklichen Selbstmordattentaten führen, dass er mehr Rücksicht nehmen will auf die verletzten Gefühle stolzer Menschen, ob im Nahen Osten, im Irak oder in Afghanistan.

Irak und Afghanistan sind bisher allerdings eher Beispiele dafür, wie Staatszerfall gefördert werden kann durch diejenigen, die angeblich Demokratie bringen und Menschen vor gewalttätigen Diktatoren schützen wollten. Zumindest im Irak haben die US-Amerikaner und ihre willfährigen Verbündeten aus aller Herren Länder selbst zur Privatisierung der Gewalt beigetragen. »Die Zahl der Soldaten von den USA bis Australien, von Polen über Großbritannien bis nach Italien war kleiner als die der Angestellten privater Firmen wie Blackwater, die sich keiner Militärgerichtsbarkeit unterwerfen mussten. An diese Söldner wurden kaum vorstellbare Summen gezahlt. Auf dem Höhepunkt waren die Rechnungen höher als der gesamte deutsche Verteidigungshaushalt.«

»Staatsverfall und Privatisierung der Gewalt bedingen, fördern und beschleunigen einander«, hat Eppler schon vor Jahren warnend geschrieben, als der Krieg im Irak zwar vorbereitet wurde, aber noch nicht begonnen hatte. An amerikanische Abenteurer in politischen Spitzenpositionen, die sich privatisierter Gewalt bedienten und den unweigerlich folgenden Staatsverfall einkalkulierten, kann er dabei noch nicht gedacht haben.

Das Buch aus dem Jahre 2002 wirkt heute noch genauso aktuell wie damals – und genauso provokant. Denn das Bestehen auf dem unbedingten Gewaltmonopol des Staates ruft Widerstand hervor, gerade nach den Erfahrungen im 20. Jahrhundert. Da wurde, so hat Eppler das ja als Kind und junger Mann selbst erlebt, »aus dem Gewaltmonopol des Staates ein Mordmonopol, exemplarisch ist das in Deutschland passiert, aber auch anderswo.«

Der einstige Geschichtslehrer besteht dennoch darauf, dass die Einführung des staatlichen Gewaltmonopols eine zivilisatorische Errungenschaft gewesen ist. Sie geht zurück auf den »Westfälischen Frieden« von 1648 in Münster, mit dem der Dreißigjährige Krieg beendet wurde. Auch damals waren es ja nicht Staaten, die einander bekämpft haben, sondern »Militärunternehmer wie Wallenstein oder Tilly«. Mit dem »Westfälischen Frieden« sei der Staat neu definiert worden, erklärt Eppler in einer Geschichtsstunde. »Die staatliche Souveränität nach innen war das Gewaltmonopol. Niemand außer dem Staat und seinen Organen darf seither Gewalt ausüben. Das zweite war dann das Recht, nach außen Krieg zu führen. Das galt ja damals noch völlig unbeschränkt.«

Dafür, was passiert, wenn das staatliche Gewaltmonopol zerbröselt, hat Erhard Eppler zahlreiche Beispiele gesammelt, hat schon als Bundesminister für wirtschaftliche Zusammenarbeit genau beobachtet, was in vielen Entwicklungsländern nach dem Ende der Kolonialzeit geschah. Manches ist besser geworden seit den frühen siebziger Jahren des zwanzigsten Jahrhunderts, vieles aber sehr viel schlimmer. Am Beispiel Nigerias schildert Eppler, wie ein Gewaltmarkt entsteht – und was das für die Menschen bedeutet:

»In Nigeria gibt es zwar Polizisten, aber sie werden so miserabel bezahlt, dass sie keine Lust mehr haben, Verbrecher zu stellen. Das Ergebnis ist, dass Händler, deren Märkte überfallen werden während die Polizei zuschaut, nun ihre eigenen Milizen aufstellen, die sie selber besolden. Diese Milizen gehen auf Verbrecherjagd und zelebrieren Exekutionen, um ihre Macht zu demonstrieren. Es ist dadurch ein Gewaltchaos entstanden, bei dem keiner mehr weiß: Wer ist Freund, wer ist Feind? Welche Partei plündert jetzt gerade und vergewaltigt und mordet in einem Dorf? Am meisten leiden Frauen und Kinder unter diesem Gewaltchaos, sie sind nur noch Objekte und Opfer.«

Gefährdet sind nicht nur extrem arme afrikanische Länder wie etwa Somalia, wo es den Staat gar nicht mehr gibt, geschweige denn ein Gewaltmonopol, das rechtsstaatlicher Kontrolle unterliegt. Gefährdet durch neue Gewaltmärkte sind auch Demokratien, etwa dort, wo die Kluft zwischen Arm und Reich zu groß geworden ist. Viele Slums und Favellas rund um den Globus sind »No-go-Areas« für Polizisten. Sie trauen sich, wenn überhaupt, nur in großen Rudeln in diese Elendsviertel, die von kriminellen Banden beherrscht werden. »Auf der anderen Seite igeln sich dann diejenigen, die sich das leisten können, hinter elektrisch geladenen Zäunen ein, beschützt durch private Sicherheitsdienste. Und zwischen beiden, zwischen den Slums und den gated communities, gibt es keine Verbindung mehr außer Furcht und Hass, wobei in den gated communities die Furcht überwiegt und in den Slums der Hass.« Anschaulich beschreibt Erhard Eppler, wie die Gewaltspirale sich weiter dreht: »Gegen die entstaatlichte Gewalt in den Slums entsteht die entstaatlichte Gewalt der Begüterten, die sich verteidigen lassen, und alle Erfahrung zeigt, dass die Methoden der Gewaltanwendung sich angleichen. Die Gewalt von oben wird schließlich genauso brutal, genauso rücksichtslos wie die von unten.«

Nicht nur in Schwellenländern wie Brasilien oder Südafrika trennt private Polizei die da unten von denen da oben. Auch in den USA ist Sicherheit in den letzten Jahrzehnten zu einer Ware geworden, die man sich kaufen kann. Es gibt Städte, in denen auf einen Polizisten fünf Angestellte von privaten Sicherheitsdiensten kommen.

Den Politiker treibt die Sorge um, dass auch Deutschland in diese Mühle von Gewalt und Gegengewalt geraten könnte. Diese Welt, die er beschreibt, wirkt weit weg in Schwäbisch Hall, der wohlhabenden kleinen Stadt, in der die Menschen noch Arbeit haben, in der die alten Fachwerkhäuser liebevoll gepflegt werden. Doch auch die deutsche Welt verändert sich durch die Hoffnungslosigkeit, die über ganzen Landstrichen liegt wie Mehltau. Und dieses Gefühl der Zukunftslosigkeit wird zum Einfallstor für aggressive alltägliche Gewalt. Es gibt Dörfer und Kleinstädte vor allem in Ostdeutschland, die von Rechtsradikalen beherrscht, von diesen zu »ausländerfreien Zonen« erklärt werden. Da ducken sich Bürger und Polizei weg und nehmen hin, dass die »Glatzen« entscheiden, wer wo und wie leben darf. Obdachlose, Ausländer, Homosexuelle leben dort gefährlich, und hier und da zeigt sich wieder ganz offen ein aggressiver Antisemitismus. Auch das ist ein Zeichen, dass das staatliche Gewaltmonopol nicht mehr funktioniert.

Auch in Deutschland gibt es inzwischen ebenso viele Angestellte privater Sicherheitsagenturen wie Polizisten. Und es ist einfach geworden, sich auf dem schwarzen Markt die gefährlichsten Waffen zu besorgen. Wie man eine Bombe baut, lässt sich im Internet lernen. »Im Ersten Weltkrieg brauchte man noch drei handfeste Bauernburschen, um ein Maschinengewehr zu transportieren, zu warten, zu betätigen. Heute kann ein Dreizehnjähriger mit einer Kalaschnikow eine Schule ins Chaos stürzen.« Es gibt für Eppler nur einen Weg, den Bürgern auf längere Sicht die Sicherheit zu garantieren, die für die meisten immer noch selbstverständlich ist: Das staatliche Gewaltmonopol muss gegenüber dem Gewaltmarkt gestärkt werden. »Mein Petitum ist seit Jahren: Lasst uns nicht in diese Mühle geraten. Denn wie man wieder rauskommt, ist unendlich schwierig. Dass man gar nicht erst hineinkommt, dafür kann man sehr viel tun.«

Die Folgen von Staatszerfall hat auch das wohlhabende friedliche Europa in den letzten Jahren dramatisch zu spüren bekommen. Nach dem Fall des Eisernen Vorhangs wurden die schwarzen Märkte von Handfeuerwaffen und Maschinenpistolen geradezu überschwemmt. Es war eine Art Notwehr der miserabel ernährten, miserabel entlohnten sowjetischen Soldaten, sich auf diese Weise zu versorgen, sagt Erhard Eppler.

Doch auch die offiziellen staatlichen Rüstungsexporte sorgen dafür, dass das Morden nicht aufhört, dass marodierende Banden, Warlords, Söldnerarmeen nicht unter Nachschubmangel zu leiden haben. Bei diesem Thema erlebt man Erhard Eppler als Realpolitiker und ist verblüfft, nach welchen Kriterien er, der doch vor dreißig Jahren eine Symbolfigur der Friedensbewegung war, hier unterscheidet. Gegen U-Boot-Exporte habe er nichts einzuwenden, sagt er. Denn die haben keine wirkliche Funktion, sind eher eine Frage des Prestiges für die Käuferländer. Ähnlich gelassen reagiert er darauf, dass die Bundeswehr ihre alten Panzer verscherbelt. »Große Panzerkämpfe wie im zweiten Weltkrieg werden nicht mehr stattfinden.« Ganz anders allerdings wertet er den Export von Handfeuerwaffen, Gewehren, Maschinenpistolen, Munition, also aller Waffen, die auf dem schwarzen Markt landen können. »Vielleicht müsste eine moderne Friedenspolitik hier deutlich unterscheiden. Nicht nur nach Spannungsgebieten, denn Waffen können ja von einem Teil der Erde in einen anderen Teil verschifft werden. Es müsste nach Waffen-Typen unterschieden und die Frage gestellt werden: Inwieweit sind diese Waffen auch jenseits eines staatlichen Gewaltmonopols verwendbar?«

Wer aber soll das alles kontrollieren? Und wer soll für Frieden sorgen, wenn ein Staat einmal ins Rutschen gekommen ist, wenn nur noch Angst und Willkür herrschen in einem Land? Seit vielen

Jahren schon fordert Erhard Eppler eine Art UN-Weltpolizei, Soldaten, die auch eine polizeiliche Ausbildung haben. Er denkt dabei an gut ausgebildete Eingreiftruppen, die auf verschiedenen Kontinenten stationiert sind und nur unter dem Kommando des Sicherheitsrats der Vereinten Nationen jederzeit abrufbar wären. »Das ist gar keine so große Utopie, das ist eine Frage des politischen Willens. Die Schwierigkeit bei allen Militäreinsätzen, bei denen nationale Truppen im Spiel sind, ist doch die, dass der Einsatz als versteckter Imperialismus denunziert werden kann. Ich hätte gerne eine Eingreiftruppe, der man das nicht unterstellen kann.« Das klingt bestechend einfach, und man fragt sich, warum es eine solche Einrichtung nicht schon längst gibt. Die Antwort ist genauso einfach: »Weil die Nationalstaaten und die nationalen Interessen noch zu stark sind. Das gilt vor allem für die ganz Großen wie die Vereinigten Staaten oder China. Die haben nicht die Absicht, irgendwelche Souveränitätsrechte abzugeben, auch nicht an die UNO.«

Vielleicht hätte das Morden in Ruanda, im Kongo, in Somalia verhindert werden können, wenn die Welt bereit gewesen wäre, der UNO eine starke Rolle zuzubilligen. Für Erhard Eppler ist das keine Frage. Schon ein entsprechender Beschluss des Sicherheitsrates könnte heilsam wirken, ist seine Überzeugung: »In dem Augenblick, in dem die Leute wissen, wenn es hier kracht, dann kommen die, das hätte eine abschreckende Wirkung.« Voraussetzung wäre allerdings, dass eine solche Eingreiftruppe innerhalb von vierundzwanzig Stunden an jedem Ort der Welt landen könnte. »Im Wege stehen da keine technischen Fragen, sondern nur die Vorstellungen starker Nationalstaaten wie zum Beispiel die der USA: »Wenn es schon eine Weltpolizei geben muss, dann wollen sie das selber machen.«

Wie aber kann Hilfe aussehen, wenn ein Staat einmal de facto aufgehört hat zu existieren? Wenn eine Regierung – wie etwa in

Afghanistan – sich in der Hauptstadt Kabul einmauert und im Land nichts zu sagen hat? Wenn zu Verbrechern gewordene Polizisten und Soldaten das Szepter in der Hand haben und die geplagten Bewohner eines solchen Landes nichts und niemandem mehr vertrauen? Wie könnte in solchen Fällen ein Weg zurück zu Ordnung und Rechtsstaatlichkeit aussehen? Es sind nicht zuletzt einzelne positive Erfahrungen des Entwicklungshilfeministers, die Erhard Eppler vor Resignation schützen. Aber: »Der Weg zurück ist unendlich schwierig und langwierig. Man kann einen Staat zwar in fünf Jahren so ruinieren, dass keine Verwaltung, keine Justiz und keine Polizei mehr da sind. Daraus wieder einen Staat zu machen, dauert sehr viel länger.«

Eppler weiß, dass dazu eine Doppelstrategie gehört. Im Land müssen diejenigen gestärkt werden, die einsehen, dass es so nicht weitergehen kann. Und die Welt muss von außen beim Wiederaufbau helfen, was allerdings nur gelingen wird, wenn die Helfer nicht in Verdacht geraten, dass hier eine fremde Macht sich wegen der Bodenschätze oder der geografischen Lage festsetzen will. Und den Helfern von innen und von außen muss klar sein, dass sie unendlich viel Geduld aufbringen müssen: »Der Aufbau einer staatlichen Rechtsordnung, das ist keine Sache von Jahren, sondern von Jahrzehnten.«

Eppler und vielen anderen, die sich seit Jahrzehnten für eine Welt-Innenpolitik stark machen, wird natürlich von den sogenannten Realpolitikern der Nationalstaaten Schwärmerei vorgeworfen. Viele hängen wohl noch fest in den Denkweisen des zwanzigsten Jahrhunderts, glauben, dass in einem Land oder einer Region entweder Krieg oder Frieden herrscht. Doch was sich heute in vielen Ländern abspielt, entzieht sich dieser Unterscheidung zwischen Krieg und Frieden. Der islamistische Terror hat den Westen gelehrt, dass die freien, reichen Industrieländer genauso verletzbar sind wie eine Dorfbevölkerung im Kongo.

Kriege im klassischen Sinne enden, so der ehemalige Geschichtslehrer Erhard Eppler, mit Kapitulation und Friedensschluss und nachfolgender »Entfeindung«. Solche altehrwürdigen Methoden aber prallen am Fanatismus der Gotteskrieger ebenso ab wie an jenen, die dort am meisten verdienen, wo das Chaos am größten ist. Um ihnen das Handwerk zu legen, braucht es eben neben einer Weltsozialpolitik, also einer ernsthaften Fortschreibung von Entwicklungspolitik, ein internationales Gewaltmonopol, wenn es ein nationales nicht mehr gibt.

Das wäre eine ganz neue Definition von Militäraufgaben. Ein solches Militär braucht eher Transportflugzeuge als Kampfbomber, es braucht wendige kleine Schiffe, etwa zur Bekämpfung von Piraterie, statt riesiger Schlachtschiffe. Es braucht Hubschrauber statt Panzer – kurz, eine Abkehr von allem, was die Symbole der Macht im zwanzigsten Jahrhundert waren. Erhard Eppler schreibt: »Erst wenn die Soldaten dem Schießen ein Ende gemacht haben, können Pazifisten anfangen, Frieden zu stiften.« Mit anderen Worten: »Pazifismus im zwanzigsten Jahrhundert musste Antimilitarismus sein. Im einundzwanzigsten Jahrhundert kann er es nicht mehr sein. Will er es bleiben, schrumpft er zu einer Sekte.«

Was Eppler von der Politik und von verantwortungsbewussten Bürgern verlangt, ist nicht weniger als eine Abkehr von Denkmustern, die in Mitteleuropa seit dem Ende des Dreißigjährigen Krieges Gültigkeit hatten. »Definierbare Kriege sind aus der Mode gekommen«, schreibt er in dem Buch »Vom Gewaltmonopol zum Gewaltmarkt«. »Die Risiken privatisierter Gewalt aber wachsen.« Auf die Spitze getrieben bedeutet das: In vielen Teilen der Welt, vor allem auf dem afrikanischen Kontinent, herrschen Zustände wie in Europa während des Dreißigjährigen Krieges, der mit dem Westfälischen Frieden beendet wurde. Anders aber als im durch Gewalt und Seuchen erschöpften Europa des siebzehnten Jahrhunderts sind entschlossene Friedensstifter im durch Gewalt und

Seuchen erschöpften Afrika des einundzwanzigsten Jahrhunderts bisher nicht zu sehen.

KAPITEL 18

Heimat, das ist Erinnerung an die Kindheit

Gespräch über Patriotismus

Der nüchterne Gustav Heinemann hat einmal gesagt: »Ich liebe meine Frau, nicht meinen Staat.« Einverstanden?

E.E.: Ja, aber nur dann, wenn ich ihn ganz wörtlich nehme und das Zitat nur auf den Staat beziehe. Ich habe schon Schwierigkeiten damit, wenn ich statt Staat Stadt sage. Man kann eine Stadt lieben. Man kann eine Landschaft lieben. Und man kann auch emotionale Bindungen an ein Land haben. Ich zum Beispiel kann sagen: Ich liebe meine Heimatstadt Schwäbisch Hall.

Noch ein Zitat. Es stammt von Johannes Rau: »Ein Patriot ist ein Mann, der sein Vaterland liebt. Ein Nationalist verachtet die Vaterländer der anderen.«

E.E.: Wenn man mich fragt, was für mich ein exemplarisches Beispiel von Patriotismus ist, dann ist das für mich der Kniefall Willy Brandts in Warschau. Willy Brandt hat nie einem Juden ein Haar gekrümmt, und er ist von denselben Leuten verfolgt worden, die die Juden ermordet haben. Und trotzdem geht er in die Knie, weil er Teil dieses Volkes ist, das dies alles auf dem Gewissen hat. Er bittet für etwas um Vergebung, womit er persönlich nichts zu tun hat. So etwas nenne ich Patriotismus. Und das ist natürlich weit, weit entfernt von dem, was man im Wilhelminischen Deutschland und später im NS-Reich darunter verstanden hat.

Die Grenzen zwischen Patriotismus und Nationalismus waren im späten neunzehnten und in der ersten Hälfte des zwanzigsten Jahrhunderts fließend. Hochmut kennzeichnete schon die Untertanen im Kaiserreich.

E.E.: Ja, das ist so ein gewisser Radfahrerpatriotismus, der nach oben buckelt und nach unten tritt, wobei das »unten« meist die anderen Völker sind. Das ist eine schauerliche Entgleisung natio naler Gefühle. Für mich gehört zum Patriotismus auch das Annehmen der gemeinsamen Geschichte. Nicht im Sinne von Rechtfertigung, sondern von Annahme. Ich bin ein Deutscher, zu dessen Geschichte ein Luther, ein Bismarck, ein Hölderlin und ein Heinrich Böll gehören. Ich gehöre aber auch zu einem Volk, das einen Hitler hervorgebracht hat und einen Himmler. Und mit dieser Geschichte muss ich als Deutscher zurechtkommen.

Viele Deutsche bezeichnen sich als Verfassungspatrioten. Reicht das?

E.E.: Der Begriff Verfassungspatriotismus ist für mich zwar durchaus verständlich, aber zu abstrakt. Ich glaube nicht, dass man einen Staat darauf aufbauen kann. Natürlich bin ich bereit, unsere Verfassung zu verteidigen, notfalls mit Zähnen und Klauen. Aber die historische Dimension, die weit hinter diese Verfassung zurückgeht, die darf man nicht ausblenden.

Für die erste nach dem Krieg geborene Generation war Patriotismus ein Begriff aus der Mottenkiste. Vielen wäre jeder andere Pass als der deutsche lieber gewesen. Erinnern Sie sich noch an diese Diskussionen?

E.E.: Ja, aber sie sind ein bisschen unrealistisch. Niemand kann seiner Herkunft entkommen. Und unsere europäischen Nachbarn wollen es ja auch nicht mit irgendwelchen abstrakten Europäern zu tun bekommen, sondern in unserem Falle mit deutschen

Europäern. So wie mit polnischen, britischen oder französischen Europäern. Es gibt keine verantwortbare Flucht aus der Herkunft heraus.

Jede Auslandsreise in einst von den Deutschen besetzte oder zerstörte Länder war viele Jahre lang schwierig. Für Sie auch?

E.E.: Ich war im Jahre 1950 viele Wochen lang in England, weil ich im Britischen Museum an meiner Dissertation gearbeitet habe. Am 8. September 1950 war ich durch einen reinen Zufall in der Westminster Abbey, ich wollte dort einen Gottesdienst besuchen. Die Briten feierten den zehnten Jahrestag der »battle of Britain«, den Tag des Sieges der britischen Luftwaffe über die angreifende deutsche Luftwaffe. Da fühlte ich mich nicht wohl, zumal die Briten damals dazu neigten, den lieben Gott für einen guten Briten zu halten, so wie die Deutschen im Ersten Weltkrieg ihn für einen strammen Deutschen gehalten hatten. Mir war immer bewusst, wo ich herkomme, besonders auch während meiner Studentenzeit in der Schweiz. Aber ich habe nie die Neigung oder das Bedürfnis gehabt, aus meiner Haut zu fahren oder aus meiner Identität zu fliehen. Auch wenn ich gelegentlich Abneigung, sogar Hass zu spüren bekommen habe.

Wenige Jahre nach der Wiedervereinigung gab es eine von Konservativen initiierte Diskussion über eine »deutsche Leitkultur« – in Abgrenzung zu den Migranten.

E.E.: Ich habe mich da sehr zurückgehalten, weil diese Diskussion in Banalitäten stecken blieb. Also, dass man in Deutschland deutsch können muss, um an der Gesellschaft teilnehmen zu können. Dass man die Verfassung achten muss und die Gesetze des Landes. All das versteht sich für mich von selbst, ohne dass ich deshalb den Begriff Leitkultur bemühen würde.

Es gab monatelange Auseinandersetzungen darüber, ob man nun stolz sein dürfe, ein Deutscher zu sein...

E.E.: Wenn ich mir überlege, worauf ich stolz bin, dann kommen ziemlich skurrile Ergebnisse heraus. Ich bin manchmal stolz auf meine Enkel. Manchmal bin ich stolz auf meine Brokkoliköpfe im Garten, viel mehr als auf meine Bücher, denn da ist wirklich etwas Habhaftes, wie man im Schwäbischen sagt, gewachsen. Ich bin nicht einmal stolz auf meine Stadt, obwohl ich sie liebe. Wieso denn stolz? Ich bin ja ganz unschuldig daran, dass das eine liebenswerte Stadt ist. Aber ich gehöre schon zu den Leuten, die ganz bewusst Deutsche sind. Ich bin ein bewusster Schwabe, und die Schwaben sind Deutsche, also bin ich ein Deutscher. Ich bin das mit jeder Konsequenz. Ich stehe dazu, ich schäme mich dessen auch nicht. Aber warum ich deshalb stolz sein sollte, das leuchtet mir nicht ein. Stolz kann man eigentlich nur auf etwas sein, was man selbst getan hat oder woran man – wie bei den Enkeln – nicht ganz unschuldig ist. Also ich habe diese ganze Debatte nie so richtig verstanden.

Das Misstrauen unserer Nachbarn flammt schnell wieder auf. Das wurde sehr deutlich während der Verhandlungen zur Wiedervereinigung.

E.E.: Mein Eindruck ist, dass das abebbt, schon aus demografischen Gründen. Die Franzosen wissen ganz genau: Wenn die Geburtenraten sich so weiter entwickeln, dann wird es von ihnen in einigen Jahrzehnten mindestens so viele geben wie Deutsche. Im Übrigen haben sich die Deutschen in Europa einigermaßen als verlässliche Partner erwiesen. Und verglichen mit den wirklichen Weltmächten des einundzwanzigsten Jahrhunderts wie den USA oder China sind sie Zwerge. Mir wäre wichtig, dass wir in der Europäischen Union nicht ausspielen, dass wir das volkreichste Land sind. Wir sollten uns einfügen und gelegentlich auch zurückhalten, so wie das von Adenauer über Brandt bis zu Kohl üblich war. Im letzter Zeit bin ich in Sorge, ob das auch in Zukunft so bleibt.

Es gibt in Europa starke nationalistische Strömungen. Ist das eine Reaktion auf das große, für viele Bürger undurchschaubare Gebilde der Europäischen Union?

E.E.: Ich sehe das anders. Wenn wir jetzt einmal absehen davon, was zwischen Ungarn und der Slowakei abläuft oder zwischen Ungarn und Rumänien, dann haben wir es mit regionalen Loyalitäten zu tun. Nehmen Sie Katalonien. Es geht ja nicht um einen katalonischen Nationalstaat, sondern um eine katalonische Autonomie, auch gegenüber dem spanischen Nationalstaat. In dem Augenblick, in dem Europa wichtiger wird als die Nationalstaaten, das ist immer noch nicht der Fall, aber wir sind auf dem Weg, kommen auch die politischen und regionalen Loyalitäten wieder zum Vorschein, die es vor den Nationalstaaten gegeben hat. Ich finde es zum Beispiel großartig, dass am Oberrhein heute die Alemannen ihre Gemeinsamkeiten entdecken und Verbindungen knüpfen quer zu den Nationalstaaten. Das sind Südbadener und Schweizer und Elsässer, die sich von den Interessen und den Mentalitäten her nahe sind, auch wenn die Elsässer französisch sprechen. Das zeigt eher eine Relativierung des nationalstaatlichen Denkens.

Können wir uns heute leichter zu unserer Nationalität bekennen, gerade weil wir aus der Geschichte gelernt, die fast sprichwörtliche deutsche Arroganz abgelegt haben?

E.E.: Wenn ich zum Beispiel die Bundesrepublik Deutschland mit Japan vergleiche, dann haben wir Deutschen aus unserer Geschichte sehr viel mehr gelernt und ein sehr glaubhaftes Umdenken vollzogen. Das ist für ein so großes Volk gar nicht einfach und es kommt auch ganz selten vor. Was normalerweise vorkommt nach einer solchen Niederlage, ist, dass Ressentiments gegen die Sieger und Selbstrechtfertigung dominieren. Das war nach dem Ersten Weltkrieg in Deutschland so. Nach dem Zweiten Weltkrieg war es ganz offenkundig anders. Ich finde, bei allem, was danebenging und manchmal auch hässlich war: Alles in allem sind die Deutschen heute keine schlechteren Demokraten als die Polen oder die Tschechen oder die Italiener. Und dieses »Deutschland, Deutschland über alles« in dem Sinne, dass man eben doch drüber steht über den anderen, das ist heute Thema einer verschwindend kleinen Minderheit.

Heimat, das ist Erinnerung an die Kindheit

Ein sonniger Frühlingstag auf dem Marktplatz von Schwäbisch Hall. Touristen umringen Erhard Eppler. Ältere erzählen, dass man sich doch aus der Friedensbewegung kenne oder aus SPD-Wahlkämpfen. Man spricht schwäbisch. Und dann kommt eine Gruppe jüngerer Leute mit Rucksäcken und festem Schuhwerk und möchte von ihm einen Tipp für eine schöne Wanderung. Da blüht Erhard Eppler auf, überlegt lange und beschreibt dann sehr präzise einen Weg den Kocher entlang zur Comburg. Und gleich gibt es noch eine unterhaltsame Geschichtsstunde über dieses mächtige einstige Kloster, das in der Ferne aus dem Tal aufragt. Über seine Heimat reden zu können, anderen zu zeigen, wie schön es da ist und wie geschichtsträchtig diese Landschaft ist, das macht ihm mindestens so viel Spaß wie dem Kreis der Zuhörer. Zu vielen der schönen Bürgerhäuser in Schwäbisch Hall kann Erhard Eppler Geschichten erzählen. Ihm ist dabei durchaus bewusst, was für ein Privileg das im Europa des zwanzigsten Jahrhunderts war, eine Heimat zu haben, die ihm niemand weggenommen hat, aus der er nicht vertrieben wurde.

Was ist das, Heimat? Ein politischer Begriff jedenfalls ist es nicht. Für Erhard Eppler hat Heimat mit all dem zu tun, was man als Kind erlebt hat. Einen Heimatbegriff ohne Kindheit kann er sich nur schwer vorstellen. Selbst diejenigen, die gezwungen waren, eine zweite oder sogar dritte Heimat zu finden – und dabei oft wurzellos geworden sind –, denken bei dem Wort Heimat an ihre Kinderzeit.

Durch Kriege, Politik, den technischen und wirtschaftlichen Fortschritt mit dem Zwang zu Mobilität ist Heimat für viele Menschen nur noch eine vage Erinnerung, weil sie der Arbeit hinterher ziehen müssen, quer durch die Republik und vielleicht sogar quer durch die Kontinente. Man kommt nach Hause, so lange die Eltern noch leben oder zu einem Klassentreffen. Aber Heimat ist im ruhelosen zwanzigsten Jahrhundert mit seinen Kriegen und Vertreibungen und erzwungenen Neuanfängen für viele Menschen nicht mehr der Ort, an dem man lebt, sondern der Ort, an dem man Kind war.

In einem Vortrag über das Thema »kulturelle Heimat« auf dem Evangelischen Kirchentag in Köln ist Erhard Eppler ein Stück in die deutsche und europäische Geschichte zurückgegangen, und seinen Zuhörern wurde bewusst, wie dramatisch innerhalb eines Jahrhunderts das Leben vieler Familienclans auf den Kopf gestellt wurde. Was viele Jahrhunderte lang selbstverständlich war, nämlich das Leben in der Heimatregion, ist heute eher die Ausnahme:

»Noch zu der Zeit, als meine Großeltern geboren wurden, war für die meisten Europäer Heimat das Dorf, in dem sie aufwuchsen und manchmal auch bis an ihr Lebensende blieben. Da kannte man die anderen, und diese anderen kannten die Großeltern, die Mutter, den Vater, die meist sehr zahlreichen Kinder, von denen man eines war. Man gehörte dazu. Das gab Sicherheit, auch so etwas wie soziale Sicherheit. Daher war es in manchen Fürstentümern, etwa im alten Herzogtum Württemberg, eine der härtesten Strafen, dass jemand verbannt wurde, sich also an keinem Ort des Herzogtums mehr aufhalten durfte. Die Strafe war die Heimatlosigkeit, das Elend, das Leben außerhalb des Landes, in der Fremde.«

Vertreibung, Flucht, Neubeginn dort, wo man unerwünscht war, das wurde im zwanzigsten Jahrhundert zum Schicksal von Millionen Menschen. Und lange vor Flucht und Vertreibung der Deutschen aus dem Osten stand der Exodus der Juden (jener, die sich noch rechtzeitig retten konnten) aus Deutschland und dem von Deutschland besetzten Europa. »Sie hatten nicht nur, wie Sudetendeutsche oder Pommern, ihre Heimat verloren. Ihnen hatte man gesagt, dass sie in Deutschland nie eine Heimat hatten, dass sie nie dazugehörten, dass ihr Heimatgefühl eine Anmaßung, eine Frechheit gewesen sei, dass sie immer Fremde, ja Schmarotzer gewesen seien und es auch immer blieben. Man hatte sie und ihre Familien über Jahrhunderte rückwirkend ausgebürgert und ihnen auch das genommen, was den Schlesiern und Pommern blieb: das Andenken an das, was einmal Heimat war.«

Heimatlosigkeit, das Gefühl, nirgends zu Hause zu sein, kann krank machen. In Deutschland wird inzwischen wissenschaftlich untersucht, welche körperlichen und seelischen Auswirkungen dies für zahllose Arbeitsmigranten hat, vor allem, wenn sie älter werden. Die Forscher wissen von schweren Depressionen als Folge der Wurzellosigkeit. Denn ausgegrenzt fühlen sich viele der einstigen Gastarbeiter sowohl in der alten wie in der neuen Heimat. Das hat auch mit Sprache zu tun, denn zur Heimat gehört die Sprache, vor allem aber der Dialekt der Region, in der man aufgewachsen ist. Viele Migranten haben auch das verloren. Das Gefühl für die Heimatsprache mit all ihren Zwischentönen schwindet, in der neuen Sprache können sich erst die Kinder oder die Enkel präzise ausdrücken. Sprachlosigkeit gehört also häufig zum Heimatverlust. Erhard Eppler kann deshalb gut verstehen, dass

Aussiedler aus Russland miteinander russisch sprechen, türkische Migranten türkisch.

Für Erhard Eppler hat Heimat sehr viel mit Dialekt zu tun. Vielleicht gilt dies für Schwaben im besonderen Maße. Man sagt ihnen nach, dass sie auch nach Jahrzehnten im Ausland als Schwaben kenntlich bleiben, sobald sie den Mund aufmachen. An dem kessen baden-württembergischen Werbeslogan »Wir können alles außer Hochdeutsch« ist ja viel Wahres. Erhard Eppler erinnert sich, wie das im Deutschen Bundestag war und bis heute wohl ist: »Wenn ein schwäbischer Abgeordneter sich am Rednerpult redlich bemüht hatte, deutsch zu reden und ein anderer Schwabe, meist von einer anderen Partei, ebenfalls einigermaßen auf Deutsch eine kritische Zwischenfrage stellte, verfiel der Redner sofort ins Schwäbische. Mit Landsleuten redet man Dialekt.«

Heimat ist für Erhard Eppler dort, wo er sich im Dialekt verständigen kann. »Zu Hause ziehe ich das Schwäbische an wie bequeme Hausschuhe. Ich fühle mich wirklich nur ganz zu Hause, wenn auch schwäbisch geredet wird. Ich unterhalte mich mit meinen früheren Schulkameraden noch in demselben Dialekt, wie wir das damals getan haben.« Ihm ist dabei bewusst, dass Dialekt nicht nur verbindet, sondern auch ausgrenzt. »Mit Grausen« erinnert er sich daran, wie in seiner Schulklasse die wenigen Zugereisten, die hochdeutsch sprachen, zu Außenseitern gemacht wurden. »Wer anders sprach, war selber schuld. Er musste es büßen, wurde nachgeäfft. Und wenn Fußballmannschaften gewählt wurden, kam er ganz zuletzt. Wir schlossen einfach aus, was uns fremd erschien. Wir, die wir uns zu Hause fühlten, machten klar, wer sich zu Hause fühlen durfte und wer nicht.« Nachdenklich sagt er, dass viele deutsche Kinder heute mit ihren türkischen Schulkameraden wohl humaner umgehen als er und seine Freunde seinerzeit mit den nichtschwäbischen.

Da war also auch viel Enge in der heute so weltoffen wirkenden Freien Reichstadt Schwäbisch Hall. Es gab kein Fernsehen und nur in wenigen Familien ein Radio. Das kam bei Epplers erst während der Sudetenkrise ins Haus. »Perfektes Bühnendeutsch«, wie es heute von früh bis spät in jeden Haushalt geliefert wird, gab es in seiner Kindheit nicht. Hochdeutsch, das war eine Sprache, die man lernte. Dialekt war übrigens nach dem Krieg jahrzehntelang in vielen Familien verpönt, galt als unfein. »Gassensprache spricht man auf der Gasse«, hieß es in vielen Aufsteigerfamilien.

Nur wer bewusst in einem Dialekt lebt, wird auch bewusst mit der deutschen Sprache umgehen, sagt dagegen der ehemalige Deutschlehrer. »Das ist auch ein Stück Heimat für mich. Ich leide buchstäblich, wenn diese Sprache malträtiert wird. Und sie wird ja täglich malträtiert.«

Heimatgefühl entsteht für Erhard Eppler also fast unabdingbar in der Kindheit. Heute noch weiß er, dass es zweiundfünfzig Stufen sind, die vom Marktplatz zur mächtigen romanischen Michaelskirche hinaufführen. Als Kinder, deren Schule um die Ecke lag, haben sie die Stufen gezählt. Er deutet auf ein kleines Hotel. In seiner Kindheit war dort eine Bäckerei. Am Brunnen haben sie sich als Kinder nass gespritzt und im Wäldchen neben dem Elternhaus gekickt und gerauft. Jeder Gang durch die alte Reichsstadt ist für Erhard Eppler reich an Erinnerungen, die siebzig und mehr Jahre zurückliegen. Vor einigen Jahren hat er den achthundertfünfzigsten Geburtstag der Kirche mitgefeiert, in der er konfirmiert wurde, in der seine Frau Irene und er getraut wurden. Und in einem Singkreis haben beide als junge Leute Bach-Motetten gesungen.

In seinem Vortrag auf dem Evangelischen Kirchentag hat er Heimat so definiert: »Heimat ist da, wo wir in die Welt hineingewachsen sind, staunend, begeistert, misstrauisch oder auch ängstlich, jedenfalls immer so, dass Erkennen und Fühlen, Lernen und Empfinden eng beieinander waren. Heimat ist auch da, wo wir die Maßstäbe finden, an denen wir dann die übrige Welt messen, erkennen, was schön, was hässlich, was richtig, was falsch ist.«

Viele Jahre seines Lebens ist Erhard Eppler um den Erdball gejettet, hat in Flugzeugen geschlafen, weil in Peru oder in Ghana keine Zeit zum Schlafen blieb. Geerdet hat ihn wohl sein starkes Heimatgefühl. Die Familie blieb auch während seiner Bonner Jahre in Baden-Württemberg. In Heilbronn, in Dornstetten im Schwarzwald, nun im Alter wieder in Schwäbisch Hall. Die Eltern wollten ihren Kindern nicht zumuten, in einer für sie völlig fremden Umgebung aufzuwachsen und dann auch aus dieser Umgebung vielleicht wieder vertrieben zu werden, denn Politik als Lebensberuf ist ja ein unsicheres Geschäft. Dazu kam sicher, dass Erhard Eppler in Bonn nie Wurzeln geschlagen hat, was vermutlich nicht nur an Bonn lag. Die rheinische Mentalität ist einem überzeugten Schwaben doch recht fremd.

In einer Zeit, in der man von Menschen ganz selbstverständlich erwartet, sich den Bedürfnissen der Wirtschaft anzupassen – und nicht umgekehrt –, wird Heimat zu einem nostalgischen Begriff. Nicht nur Familien treffen sich gerade noch zu hohen Festen, auch Partnerschaften leiden am Zwang zu Mobilität und Flexibilität. Immer häufiger passiert es, dass eine junge Frau einen attraktiven Job nur in Berlin oder Brüssel findet, während ihr Partner mit der Firma nach München muss. Wenn schon ihre Eltern so gelebt haben, wie moderne Nomaden der Arbeit hinterher ziehen mussten, dann ist das Ergebnis Wurzellosigkeit. »Ja«, sagt Erhard Eppler, »so kann Heimatgefühl nicht wachsen.« Für ihn ist das eine fatale Folge der Ökonomisierung aller Lebensbereiche. »Was das an menschlichen Neigungen, Bedürfnissen und Fähigkeiten zerstört, das werden wir wahrscheinlich erst in einigen Jahrzehnten überschauen können.«

Nicht nur für umworbene, hoch qualifizierte Arbeitnehmer

wird dieses Nomadenleben zur Norm. Es trifft auch diejenigen, die in ihrer Heimat keine Lebenschancen haben, die als Illegale in Deutschland putzen, um damit ihren Kindern auf den Philippinen oder in Ecuador den Schulbesuch finanzieren zu können. Oder die ruhelos von einem Land zum anderen ziehen, weil Bürgerkriege, Naturkatastrophen, der Klimawandel sie heimatlos machen. »Die Zahl dieser Menschen, die ihre Heimat verlassen müssen, um zu überleben, scheint zu steigen«, sagt der Entwicklungspolitiker Eppler. »Was das für den Zusammenhalt von Staaten bedeutet, wissen wir heute noch nicht.«

Genau diese Entwicklung in der globalisierten Welt führt inzwischen zu heftigen Gegenbewegungen, etwa in der islamischen Welt. Gerade die Länder, in denen viele junge Globalisierungsverlierer leben, distanzieren sich von einer Welt, die ihnen keine Chancen gibt. Es entsteht eine neue Intoleranz mit gefährlichen politischen Folgen. Man definiert sich religiös und kulturell, nimmt die nichtislamische Welt immer häufiger als Feind wahr. »Je mehr eine vom Westen ausgehende Globalisierung so etwas wie eine Einheitszivilisation fördert, desto radikaler werden die Bekenntnisse zu kulturellen Heimaten. Dabei wird das Nein zum Fremden wichtiger als das Ja zum Eigenen. So entsteht Fundamentalismus.«

Die ganze Menschheitsgeschichte ist eine Geschichte von Kriegen, Flucht und Vertreibung. Was für die einen lange Heimat war, ist es längst für andere, ebenfalls aus einer Heimat vertriebene Menschen geworden. In der einstigen Heimat Ostpreußen, im Sudetenland oder in Schlesien leben seit mehreren Generationen Russen, Tschechen und Polen. Das »Recht auf Heimat« ließe sich nur durch neue Wellen von Vertreibungen durchsetzen. »So sind früher Kriege entstanden«, sagt Erhard Eppler. Das »Recht auf Heimat« kann also zu einem politisch manipulierbaren und missbrauchbaren Begriff werden. Die Westdeutschen haben das erlebt in den politisch hitzigen Zeiten, als über Willy Brandts Ostpolitik gestritten wurde.

Sehr genau grenzt Erhard Eppler den Begriff Heimat gegen den pathetischen des »Vaterlandes« ab:

Heimat, das ist das Dorf, die Stadt, eben der Ort an dem man aufgewachsen ist und der sich mit Kindheitserinnerungen verbindet. Oder es ist die neue Heimat, die man sich – häufig nicht freiwillig – erworben hat, als Flüchtlinge, als Vertriebene, als Arbeitsemigranten, deren Pläne auf ein »Zurück in die Kindheitsheimat« sich oft zerschlagen haben. Für sie ist Heimat nun vielleicht der Ort, an dem ihre Kinder aufwachsen.

Vaterland, das ist für Erhard Eppler ein politischer Begriff und man spürt, dass ihm dabei nicht besonders wohl ist. »Das Vaterland, das ich als Achtzehnjähriger verteidigen sollte, reichte von Posen und Lodz über Brünn und Prag bis nach Straßburg. Dass dies alles nicht meine Heimat war, die kulturelle schon gar nicht, versteht sich von selbst. Vaterland ist überdies ein Begriff, der oft dazu dienen musste, angebliche Verräter des Vaterlandes zu denunzieren. Gerade in Deutschland gab und gibt es die Unsitte, dass sich für einen guten Deutschen halten darf, wer möglichst viele Deutsche für schlechte Deutsche hält.«

Gerade seine Generation unterscheidet präzise zwischen Heimat als Ort der Erinnerungen, kultureller Heimat, die für Eppler auch ein Brandenburgisches Konzert von Bach sein kann und eben dem vielfach missbrauchten politischen Vaterland. »Wo sich ein überhitzter Heimatbegriff verbindet mit dem politischen und politisch manipulierbaren Begriff des Vaterlandes, kann eine nationalistische Pseudoreligion entstehen, wie wir die in unserer Jugend erlebt haben. ›Deutschland, heiliges Wort, Du voll Unendlichkeit! Über die Zeiten fort, seist Du gebenedeit.‹ So begann einer der Choräle der NS-Religion, die wir lernen mussten.«

In seinen späten Jahren sieht Erhard Eppler neue Gefahren.

Gerade weil die globalisierte Welt so unüberschaubar und beängstigend geworden ist für viele Menschen, wächst neue Enge im Kopf. »Nur wer sich in seiner Stadt, seiner Heimatlandschaft wohl und sicher fühlt, kann begreifen, dass es anderen Menschen mit ihrer russischen Stadt oder ihrem anatolischen Dorf nicht anders geht. Es ist nicht einfach Toleranz, was da nötig ist, sondern die Freude daran, dass andere anders sind, dass es außer meiner kulturellen Heimat noch tausend andere gibt, die anderen Menschen das bedeuten, was für mich die meine bedeutet.«

KAPITEL 19

Altersweisheit? »Das gibt es nicht«

Gespräch über Großvater sein

Ihr persönlichstes Buch heißt: »Briefe an meine Enkelin«.

E.E.: Ich stellte fest, dass meine Enkel mehr Interesse an meiner Vergangenheit, an meiner Kindheit und Jugend hatten als meine Kinder. Und ich fand, dass es für meine Enkel nicht unwichtig sein könnte, wenn ich mich noch einmal an diese Zeit erinnere und sie so darstelle, dass ein vierzehnjähriges Kind es auch versteht. Und so ist dieser Bericht spät, aber vielleicht nicht zu spät, zustande gekommen.

Wie hat Lisa, die älteste der sechs Enkelinnen und Enkel, das aufgenommen: ein Buch, das sich an sie richtet?

E.E.: Ich habe ihr das Manuskript, ehe das Buch gedruckt wurde, geschickt. Und wenn sie etwas moniert hat, was sie vielleicht nicht ganz verstanden hat, dann habe ich das geändert.

Die jüngeren Enkel haben das Buch später sicher auch gelesen. Hat das zu Gesprächen geführt, etwa über die Nazizeit, über die Schule, über Kinderfreundschaften?

E.E.: Ja. Aber das waren keine bohrenden Gespräche, eher war das ein Anknüpfungspunkt, um über vieles zu plaudern, wenn wir zum Beispiel gemeinsam gewandert sind.

Es muss schön für die Enkel gewesen sein zu erfahren, dass auch der Großvater ein Kind mit Ängsten war. Dass er zu Hause Ärger gehabt hat, wenn kindliche Dummheiten ans Licht kamen, wenn er nicht aufgeräumt hat oder der Fußball wichtiger war als die Hausaufgaben.

E.E.: Ja, ja. Ich kann mich natürlich nicht voll in die Wünsche und Vorstellungen meiner Enkel einleben, aber es tut ihnen gut, wenn sie sehen, dass der Opa alles andere als perfekt war. Dass er ein Lausbub war, dass er seine Zuneigungen und Abneigungen hatte wie sie auch. Und dass diese NS-Zeit gerade für einen ganz jungen Menschen eben nicht nur aus Politik bestand, sondern dass da immer noch die Familie das Zentrum war. Manches, was sich heute in den Geschichtsbüchern sehr ernst liest, schon sehr früh Hinweise auf den Niedergang liefert, sah für einen Pimpf ganz anders aus. Vieles erschien uns damals einfach lächerlich, nicht gefährlich, sondern komisch. Das hat, glaube ich, meinen Enkeln geholfen, diese zwölf Jahre besser verstehen zu können.

Sie haben erzählt und nicht kommentiert?

E.E.: Ich wollte wirklich Rechenschaft ablegen, ich wollte für meine Enkel und vielleicht auch für andere junge Leute eine Antwort geben auf die Frage: Wie hast du denn diese Zeit erlebt, als du kein warst, als du jung warst? Die Schwierigkeit ist ja heute: Je weiter wir von dieser Zeit entfernt sind, desto abstrakter werden die Vorstellungen. Und ich habe eine Kindheits- und Jugenderzählung geschrieben, in der sicher das NS-Regime eine Rolle spielt, aber nicht die dominierende Rolle. Das war mir wichtig. Und ich glaube, das haben die jugendlichen Leser auch verstanden.

Ich habe beobachtet, wie Kinder sich von Ihnen angezogen fühlen, in den Garten kommen zum Plaudern. Ganz unabhängig von der eigenen Familie: Ich glaube, Sie sind gerne mit Kindern zusammen, was für einen Mann Ihrer Generation nicht selbstverständlich ist.

E.E.: Ja, das stimmt, ich genieße die Gesellschaft von Kindern. Aber ich muss hinzufügen, dass ich meinen vier Kindern gegenüber auf unterschiedliche Weise auch ein schlechtes Gewissen habe. Ich war sehr häufig nicht da, wenn sie mich gebraucht hätten. Und ich habe mich nicht so intensiv um sie gekümmert, wie ein Vater das tun müsste. Bei den Enkeln konnte ich da manches nachholen. Da hatte ich mehr Zeit. Gelegentlich bin ich, wenn einer der Enkel Geburtstag hatte, einfach zu ihnen hingefahren, um deutlich zu machen: Du bist mir wichtig. Ich habe mich nicht in einen Kindergeburtstag gedrängt. Aber wir sind zusammen ins Café gegangen und haben Geburtstag gefeiert. Und das haben sie genossen. Also mein enges Verhältnis zu den Enkeln hängt auch damit zusammen, dass ich manches wieder gut machen wollte, was ich an meinen Kindern versäumt habe.

Das Verhältnis zwischen Enkeln und Großeltern ist in vielen Familien entspannter als das zwischen Eltern und Kindern. Woran liegt das?

E.E.: Man ist nicht verantwortlich für die Erziehung. Man kann als Opa Kindern leichter nachgeben und sich von ihnen führen lassen. Vielleicht ist das falsch, aber so ist es wohl bei mir. Ich habe übrigens zu jedem meiner sechs Enkel ein wesentlich engeres Verhältnis, als ich es selbst zu meinen Großmüttern (Großväter habe ich gar nicht erlebt) gehabt habe. Es ist schön, dass unsere längst erwachsenen Enkel heute noch so gerne zu den Großeltern kommen.

Erinnern Sie sich noch an die Zeit, als Ihr erstes Enkelkind geboren wurde?

E.E.: Das war ausgerechnet in einer Zeit, in der es mir nicht besonders gut ging, 1980, als die Grünen in den baden-württembergischen Landtag einzogen und man mir dafür die Schuld in die

Schuhe schob. Es war die Zeit, als ich den Fraktionsvorsitz niederlegte und dann den Landesvorsitz und es gab darüber hinaus noch eine Reihe anderer kritischer Ereignisse. Ich war damals auch längere Zeit krank. Und dann kam Lisa. Das war für mich ein Lebenselixier. Ich begriff wieder, es gibt anderes, wichtigeres auf dieser Welt. Und diese unglaubliche Vitalität und Munterkeit, diese Herzlichkeit, mit der Kinder uns beschenken, das hat mir damals sehr geholfen.

Sie kommen aus einer Familie mit sieben Kindern. Sie und Ihre Frau haben vier Kinder bekommen. Und diese vier Kinder haben Ihnen zusammen sechs Enkel geschenkt. An diesem Beispiel sieht man, was hinter dem Wort »demografische Entwicklung« steckt. Von Generation zu Generation werden wir weniger?

E.E.: So ist es, und wohl kann einem dabei nicht sein. Aber zwei meiner Töchter haben je drei Kinder. Das sind schon Familien, in denen man lernen kann, dass man nicht allein auf der Welt ist, wo man Rücksicht lernt und begreift, dass man aufeinander angewiesen ist. Diese jeweils drei Geschwister verstehen sich untereinander wesentlich besser und halten mehr zusammen, als wir das damals getan haben. Da gibt es viel weniger Streit als damals bei uns sieben.

Was ist Ihr Fazit: Sie hatten als Lehrer, Politiker, Schriftsteller ein prallvolles Leben. Ist dennoch die Familie das, was bleibt? Das Entscheidende im Leben?

E.E.: Ich bin wohl schon ein Familienmensch. Meine noch lebenden Geschwister und ich, wir treffen uns jetzt häufiger als früher. Und das Verhältnis zwischen den Generationen ist, soweit ich das sehe, völlig intakt. Wenn es einem in der Familie nicht gut geht, sind die anderen da. Das gehört zum Kern meiner Existenz.

Altersweisheit? »Das gibt es nicht«

Erhard Eppler, der im Dezember 2010 seinen vierundachtzigsten Geburtstag feiert, wirkt heute entspannter, gelöster, auch gesünder als in früheren Jahren. Die Migräne, die ihn seit einem Unfall in seiner frühen Kindheit plagte, meldet sich nur noch selten. Sein ganzes Leben lang war dies seine Achillesferse: Oft hat ein Migräneanfall, der bis zu einer Woche dauern konnte, den nächsten abgelöst. Nie konnte er sicher sein, ob er einen entscheidenden Tag seiner Karriere voll konzentriert oder nur im Schmerznebel erleben würde. Die Migräne war es wohl auch, die ihm den Ruf eintrug, distanziert zu sein, niemanden an sich heran zu lassen. Lange Abende beim Wein, vielleicht noch in verrauchten Gasthäusern, konnte er sich nur selten leisten, denn das waren sichere Migräne-Auslöser. Ein Politiker wiederum, der sich dem geselligen Teil seines Berufs entzog, wurde in früheren Jahrzehnten mehr als heute streng kritisiert, ja missbilligt. Er galt als unnahbar, als arrogant. Diese Plage seines Lebens ist der Grund dafür, dass nicht allzu viele Menschen den heiteren Geschichtenerzähler Erhard Eppler kennen, der es genießt, wenn Menschen sich in seiner Gesellschaft wohl fühlen.

Beim Stichwort »Altersweisheit« muss er lachen. Er glaubt nicht, dass es so etwas gibt. Er und seine Frau wirken intensiv beschäftigt vom frühen Morgen bis zum Abend. Nur wenige Jahrzehnte früher, da waren die über Achtzigjährigen in der Regel tatsächlich »ehrwürdige Greise«, gebeugt vom Leben und von Krankheiten. Niemandem würde dieses Wort im Zusammenhang mit dem Ehepaar Eppler einfallen. Ist das Leben also, auch dank des medizinischen Fortschritts und dem Wissen darüber, was zu einem gesunden Leben gehört, leichter geworden als früher? Trocken sagt Erhard Eppler: »Ich war früher nicht dabei, also kann ich das schlecht sagen.« Aber er ist das beste Beispiel dafür, welche

Möglichkeiten das Alter heute bietet, so lange Kopf und körperliche Gesundheit noch mitspielen. »Dass man das Alter im Lehnstuhl verbringt und gelegentlich eine Zeitung liest und vielleicht mal einen kleinen Spaziergang macht, das ist sicherlich nicht nur für mich eine ziemlich fremde Vorstellung.«

Das Alter hat ihm ein ganzes Stück Freiheit geschenkt. Zum Beispiel die Freiheit, Nein sagen zu können, selbst auszuwählen, was er tun möchte und was nicht. »Früher gab es so viele Bindungen, Rücksichten, die man nehmen musste. Heute sage ich von vier Anforderungen, einen Vortrag zu halten, drei ab. Und ich kann mir die Aufgaben auswählen, mache nur noch, was mich auch reizt.« Das gilt auch für Bücher oder Zeitungsbeiträge. »Ich entscheide allein, was ich schreiben und was ich nicht schreiben will. Das gehört für mich zur Freiheit des Alters.«

Es ist immer noch viel, was er sich zumutet. Termine mit ihm müssen langfristig abgestimmt werden, denn immer noch reist er kreuz und quer durch das Land. Das ist mühsam, denn die Bahn hat die ländlichen Räume sträflich vernachlässigt, und bis zu den nächsten Großstädten Stuttgart oder Mannheim ist das Zugfahren eine Zumutung. Das Auto haben die Epplers vor ein paar Jahren abgeschafft, vor allem für Irene Eppler wohl ein Stück Freiheitsverlust aus ökologischer Vernunft.

Das Wort »Freiheit« taucht oft auf im Gespräch mit Erhard Eppler. »Weil ich körperlich fit bin, überwiegen jetzt im Alter die Freiheitsvorteile. Aber das kann sich natürlich von einem Tag auf den anderen ändern.« So lange er noch im Garten die Hacke schwingen und im Sommer und Herbst ernten kann, was er im Frühjahr gesät hat, so lange er im Winter noch die Langlaufski aus dem Keller holen kann, so lange er sich abends in Bücher und in Musik vertiefen kann, ist das Alter für ihn anscheinend kein Problem. »Ich bin wirklich dankbar für jeden Tag, den ich erlebe. Ich habe immer geglaubt, dass ich nicht alt werde.« Was vielleicht mit dem frühen Tod des Vaters zu tun hat.

Auch mit dem Wort Altersmilde kann Erhard Eppler wenig anfangen. Wie hart er urteilen kann über diejenigen, die dabei sind, das Land zu ruinieren, weil sie weder gesellschaftliche Verantwortung noch Solidarität mit Schwächeren erkennen lassen, hat er 2009 während des Dresdner Parteitags wieder einmal bewiesen. Und deshalb wehrt er ab: »Was heißt hier milder? Man hat vielleicht mehr Vergleichsmöglichkeiten. Ich glaube, das Alter erleichtert eine Selbstkritik, die keine Totalkritik ist. Man kann über eigene Fehler reden, ohne deshalb mit Minderwertigkeitskomplexen herumzulaufen. Das ist ganz hilfreich.«

Was also hat man im Alter jüngeren Leuten voraus, obwohl man nicht mehr so leichtfüßig ist und beim Schreiben häufiger Pausen braucht? »Wenn man sechzig Jahre lang politisch mehr oder weniger aktiv hinter sich gebracht hat, dann kann man verschiedene Zeitläufte vergleichen und man wundert sich, warum in der einen Epoche alles ganz anders war als in anderen. Zum Beispiel die marktradikale Epoche, die habe ich als etwas völlig Neues erlebt, verglichen mit dem, was in den sechziger, siebziger Jahren allgemein üblich war, keineswegs nur in der Parteipolitik.« Für diese Möglichkeit des Überblicks ist er dankbar, sagt er und schiebt sofort nach, dass das aber mit Altersweisheit gar nichts zu tun habe. »Nein, milde Altersweisheit ist nicht meine Sache.« Eher Ungeduld. Man soll ihm die Zeit nicht stehlen, die er noch produktiv verbringen kann. »Aber gleichzeitig wächst die Erkenntnis, dass die Weltgeschichte auch ohne mich weiter geht.«

Keine Generation zuvor hat vermutlich so viele Umwälzungen erlebt wie die in den zwanziger Jahren des letzten Jahrhunderts geborene, das gilt nicht nur für politische, sondern auch für technische Revolutionen. Als Erhard Eppler geboren wurde, gab es nur wenige Autos. Als er dreiundvierzig Jahre alt war, landete der erste Mensch auf dem Mond. Heute fliegen Menschen für drei Tage nach Peking. Vor achtzig Jahren bedeutete eine solche Reise die Trennung von der Familie für Monate. Durch das Internet sausen Nachrichten, Briefe, auch Geldströme in Sekundenschnelle um den Globus. Früher dauerte es Tage oder Wochen, bis eine Zeitung, ein Brief in einer entlegenen Weltgegend ankamen. »Meine Mutter hat mir erzählt, wie das erste Auto in ihr Dorf gekommen ist. Im Denken und Fühlen kann ich das, was meine Eltern erlebt haben, noch als Teil meiner Welt verstehen. Wenn man das alles zusammennimmt, was da in den letzten hundert Jahren geschehen ist, dann hat das wahrscheinlich die meisten Menschen überfordert. Und die heute Alten ganz sicher. Wenn über die Frage diskutiert wird, ob man im Internet etwas sperrt oder nicht, kann ich nicht mitreden, weil ich weder das eine noch das andere verstehe. Es gibt viele Dinge, bei denen ich spüre, das ist die Welt meiner Enkel, aber es ist nicht mehr meine Welt.«

Der amerikanische Schriftsteller Philip Roth hat in einem seiner späten Romane zornig geschrieben: »Das Alter ist ein Massaker.« Eine Meinung, die Erhard Eppler nicht teilt. Was ihn aber schreckt, ist der Gedanke daran, für jeden Handgriff Hilfe zu brauchen, nicht mehr lesen zu können, noch am Leben zu sein, ohne am Leben teilnehmen zu können. »Davor habe ich natürlich Angst – wie alle anderen Menschen auch. Völlig hilflos zu sein und anderen zur Last zu fallen, das ist eine schlimme Vorstellung. Meine Enkel nicht mehr zu erkennen, wenn sie mich besuchen, das stelle ich mir fürchterlich vor. Ich hoffe, dass mir das erspart bleibt.«

Beim Blick zurück auf ein langes Leben bleibt die Frage nicht aus, ob er mit dem Wissen von heute so manche Dinge anders machen würde. Im beruflichen Leben gab es wahrscheinlich sehr viel häufiger als bei den meisten anderen Menschen Scheidewege – oder, positiver ausgedrückt, Wahlmöglichkeiten: Lehrer oder Wissenschaftler? Politiker oder Publizist? Und wenn Politiker dann in der Finanz-, in der Außen- oder in der Entwicklungspolitik? In Bonn bleiben oder nach Stuttgart gehen? Im Kern, so sagt er bei einem der vielen Waldspaziergänge, kann er zu seinen Entscheidungen stehen. »Wenn ich damals eine akademische Laufbahn angestrebt und die Politik links oder rechts hätte liegen lassen, dann hätte ich mich immer für feige gehalten. Ich glaube, es hatte seinen guten Sinn, dass ich mein Leben überwiegend in der Politik verbracht habe. Ich bin wohl ein politischer Mensch und habe ein Gefühl für Verantwortung. Also war das, was ich getan habe, trotz mancher Umwege alles in allem doch konsequent.«

Und sein privates Leben? »Ich habe mich zeitweise zu sehr von der Politik auffressen lassen und für meine Kinder nicht das getan, was sie verdient gehabt hätten.« Immer wieder habe er die Aufgaben ernster genommen als die Menschen, mit denen er es dabei zu tun hatte. Das nagt an ihm, denn darüber spricht er immer wieder. Und doch kann Erhard Eppler heute dankbar sagen: »Ich bin aus dem Krieg zurückgekommen, was nicht selbstverständlich war. Ich durfte studieren und dann einen Beruf ausüben, der mir Freude gemacht hat. Ich habe eine Familie, in der drei Generationen zusammenhalten. Dafür bin ich dankbar. Und das ist vielleicht am Ende eines Lebens nicht das Schlechteste.«

KAPITEL 20

Was ist ein idealer Politiker?

Gespräch über gute und schlechte Redner

Dieses Kapitel ist eine Art Postscriptum zur Lebensgeschichte eines Ausnahmepolitikers, der weit über die SPD hinaus Menschen beeinflusste. So facettenreich das Leben Erhard Epplers auch ist, im Gedächtnis der Menschen ist er der Politiker, der als politischer Schriftsteller, vor allem aber als Redner, die Menschen dazu brachte, mit ihm neue Denkwege zu gehen.

Gespräch: Was ist ein guter Redner?

Wie bringt man die Menschen zum Zuhören?

E.E.: Ein guter Redner muss erst einmal genau wissen, worüber er redet. Er muss die Sachverhalte souverän beherrschen und eben deshalb auch in der Lage sein, sie zu vereinfachen. Er muss sich so in der Sache konzentrieren können, dass er nicht vom Blatt ablesen muss, sondern frei reden kann. Und das bedeutet dann auch, dass er immer die Zuhörer im Auge hat. Nur so merkt er, wenn sie etwas nicht verstanden haben oder ablehnen. Außerdem sollte ein guter Redner ein sehr intensives Verhältnis zu der Sprache haben, die er spricht, also in unserem Fall zur deutschen Sprache.

Manchmal muss man komplizierte Sachverhalte erklären, ohne die Zuhörer zu langweilen.

E.E.: Ein guter Redner sollte sich vor Abstraktion hüten, und wenn er zur Abstraktion gezwungen ist, sie mit einem oder zwei Beispielen wieder ins Konkrete wenden. Und er muss sich um Bilder bemühen, die haften bleiben. Das gelingt allerdings nicht im Laufe einer Rede, das muss vorher geschehen. Abstraktes wird sofort wieder vergessen, aber ein gelungenes Bild kann tatsächlich eine politische Diskussion verändern. Das Bild darf nicht weit hergeholt sein, es muss aus dem Alltag sein, so wie die Bilder des Neuen Testaments, aber es darf nicht abgegriffen sein. Im Übrigen muss ein guter Redner spüren, wo die Menschen mitgehen und wo er vielleicht noch ein bisschen nachlegen muss, noch etwas erläutern oder auch verstärken muss, und wann er sich tunlichst zurückhält.

Kann man das lernen oder ist das eine Begabung wie Zeichnen oder Singen?
E.E.: Ich glaube, es ist beides. Man muss schon eine gewisse Grundbegabung haben, aber das Handwerkszeug kann man sich erarbeiten. Es hilft, eine deutsche Stilistik zu lesen. Ein guter Redner gebraucht möglichst wenig Substantive und möglichst viele Verben. Das Verbum dynamisiert, die Substantive, vor allem, wenn man sie aneinanderhängt, schläfern ein, sie können verunklaren. Ich versuche zum Beispiel ganz bewusst, drei, vier, fünf Verben hintereinander zu bringen, um einen Sachverhalt nach allen Richtungen zu klären.

Kurt Tucholsky hat einmal eine so heitere wie böse Satire über schlechte Redner geschrieben. Hier einige Zitate: »Man kann über alles reden, aber nicht über 45 Minuten.« Richtig?
E.E.: Nach meiner Erfahrung stimmt das nicht ganz. Ich habe schon anderthalb Stunden geredet und die Leute waren bis zum Schluss dabei.

»Ein Redner ist kein Lexikon. Das haben die Leute zu Hause.«
E.E.: Das ist zweifellos richtig. Die Kunst des Weglassens ist natürlich nicht nur für den Schreiber, sondern auch für den Redner wichtig.

»Wenn einer spricht, müssen die anderen zuhören, das ist deine Gelegenheit. Missbrauche sie!«
E.E.: Ja, aber ein solcher Missbrauch ist nur möglich, wenn die Leute zuhören. Und ob sie zuhören, hängt wiederum vom Redner ab.

Es gibt ja bei allen Parteitagen, um bei der Politik zu bleiben, diese schreckliche Geschichte: Jemand geht als Rednerpult, die Leute wissen schon, was ihnen nun blüht und der Saal leert sich. Dann wird ein begabter Redner angekündigt, und der Saal füllt sich wieder. Verliert man da vorne ein Gefühl dafür, wie man ankommt?
E.E.: Ich hatte das auch nicht von Anfang an. Diese Aufmerksamkeit muss man sich im Laufe von Jahrzehnten erarbeiten. Und gelegentlich muss eben auch jemand reden, der von vorne herein weiß, dass man ihm nicht so gerne zuhört. Das ist kein Vergnügen, für beide Seiten nicht, aber das lässt sich oft nicht umgehen. Schlimmer als dass der Saal sich leert, ist es, wenn der Saal relativ voll bleibt, aber die Unterhaltungen munter weiter gehen und der Mensch am Pult in diese Geräuschkulisse hinein reden muss. Das ist eine peinliche Situation.

Erinnern Sie sich an Reden, vor denen Sie Herzklopfen hatten?
E.E.: Nein, Herzklopfen hatte ich nie. Die Spannung, ob die Rede gelingt oder nicht, die ist natürlich verschieden stark, aber quälendes Lampenfieber kenne ich nicht.

Fallen Ihnen spontan Rednerinnen oder Redner ein, denen Sie besonders gern zugehört haben?

E.E.: Ich habe Fritz Erler immer sehr gerne zugehört. Ich höre Norbert Blüm gerne zu, weil er sehr elementar reden kann und weil er immer die richtigen Bilder, manchmal auch sehr originelle Bilder, findet. Man kann von ihm einiges lernen. Auch Heide Simonis habe ich immer gerne zugehört, auch wenn ich Mühe hatte, so schnell zu denken, wie sie reden kann. Herbert Wehner habe ich fasziniert, nicht unbedingt gern, aber fasziniert zugehört, weil man nie sicher war, was kommt. Und weil man sich sehr anstrengen musste, seinen Schachtelsätzen zu folgen und sie wirklich zu verstehen. Aber wenn Herbert Wehner im Bundestag ans Rednerpult getreten ist, herrschte absolute Stille.

Was war Ihre erste Rednerschule? Die Schulklasse, vor der Sie standen?

E.E.: Ja, und das bezog sich vor allem auf die Oberstufe. Ein guter Lehrer redet ja gar nicht so viel, das gilt vor allem für die Unterstufen. Aber in der Oberstufe musste man gelegentlich Dinge erklären und das dauerte einige Minuten. Also da habe ich das üben müssen.

Erinnern Sie sich noch an Ihre erste politische Rede?

E.E.: Ja, die erste wichtige politische Rede hielt ich 1953, da war ich siebenundzwanzig Jahre alt. Damals habe ich in Schwäbisch Hall gegen Eugen Gerstenmaier kandidiert. Er saß für die CDU im Bundestag, ich kandidierte für die GVP. Frech wie ich war, habe ich den größten Saal gemietet. Der war auch relativ voll. Ich habe von einem Manuskript abgelesen, das bis zum heutigen Tage noch existiert. Natürlich habe ich mich damals viel zu ernst genommen, aber wenn ich diese Rede jetzt lese, dann denke ich: So ganz dumm war sie gar nicht. Sie war eine Begründung dafür, warum ich im meiner Heimatstadt für die Politik der GVP werbe, also gegen die Wiederbewaffnung und für eine Politik, die das Ziel Wiedervereinigung nicht aus dem Blick verliert. Diese Rede hat die Weltgeschichte nicht verändert. Aber für mich war es eine gute Übung.

Was ist ein idealer Politiker?

Die Frage bringt Erhard Eppler zum Lachen, denn natürlich gibt es ihn nicht, den idealen Politiker. Es gibt verschiedene Typen von Politikern, hat ihn sein langes Leben in der Politik gelehrt, die alle mehr oder weniger perfekt sein können, die vielleicht nur die richtigen Leute zur richtigen Zeit sind. Georg Leber, der Gewerkschafter und spätere Verteidigungsminister und Holger Börner, der Betonfacharbeiter, der es zum angesehenen hessischen Ministerpräsidenten brachte, fallen ihm ein. »Die waren handfest, mutig, entscheidungsfreudig, hatten Humor und ein Stück Distanz zu sich selbst. Solche Politiker, wenn sie dann noch redlich und anständig sind wie diese beiden, die braucht man dringend in der Politik.« Man muss nicht in programmatischen Diskussionen die letzte Nuance treffen, um gute Politik machen zu können. Das wiederum war und ist die Stärke von Erhard Eppler, der von sich selbst sagt, vielleicht sei er in der Theorie manchmal besser gewesen als in der Praxis. Doch auch Politiker mit einem starken Bedürfnis zu reflektieren, was sie tun, braucht eine Partei, braucht ein Land. »Die SPD ist für mich auch deshalb politische Heimat geworden, weil sie die verschiedensten politischen Typen zusammenfasst, in Kontakt zueinander bringt und die Aufgaben je nach Begabungen aufteilt.«

Ansprüche an »ideale Politiker«, um bei diesem Begriff zu bleiben, sind extrem hoch, und sie sind so selten, dass sie später in die Geschichtsbücher eingehen. Willy Brandt war für Erhard Eppler ein solcher Ausnahmepolitiker. »Er konnte sich wirklich große Ziele setzen und kannte auch die taktischen, praktischen Mittel, die dann zum Ziel führten.« Ein Beispiel dafür ist für ihn die Entspannungspolitik der späten sechziger und frühen siebziger Jahre. »Er konnte beides verbinden, die taktisch-praktische Arbeit von Tag zu Tag, ohne dabei die großen Ziele aus den Augen zu verlieren.«

Die Medienpolitik dieser Tage aber verlangt andere Fähigkeiten: Gut aussehen soll ein Politiker, schlagfertig sein, ohne zu verletzen. Visionen soll er haben, aber auch Alltagskrisen fehlerfrei meistern können. Politische Leitfiguren sollen sich auf Parteitagen die Nächte um die Ohren schlagen können und am nächsten Tag wach genug sein, um Grundsätzliches zu Papier bringen zu können. Sie sollen in Talkshows glänzen, die Wahrheit sagen und dennoch immer beruhigend wirken – und wenn sie Fehler machen, werden die in der Medienrepublik nur schwer verziehen, vergessen schon gar nicht.

Vielleicht, fragt Erhard Eppler, leiden diejenigen im Journalismus, die es zu etwas gebracht haben, darunter, dass sie nie selbst politische Entscheidungen treffen müssen? Vielleicht stellen sie deshalb Anforderungen, die praktisch jeden und jede überfordern? »Einen guten Artikel zu schreiben ist viel leichter als in schwierigen Situationen die richtige Entscheidung zu treffen. Und die richtige Entscheidung hat immer auch negative Aspekte, weil sie eben unter vielen Entscheidungsmöglichkeiten nur die am wenigsten schlechte ist.« Es macht ihm Sorgen, wie rasch und oberflächlich in dieser Medienrepublik Politiker erst aufs Podest gestellt und dann herunter geschrieben werden. Denn dadurch schwindet nicht das Vertrauen zu diesem einzelnen Politiker, sondern zum ganzen demokratischen System.

Politiker, die nicht kamerasicher sind, werden heute kaum nach oben kommen, gleichgültig, wie ideal bei ihnen Visionen und praktisches Handeln übereinstimmen. »Ich erinnere mich, wenn ich als Minister von der ›Tagesschau‹ interviewt wurde, sagte man mir: Sie haben achtzig Sekunden. Heute bekommt auch die Kanzlerin selten mehr als zwanzig Sekunden. Mit dem Ergebnis, dass man einen einigermaßen differenzierten Gedanken gar nicht mehr aussprechen kann. Das ist natürlich eine Versuchung für diejenigen, die es gewohnt sind, einfach nur ein Klischee oder ein Schlagwort zu bieten. Mein Eindruck ist, dass die politische Diskussion in den letzten vierzig Jahren nicht differenzierter geworden ist, sondern eher versimpelt wird.«

Gute, um nicht zu sagen ideale Politiker haben ein festes Wertegerüst, stehen vielleicht auf den Schultern jener, die vor ihnen da waren, von denen sie gelernt haben. Erhard Eppler beruft sich nicht nur immer wieder auf Willy Brandt, sondern auch auf kluge, politisch denkende Philosophen, Sozialwissenschaftler, Theoretiker. In dem Buch »Die Wiederkehr der Politik« hat er über solche Vorbilder geschrieben, zum Beispiel über Karl Popper, der seine Ideen von der »Offenen Gesellschaft« als Gegenbild zu totalitären Regimen entwickelte. Die Offenheit der Zukunft zu respektieren statt sich an die Vergangenheit zu klammern, war einer seiner Leitgedanken. Jede Form von Diktatur, auch die im Namen des Volkes, war ihm verhasst. Schon Popper warnte vor einem »schrankenlosen kapitalistischen System« in dem Regierungen »keine Institutionen zur Überwachung des Geldes« haben. Dies führe dazu, »dass ein uneingeschränktes Gangstertum des Geldes die Herrschaft ausüben kann.« Poppers empfohlenes Heilmittel gegen solche Gefahren: »Wir müssen soziale Institutionen konstruieren, die die wirtschaftlich Schwachen vor den wirtschaftlich Starken schützen, und die Staatsgewalt muss diesen Institutionen zur Wirksamkeit verhelfen.« Es wundert nicht, dass Erhard Eppler von diesem politischen Denker des zwanzigsten Jahrhunderts fasziniert ist.

Doch der große Geist des frühen zwanzigsten Jahrhunderts, der ihn vielleicht am meisten beeinflusst hat, ist Max Weber. Ihn zitiert er immer wieder in seinen Büchern, und dass dieser Professor aus Heidelberg zumindest verbal ein politischer Raufbold sein konnte, scheint dem meist so behutsam formulierenden Erhard Eppler viel Vergnügen zu bereiten. Vielleicht kann sogar ein Satz Max Webers als politisches Lebensmotto Epplers gelten: »Macht ist die Fähigkeit, andere zu einem gewünschten Verhalten zu veranlassen.«

Der ideale Politiker lernt, so kann man Erhard Eppler verstehen, auch heute noch von Max Weber, dem nüchternen Realisten, der nicht Vollkommenheit von Politikern erwartete, sondern erkennbare Politik. Ein berühmt gewordener Satz Max Webers lautet: »Politik wird mit dem Kopfe gemacht, nicht mit anderen Teilen des Körpers oder der Seele.« Wer liest, was Erhard Eppler in »Wiederkehr der Politik« über Max Weber schreibt, der erfährt auch viel über Epplers eigenes Politikverständnis:

»Für Weber fand Politik in Spannungen, Spannungsfeldern statt: In der Spannung zwischen Leidenschaft und Distanz, Verantwortung und Gesinnung, aber auch in der zwischen Ziel und Weg, Zweck und Mittel, zwischen praxisnaher Theorie und nie ganz theorieloser Praxis, zwischen formulierbarem Programm und sperriger Realität, nicht zuletzt zwischen erkennbarer Überzeugung und unerbittlichem Machtkampf, zwischen Orientierung am Gemeinwohl und persönlichem Geltungsdrang, zwischen erstaunlichen Chancen und nie ganz kalkulierbarem Risiko.« Wer solche Spannung nicht aushält, so deutet Eppler den großen Sozial- und Politikwissenschaftler, taugt nicht für die Politik.

Den idealen Politiker sucht man beim nüchternen Max Weber vergeblich und auch Erhard Eppler hat sich bei dieser Frage nach dessen Eigenschaften schon vor mehr als vierzig Jahren in die Ironie gerettet. Es war im Jahre 1968 und er saß schon sieben Jahre im

Bonner Bundestag. Da hat er einen satirischen Text geschrieben mit dem Titel »Der ideale Politiker...«, warum oder aus welchem Anlass, weiß er nicht mehr:

»Er soll hochintelligent sein und den Einfältigen ansprechen. / Fingerspitzengefühl und Ellbogen haben. / Groß sein im Differenzieren wie im Vereinfachen. / Hart sein und human. / Ein Gespür für Macht haben und Heinrich Böll verstehen. / Bienenfleißig Akten studieren und Muße zum Nachdenken haben. / Details kennen und sofort das Wesentliche sehen. / Nicht an der Oberfläche haften und doch rasch entscheiden. / Hart sein im Nehmen und charmant im Geben. / Eine Neigung zur großen Schau haben und aller Eitelkeit abhold sein. / Man versuche, sich ein solches Bild auszumalen. Sollte es gelingen, so nur im Stile edlen Kitsches!«

Das leidlich optimistische Buch »Die Wiederkehr der Politik« aus dem Jahre 1998 handelt nicht von idealen Politikern, wohl aber von Hoffnung auf vernünftige Politik. Glaubt Eppler auch im Jahre 2010 noch an eine »Wiederkehr der Politik«? Oder müsste er in die Satire ausweichen, um zu beschreiben, was sich in der schwarz-gelben Koalition abspielt, die doch nach den letzten Bundestagswahlen als ideale Koalition gefeiert wurde? Wie würde wohl ein Buchtitel lauten, der treffsicher die Chaosmonate in Berlin beschreiben sollte? »Das Verschwinden der Politik?« oder »Vom Niedergang der Politik?« Spontan und ohne Nachdenkpause kommt Epplers Antwort: »Vom Scheitern der Antipolitik.« Warum? »Man kann einen Staat regieren wollen im Sinne des Allgemeinwohls. Man kann ihn auch so regieren, dass er durch Aushungerung schrumpft. Die FDP hatte während ihrer Oppositionszeit auf das Aushungern gesetzt. Nun regiert sie und begreift nicht, dass nicht beides geht: Einen Staat gleichzeitig aushungern und zum Wohle der Menschen regieren wollen.«

Vielleicht endet die Suche nach den idealen Politikern wie in Erhard Epplers kleiner Satire zwangsläufig im politischen Kitsch.

Aber ein paar Menschen, die in Krisenzeiten über sich selbst hinauswachsen und Verantwortung für das Gemeinwohl übernehmen, die wird man sich doch wünschen dürfen. Und die kämen dann – im Sinne von Max Weber und Erhard Eppler – dem Traum von den idealen Politikern recht nahe.

Warum ich dieses Buch geschrieben habe

Ich war eine ganz junge Korrespondentin der »Frankfurter Rundschau« in Baden-Württemberg, als ich den SPD-Landesvorsitzenden Erhard Eppler kennen lernte. Von seinem Buch »Wenig Zeit für die Dritte Welt« war ich so beeindruckt wie viele andere junge Menschen. Und natürlich imponierte mir, dass jemand das Bundeskabinett verließ, weil er kein Verständnis fand für die Inhalte seiner Arbeit. Er war also anders als die Anderen. Das machte neugierig. Doch Zugang zu ihm musste man sich durch Leistung erkämpfen. Journalisten gegenüber war er ziemlich spröde. Einerseits wusste er als politischer Profi, dass er sie brauchte, andererseits war er nach seinen Bonner Erfahrungen misstrauisch.

Der alte Bonner Spruch: »Politiker und Journalisten halten einander wie Haushündchen«, traf auf ihn ganz gewiss nicht zu. Sachgespräche, Interviews, politische Hintergrundgespräche – jederzeit und immer mit Gewinn und neuen Erkenntnissen. Aber Geplänkel beim Wein, Small Talk – mit Erhard Eppler nicht! Auf Denkfaulheit reagierte er allergisch. Und er konnte auch ungerecht sein. Gerade jüngere Mitglieder der Landespressekonferenz waren fasziniert von ihm und seinen neuen Gedanken. In ihren konservativen Zentralen aber sah das anders aus. Sie hatten es schwer, und so mancher positive Artikel über den Oppositionsführer im Landtag blieb ungedruckt. Der Arm aus Filbingers Staatskanzlei reichte weit. Und wenn von dort beispielsweise drohend verkündet wurde, dass ohne neue Atomkraftwerke bald die Lichter im Ländle ausgehen würden, dann hatten Gegenpositionen wenig Chancen.

Nur wenige Menschen kamen Erhard Eppler näher in diesen für ihn so schwierigen Jahren. Wenn es gelang, dann erlebte man einen Menschen, großzügig im Denken, tolerant gegenüber den vielen Spielarten menschlicher Schwächen, mitfühlend, wenn es jemandem schlecht ging. Wie sehr er selbst litt, nicht nur an seinem Umfeld, sondern auch an grausamen, sich häufenden Migräne-Attacken, das behielt er für sich.

Wir verloren uns für ein paar Jahre aus den Augen. Ich ging nach Bonn, Erhard Eppler konzentrierte sich aufs Schreiben und auf seine Kirchentagsarbeit. Aus der Ferne besprach ich seine Bücher und beobachtete Erstaunliches: Immer mehr Menschen hörten ihm zu, viel bereitwilliger als während seiner aktiven politischen Zeit. Das hatte auch zu tun mit seiner Rolle als Symbolfigur der Friedensbewegung, aber das reicht als Erklärung nicht aus. Die in den siebziger Jahren jungen Leute, von ihm und seinem Einsatz für die Dritte Welt und den ökologischen Umbau der Industriegesellschaften beeinflusst, blieben ihm auch später treu. Sie lasen seine Bücher und Aufsätze. Viele machten Karriere in der Politik, in der Wirtschaft, bei den Kirchen, im Journalismus, und Erhard Eppler blieb ihr Begleiter. Weil er eben keine Weltuntergangsstimmung verbreitete, sondern mögliche Wege wies aus den zahllosen Krisen.

Leicht machte er es sich und uns nicht immer: Der Mann der Friedensbewegung plädierte fünfzehn Jahre später für den militärischen Einsatz auf dem Balkan. Das verstörte so manche seiner Freunde. Für Erhard Eppler aber war klar, dass das Ende des Kalten Krieges auch das Ende des bequemen Nischenlebens zwischen den Blöcken bedeutete. Auch seinen (zumindest nach außen) kompromisslosen Einsatz für Bundeskanzler Gerhard Schröder und die rot-grüne Koalition konnten so manche Anhänger der reinen Lehre nur schwer verstehen. Dabei wollte er vor allem, um es mit den Worten von Willy Brandt zu sagen, »den Laden zusammenhalen«. Er wollte mit all seiner Kraft den Erfolg dieser ersten rot-grünen Regierung auf Bundesebene. Und beim Blick zurück dämmert so manchen stets mäkelnden Sozialdemokraten, dass diese sieben Jahre so schlecht gar nicht waren für das Land.

Erhard Eppler ist ein Linker geblieben, der weiß, dass man sich verändern muss, um erhalten zu können, was erhaltenswert ist. Er nennt das »wertkonservativ«. Und so passt es ins Bild, dass er direkt nach den Wahlen in Nordrhein-Westfalen ganz pragmatisch für eine Minderheitenregierung plädiert hat. Dass es zwei Frauen sind, die nun das größte Bundesland führen, rührt ihn.

Erhard Eppler wirkt heute gesünder, gelassener als seit vielen Jahren. Er ist heiter und herzlich. Das Haus auf dem Friedensberg in Schwäbisch Hall ist ein Taubenschlag, in dem Gäste sich stets willkommen fühlen. Irene Eppler sorgt sich immer noch mehr um andere als um sich selbst. Erhard Eppler mischt sich immer noch ein ins politische Geschehen, gibt Interviews, greift zur alten Schreibmaschine. Bei den regelmäßigen Treffen mit seinem Altersfreund Hans-Jochen Vogel wäre man gerne als stiller Zuhörer dabei. Denn Erhard Eppler mag altersweise geworden sein – und Menschen und ihren Schwächen gegenüber ausgesprochen altersmilde –, seine politischen Urteile haben an Schärfe nichts verloren.

Warum habe ich dieses Buch geschrieben, bewusst das Risiko eingehend, dass Zuneigung den Blick auch trüben kann? Mich hat fasziniert, wie ein flussreich ein Mensch sein kann, der sich seit drei Jahrzehnten auf nichts anderes stützt als auf die Kraft des Wortes. Der keine anderen Instrumente hat als seine Sprache. Und ich wollte mehr darüber wissen, was im Leben ihn so geprägt hat, dass er seinen Weg mit dieser beeindruckenden Sturheit gehen, nach Niederlagen immer wieder aufstehen konnte. Die Offenheit in unseren vielen Gesprächen nehme ich dankbar als Vertrauensbeweis.

RENATE FAERBER-HUSEMANN

geb. 1946, freie Journalistin, in den 1970er-Jahren Korrespondentin der »Frankfurter Rundschau« in Baden-Württemberg.
Danach freie Journalistin in Bonn für ARD-Rundfunkanstalten.

Wichtige Veröffentlichungen von Erhard Eppler (Auswahl)

Spannungsfelder. Beiträge zur Politik unserer Zeit, Stuttgart 1968.

Wenig Zeit für die Dritte Welt, Stuttgart 1971.

Maßstäbe für eine humane Gesellschaft. Lebensstandard oder Lebensqualität?, Stuttgart 1974.

Ende oder Wende. Von der Machbarkeit des Notwendigen, Stuttgart 1975.

Das Schwerste ist Glaubwürdigkeit. Gespräche über ein Politikerleben mit Freimut Duve, Reinbek 1978.

Wege aus der Gefahr, Reinbek 1981.

Die tödliche Utopie der Sicherheit, Reinbek 1983.

Albrecht Bregenzer, Wolfgang Brinkel, Gernot Erler (Hg.): Einsprüche. Zeugnisse einer politischen Biographie, Freiburg i. Br. 1986.

Wie Feuer und Wasser. Sind Ost und West friedensfähig?, Reinbek 1988.

Erhard Eppler u. a.: Kultur des Streits. Die gemeinsame Erklärung von SPD und SED, Köln 1988.

Plattform für eine neue Mehrheit. Ein Kommentar zum Berliner Programm der SPD, Bonn 1990.

Reden auf die Republik. Deutschlandpolitische Texte 1952–1990, München 1990.

Kavalleriepferde beim Hornsignal. Die Krise der Politik im Spiegel der Sprache, Frankfurt a. M. 1992.

Als Wahrheit verordnet wurde. Briefe an meine Enkelin, Frankfurt a. M. 1994.

Komplettes Stückwerk. Erfahrungen aus fünfzig Jahren Politik, Frankfurt a. M. 1995

Die Wiederkehr der Politik, Frankfurt a. M. 1998.

Privatisierung der politischen Moral?, Frankfurt a. M. 2000.

Vom Gewaltmonopol zum Gewaltmarkt? Die Privatisierung und Kommerzialisierung der Gewalt, Frankfurt a. M. 2002.

Auslaufmodell Staat?, Frankfurt a. M. 2005.

Der Politik aufs Maul geschaut. Kleines Wörterbuch zum öffentlichen Sprachgebrauch, Bonn 2009.

Bildnachweis

Privatbesitz Erhard Eppler
S. 17, 19, 24, 29, 33, 145, 147, 195 und 207

Fotoarchiv Jupp Darchinger im AdsD der Friedrich-Ebert-Stiftung
S. 69, 86, 87 88, 91, 100, 142 und 173

Angela Neuke
S. 72

Walter Kuppel
S. 97

Kurt Eppler
S. 117

Ralph Rieth
S. 143

dpa Picture-Alliance GmbH
S. 112, 224 und 225

Leider ist es uns nicht gelungen, alle Rechteinhaber der verwendeten Fotos ausfindig zu machen. Mögliche Rechteinhaber bitten wir, mit uns in Verbindung zu treten.